中国自由贸易试验区研究蓝皮书

（2019）

黄建忠　赵　玲　蒙英华　等编著

中国财经出版传媒集团
经济科学出版社
Economic Science Press

图书在版编目（CIP）数据

中国自由贸易试验区研究蓝皮书.2019/黄建忠等编著.
—北京：经济科学出版社，2020.10
 ISBN 978-7-5218-1971-7

Ⅰ.①中… Ⅱ.①黄… Ⅲ.①自由贸易区-研究报告-中国-2019 Ⅳ.①F752

中国版本图书馆 CIP 数据核字（2020）第 199175 号

责任编辑：李晓杰
责任校对：王苗苗
责任印制：李 鹏 范 艳

中国自由贸易试验区研究蓝皮书

(2019)

黄建忠 赵 玲 蒙英华 等编著
经济科学出版社出版、发行 新华书店经销
社址：北京市海淀区阜成路甲 28 号 邮编：100142
总编部电话：010-88191217 发行部电话：010-88191522
网址：www.esp.com.cn
电子邮箱：esp@esp.com.cn
天猫网店：经济科学出版社旗舰店
网址：http://jjkxcbs.tmall.com
北京密兴印刷有限公司印装
710×1000 16 开 13.75 印张 250000 字
2020 年 12 月第 1 版 2020 年 12 月第 1 次印刷
ISBN 978-7-5218-1971-7 定价：58.00 元
(图书出现印装问题，本社负责调换。电话：010-88191510)
(版权所有 侵权必究 打击盗版 举报热线：010-88191661
QQ：2242791300 营销中心电话：010-88191537
电子邮箱：dbts@esp.com.cn)

上海市人民政府决策咨询研究基地
"黄建忠工作室"成果

"黄建忠工作室"简介

"黄建忠工作室"是上海市人民政府决策咨询研究基地之一，工作室的主要研究方向是"上海'四大中心'建设与中国自贸区制度协同创新"。工作室主要依托上海对外经贸大学的应用经济学科，现有核心研究人员65名，分设了"货物贸易""服务贸易""国际商务与物流电商""自贸区理论与制度创新""金融开放与风险防控"等研究室和数据库中心，已经建成若干贸易文献数据库、计算机贸易专业数据库、海关数据库、中国工业企业数据库，以及国际视频会议中心。上海对外经贸大学的应用经济学科是上海市一流学科和重点建设的一类高原学科，二级学科国际贸易学获得上海市重点学科称号，产业经济学、金融学分别为上海市教委重点学科，国际经济与贸易、金融学、物流管理是全国特色专业。

本工作室注重"政产学研"结合，科研成果直接为商务部、上海市等地方政府和企业的决策服务。2013年工作室成立以来，首席专家与核心团队经过申报竞标取得教育部哲学社会科学重大课题攻关项目2项（黄建忠："要素成本上升背景下的中国外贸中长期发展趋势研究"；孙海鸣："全球大宗商品定价权与国际经贸格局演变"），国家社科基金项目与自科基金项目9项，承接中宣部、商务部、上海市发展研究中心、上海市人大常委会、浦东改革发展研究院、福建省"自贸办"、山东省威海市和荣成市等的多项课题，参与上海自贸区第三方评估工作，出版了"中国自由贸易试验区研究蓝皮书"（2014～2018）和"全球大宗商品研究报告"（2014～2015）、《服务贸易评论》《国际服务贸易新规则研究》《中国服务贸易报告2011——视听服务贸易专题研究》等专著，在国内外权威学术刊物上发表论文数十篇。同时，众多咨询研究报告的成果被政府有关部门采纳。

本工作室与国内众多高校、地方性政策研究部门特别是各个自贸区政府及民间研究机构建立了广泛联系，包括：上海对外经贸大学内的WTO教席、上海市普通高校人文社科重点研究基地、上海市社会科学创新研究基地、上海发展战略研究所"孙海鸣工作室"、上海市政府决策咨询基地"王新奎工作室"、上海高校智库、上海高校知识服务平台—上海对外经贸大学上海国际贸易中心战略研究院等；在国外，本工作室也与美国、澳大利亚、新西兰、德国、法国、波兰、斯洛伐克等国的一些院校建立了合作关系。

本工作室颇具特色的研究领域和社会服务能力得到了政府和社会的高度认可。在当前国家新一轮开放战略下，本工作室将继续围绕服务国家和地方重大战略，不断发挥研究优势，进一步拓展研究领域，以期为国家和地方经济社会发展做出更大贡献。

作者简介：

1. 黄建忠，经济学博士，教授、博士生导师，享受国务院政府特殊津贴专家。现任上海对外经贸大学国际经贸学院院长，上海国际贸易学会会长；商务部经贸政策咨询委员会对外贸易组专家，"中商智库"副理事长；全国高校国际贸易学科协作组副秘书长，中国世界经济学会常务理事，中国国际贸易学会常务理事；中国自贸区协同创新研究中心首席专家、上海市人民政府决策咨询研究基地"黄建忠工作室"负责人。主要从事国际贸易、服务贸易和世界经济等教学与研究工作；出版《国际贸易新论》《服务贸易评论》《中国对外贸易概论》《国际服务贸易教程》等著作与教材20余部；主持教育部人文社会科学重大课题攻关项目、教育部人文社会科学重点研究基地重大项目和福建省社会科学规划重大项目等科研课题数10余项；在《经济研究》《管理世界》《世界经济》《国际贸易问题》等权威刊物发表论文100余篇；孙冶方经济科学奖获得者，安子介国际贸易研究奖获得者，被授予"上海市五一劳动奖章"，荣获"上海领军人才"称号。承担本书研究课题拟订、人员分工和全书的章节安排统筹工作。

2. 蒙英华，经济学博士，上海市国际贸易学会常务理事。专注于服务业与服务贸易问题的研究，近年相继在《管理世界》《财贸经济》《经济管理》《南开经济研究》《世界经济研究》等CSSCI期刊发表学术论文40余篇，出版《服务贸易提供模式研究》《海外华商网络与中国对外贸易》《自贸试验区背景下中国文化贸易发展战略研究》专著3部，主持国家社会科学基金、教育部青年项目、国侨办青年课题等项目。承担本书的人员协调工作以及"服务贸易新规则与我国自贸试验区开放试验研究（第二章）"的撰写工作。

3. 赵玲，日本名古屋大学博士，上海对外经贸大学东亚经济研究中心研究员，全国日本经济学会理事，上海财经大学2011协同创新中心研究员，研究领域包括国际贸易、劳动经济、世界经济。近年相继在《国际贸易问题》《南开学报》《上海对外经贸大学学报》《国际商务研究》《国际开发研究论坛》（*Forum of International Development Studies*）等杂志发表论文；主持国家社会科学基金项目、上海市人民政府发展研究中心项目等课题。承担本书的文稿审定工作以及"粤港澳大湾区与自贸试验区互动发展研究（第五章）"的撰写工作。

4. 陈宏，现任上海对外经贸大学教授，中国宏观经济管理教育学会秘书长，上海市松江区第五届人大代表。毕业于中国人民大学经济学院国民经济学专业，获博士学位。主要从事宏观经济的教学与研究。出版专著《中国经济增长的可持续性》，合著《中东欧十六国投资环境分析》，主编教材《货币银行学》。发表论文"中美贸易摩擦的经济影响分析——基于GTAP模型""河南省工业竞争力研究""我国农户借贷需求特点分析""中韩货币互换对双边贸易及对人民币国际化的推动作用""中克两国高等教育回报率比较研究"等40余篇。主持或参与省部级、厅局级、社会服务研究课题20余项。获得郑州纺织工学院师德师风建设一等奖、河南省教育厅人文社会科学研究优秀成果三等奖、教育管理科学研究优秀成果二等奖，指导大学生挑战杯项目河南省二等奖，河南省高校教师教学技能竞赛一等奖、河南省教学标兵奖章，2015年荣膺上海对外经贸大学学生票选"我最喜爱的好老师"荣誉称号。承担本书"中美经贸谈判与自贸试验区制度创新的方向和路径（第一章）"的撰写工作。

5. 陈华，华东师范大学博士，上海对外经贸大学国际经贸学院副教授，研究领域包括国际贸易、国际投资、区域经济发展与空间计量经济分析。相继在《科学·经济·社会》《国际商务研究》《统计与决策》等杂志发表论文；曾主持上海市人民政府发展研究中心项目、上海市教委项目、上海对外经贸大学中东欧研究中心相关课题。承担本书"放大中国国际进口博览会溢出效应与上海国际贸易中心建设联动研究（第四章）"的撰写工作。

6. 叶作义，博士（发展经济学），上海对外经贸大学副教授，中国工业经济学会理事、中国投入产出学会理事、国际投入产出学会会员、环太平洋投入产出学会会员，日本名古屋大学高级访问学者。研究方向：全球价值链与发展援助、环境经济学等。近年在《世界经济研究》《关》等国内外期刊发表论文30余篇，发表专著2部。先后主持国家社科基金、国家统计局、上海市政府发展研究中心项目等。此外参与并主持多项日本经济产业省、JICA、文部科学省等项目。曾获商务部商务发展研究成果三等奖。承担本书"海南自贸区与自贸港建设目标与路径研究（第六章）"的撰写工作。

7. 高翔，厦门大学经济学博士，上海对外经贸大学国际经贸学院讲师，上海市"晨光学者"。主要研究方向：新新贸易理论、产业经济学和全球价值链；在《能源政策》（Energy Policy）、《清洁生产杂志》（Journal of Cleaner Production）、《世界经济》《数量经济技术经济研究》《统计研究》《国际贸易问题》等国内外期刊发表论文10余篇;主要承担课程:《国际服务贸易》《国际经济学》《国际经贸与投资规制》《区域经济一体化》;主持上海哲学社会科学青年基金、上海市教委"晨光计划"等课题多项;主要学术兼职:《数量经济技术经济研究》《国际贸易问题》等核心期刊匿名审稿人。承担本书"上海自贸区临港新片区与长三角地区一体化协同发展研究(第三章)"的撰写工作。

目录 Contents

第一章 中美经贸谈判与自贸区制度创新的方向和路径 …… 1
    第一节 中美经贸谈判与自贸区制度 …… 1
    第二节 中美贸易现状分析 …… 3
    第三节 中美投资现状分析 …… 11
    第四节 中美经贸谈判 …… 25
    第五节 美国要价分析 …… 28
    第六节 中国自贸区 …… 32
    第七节 中国自贸区制度创新的方向和路径 …… 36

第二章 服务贸易新规则与我国自贸试验区开放试验研究 …… 40
    第一节 新设大型自贸区的服务贸易开放分析 …… 40
    第二节 数字贸易背景下的服务贸易开放 …… 49
    第三节 中日韩服务贸易竞争力的比较分析 …… 62

第三章 上海自贸区临港新片区与长三角地区一体化协同发展研究 …… 79
    第一节 上海自贸区临港新片区设立与上海自贸区的再次创新 …… 79
    第二节 长三角地区一体化：新机遇，新发展 …… 87
    第三节 上海自贸区新片区与长三角地区一体化的协同发展 …… 96
    第四节 上海自贸区新片区与长三角地区一体化
            协同发展的总体思路 …… 101

第四章 放大进博会溢出效应与上海国际贸易中心建设联动研究 …… 108
    第一节 进博会与上海国际贸易中心建设 …… 108
    第二节 进博会与上海国际贸易中心基本概述 …… 111

第三节　进博会的溢出效应 …………………………………… 121
   第四节　进博会的溢出效应与上海国际贸易中心联动发展 …… 146

第五章　粤港澳大湾区与自贸试验区互动发展研究 …………… 155
   第一节　研究背景与意义 ………………………………………… 155
   第二节　粤港澳大湾区的发展机遇及问题 ……………………… 156
   第三节　粤港澳大湾区与其他自贸区（港）的联动发展 ……… 163
   第四节　粤港澳大湾区协同发展政策建议 ……………………… 169

第六章　海南自贸区与自贸港建设目标与路径 ………………… 176
   第一节　自由贸易港的内涵及功能概述 ………………………… 176
   第二节　海南自贸区（港）的建设分析 ………………………… 178
   第三节　有关自贸区（港）建设的比较分析与借鉴 …………… 185
   第四节　建设自由贸易港的国际经验与启示 …………………… 191

参考文献 ……………………………………………………………… 201

第一章

中美经贸谈判与自贸区
制度创新的方向和路径

第一节 中美经贸谈判与自贸区制度

中美双方自开展双边贸易以来,一直就双方的贸易问题进行多次对话并开展了多轮谈判,其中包括长达十年之久的中美双边投资协定(BIT)谈判,然而该谈判并未能在奥巴马执政期间完成,项卫星、张赛赛(2017)认为主要因为双方在核心利益诉求上存在冲突,这种冲突主要集中在国有企业、投资者和东道国争端解决机制、知识产权保护及劳工和环保四个条款,体现了两国在规则制定上的分歧。石岩、孙哲(2015)则认为协定对保护和促进双边投资的实际作用存在局限和争议,从而导致谈判的拖延。

关于中美 BIT 是否能促进双方经贸关系发展,中外学者对此有不同的观点,帕帕斯(Pappas,2011)从 BIT 能否促进外商直接投资(FDI)这一视角,认为中美 BIT 将促进两国之间的双边直接投资。而田丰(2010)、崔凡(2013)认为,从中国的立场考虑,如果以美国 BIT 范本为基础达成中美 BIT,中国对美投资获得的经济收益不明显。由于 BIT 谈判的内容实际上属于一国对外经济政策的一部分,它涉及国家安全因素、国际经济关系因素、国内经济因素以及政治因素四个层面的利益,从这个意义上来说,中美 BIT 谈判也是一种政治过程(梁勇、东艳,2014)。姚枝仲(2013)分析了美国的核心利益诉求,并建议中国政府应警惕国内政策国际化和资本账户自由化两大风险。

学者们对特朗普正式签署对华"301"条款后的中美贸易摩擦展开了相应的研究。关于产生此次贸易摩擦的原因,张晓磊、张为付、崔凯雯(2018)认为中美两国此次爆发的大规模贸易摩擦是两国各自推进相互冲突的贸易政策的必然结果。陈继勇（2018）则认为美国以对华贸易巨额逆差为由发动贸易战，其根本原因是美国对迅速崛起的中国持有戒心，并对中国至关重要的高新技术产业进行战略压制。同时，很多学者指出中美贸易的竞争关系已经显现，雷达（2018）认为中美之间的贸易战无论是否存在，中美贸易冲突都会长期存在，并趋于严峻。对于美国的要价，王跃生（2018）认为所谓的"公平贸易"思想和"三零贸易秩序"总体上不符合建立当代全球贸易秩序与规则的基本理念精神，不利于促进世界经济发展这一全球共同利益，在现实中也很难实现。

从以上文献可以看出不论是BIT谈判还是近年内的中美贸易摩擦谈判，都蕴含着双方政治因素的考虑。中美竞争关系将是长期的，贸易冲突也不可避免，然而，中美之间的贸易往来对于两国的发展而言必不可少，中美谈判也必将有所进展。因此对于中国而言，应当借此机遇促改革、促开放，保证经济转型的顺利进行。

自由贸易试验区（以下简称"自贸区"）正是中国对外开放的窗口，也是中国深化改革的试验田。关于自贸区的研究，诸多学者对中国单个自贸区有深入的研究，而鲜有学者提出对中国整个自贸区制度创新的思考。刘晔（2018）以中国（河南）自由贸易试验区（以下简称"河南自贸区"）为例，分析了中国自贸区的制度创新路径，认为河南自贸区要在行政制度上有所改革，在市场监管机制上有所创新，推动金融机构与业态创新。曹艼心、巫科（2018）在对上海自贸区的研究中，分析了我国自贸区"负面清单"管理制度的实施现状，并提出了有待改进的问题与相应的建议。上海自贸区为代表的自贸区负面清单的实施意味着中国的对外开放进入一个新阶段，投资开放已是制度性的对外开放，在这种制度保障下，在未来投资开放程度必然会大幅度提高（崔凡，2014）。

本章在研究中美经贸谈判的基础上，探讨其对中国自贸区制度创新的方向和路径的影响。同时，合理的方向与路径也会更好地促进中美经贸谈判。缓和两国谈判关系。中美经贸谈判与自由贸易试验区制度创新两者相辅相成，现有学者主要探究了中美BIT谈判与自由贸易试验区的关系。孙元欣（2007）认为中美BIT谈判促进了自由贸易试验区金融创新。黄鹏和梅盛军（2014）将自贸区与中美BIT结合，认为作为国家对外开放探索新途径的试验区，中国（上海）自贸试验区负面清单的制定必然要与中美BIT谈判中涉及的负面清单谈判进行联动。另外，也有学者探究了"一带一路"背景下中国自贸区的创新发展（陈冬晴，2018）。

第二节 中美贸易现状分析

2008年金融危机爆发以来，世界经济持续低迷，尚处在逐渐恢复阶段，根据世界银行数据，美国人均GDP从2009年的48050美元稳步上升至2017年的58270美元，可见美国经济在稳步上升。其实在全球繁荣阶段，美国经济的适应与扩张能力堪与新兴经济大国匹敌，其活力与创造力远超日本、法国、意大利等发达国家。因此，美国兼具庞大的经济规模和较高的增长质量，在现阶段并没有哪个竞争对手可以同时在这两方面对其构成实质性挑战（洪娜，2018）。

根据美方统计数据，2016年美国对华货物贸易逆差为3660亿美元，但根据中方统计数据显示，2016年中国对美货物贸易顺差为2540亿美元，两方统计数据相差多达1000多亿美元①。因此，为了具体地讨论双方的贸易情况，以下均采取来源于世界银行数据对双方贸易情况进行表示。

一、中国贸易数据分析

（一）2007~2016年中国出口数据分析

从图1-1中可以看出，2007~2016年中国主要出口国与地区稳定在美国、欧盟、日本、中国香港与韩国。其中，出口美国占中国出口总额的比例大致在16%~19%内。由于金融危机的影响，该比例从2007年的19.11%下降至2008年的17.67%，2009年回升至18.42%，此后3年略有下降，2013~2016年，该比例再次上升，从16.71%上升至18.39%。对于中国另一重要出口市场欧盟，2008~2015年，中国出口欧盟数量一直处于下降走势中，由20.63%降至15.64%，2016年出口欧盟占比略有回升，比例为16.18%。美国在2012年越过欧盟成为中国的第一大市场，对比美国与欧盟的数据可知，出口美国占比超过出口欧盟并不在于美国市场的开拓，而在于出口欧盟占比的降低。

（二）中国2007~2016年进口数据分析

根据图1-2可知，2007~2016年中国进口国家与地区主要包括日本、欧盟、

---

① 中国商务部. 关于中美经贸关系的研究报告［R］. 北京：中华人民共和国商务部，2017.

韩国、美国以及澳大利亚。其中，中国一直在减少对日本的进口，2010~2013年尤为明显，中国对日本的进口从12.66%直降至8.32%，从而在数据上表现出进口地区欧盟地位的凸显，欧盟也于2011年越过日本成为中国第一进口地区。反观美国，始终处在中国第四大进口国，2011~2016年，从美国进口量占中国进口总额的比例从7.06%略微上升至8.51%，但是整体来看，美国进口占比始终处在7%~8.5%，并未有大幅度波动。

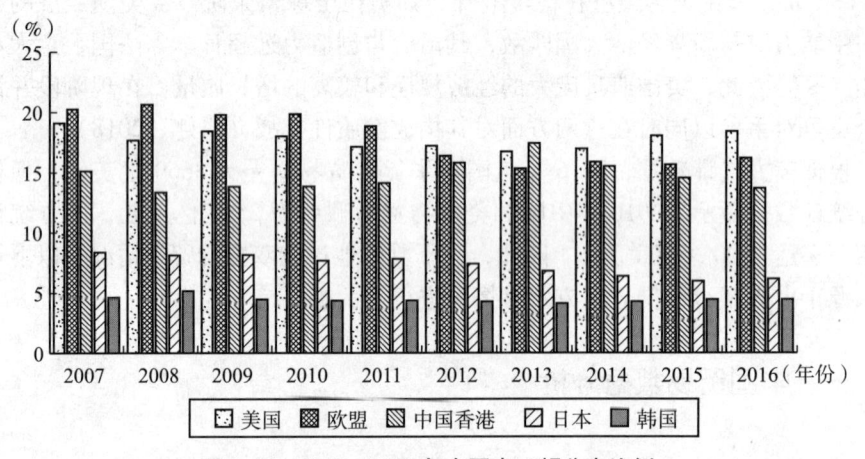

图1-1　2007~2016年中国出口额分布比例

资料来源：World Bank，http：//wits.worldbank.org/visualization/detailed-country-analysis-visualization.html。

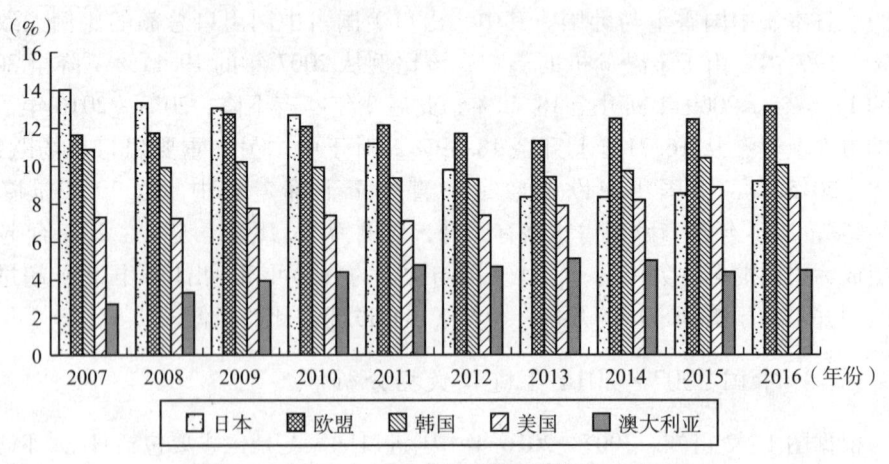

图1-2　2007~2016年中国进口额的分布比例

资料来源：World Bank，http：//wits.worldbank.org/visualization/detailed-country-analysis-visualization.html。

（三）2007~2016年中国贸易总额数据分析

贸易总额即出口额与进口额之和。由图1-3所示，2007~2016年与中国开展贸易往来的国家和地区中前五名是欧盟、美国、日本、中国香港与韩国。其中，中国与欧盟间的进出口数据比较可观，欧盟成为中国第一贸易总额地区，美国是中国的第二贸易总额国，其中绝大部分来源于中国向美国的出口额，中国与美国的贸易总额从2009年的2991亿美元逐渐上升至2015年的5587亿美元，再下降至5208亿美元，其变化趋势也基本与中国向美国出口量变化趋势一致。

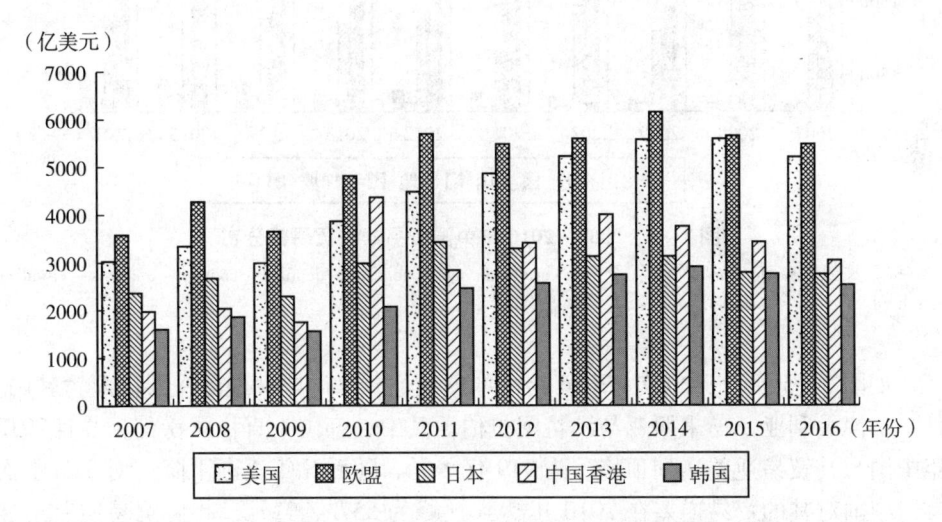

图1-3　2007~2016年中国与其他国家和地区的贸易总额

资料来源：World Bank，http：//wits.worldbank.org/visualization/detailed-country-analysis-visualization.html。

（四）2007~2016年中国贸易数据分析

依据世界银行（World Bank）的中国进出口数据，计算出中国与世界各国及地区贸易逆差、顺差数据。

如图1-4所示，2007~2016年中国贸易顺差来源国与地区主要为中国香港、美国、欧盟、新加坡以及印度。其中，美国一直是中国的贸易顺差来源国，并且顺差处于扩张趋势，经历过金融危机后的2009年，中国对美货物贸易顺差减少为1435亿美元。而在2016年，中国对美货物贸易顺差为2506亿美元，且与排名第二的欧盟相差千亿美元左右。总体看来，与中国贸易往来的国家与地区中，中国与美国、欧盟的贸易顺差均突破千亿美元，在2011年与美国顺差突破2000亿美元。

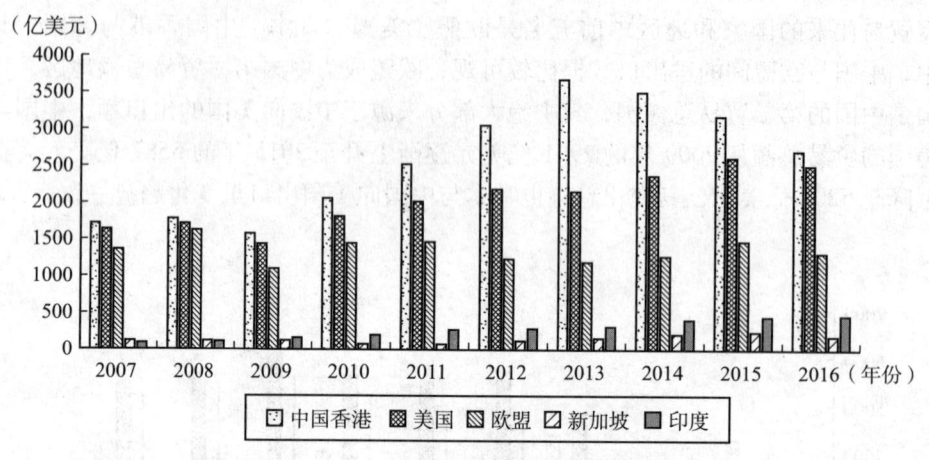

图1-4　2007~2016年中国贸易顺差贸易额分布

资料来源：World Bank，http://wits.worldbank.org/visualization/detailed-country-analysis-visualization.html。

如图1-5所示，2007~2016年中国贸易逆差来源国和地区主要国家为韩国、日本、澳大利亚、马来西亚与沙特阿拉伯。其中，韩国一直稳居榜首，并且2013年中国与其贸易逆差达到顶峰，为919亿美元，随后几年逐渐下降。对于日本而言，中国对其的贸易逆差在2010年达到顶峰为557亿美元，此后贸易逆差迅速减少，2015年中国对日本的贸易逆差仅达73亿美元，究其原因，由进口数据可知，中国对日本的进口持续减少。但整体看来，中国与其他国家的贸易逆差并不显著，基本在千亿美元以下。

二、美国贸易数据分析

（一）2007~2016年美国出口数据分析

如图1-6所示，可以看出2007~2016年美国出口国家及地区中，大多数年份里，加拿大位居第一，欧盟位居第二，墨西哥与中国紧随其后。常年居于第一的加拿大略显下降趋势，从2007年的21.37%下降到2016年18.39%，与加拿大追逐第一的欧盟也处于下降态势，近3年内略有回升，在出口份额上与加拿大份额相差无几。出口墨西哥的份额从 2008 年的 11.86% 上升至 2016 年的 15.84%。出口中国的份额在 2008 年受金融危机冲击后略有下降，此后一直在稳步上升，从 2008 年的 5.50% 上升至 16 年的 7.97%，整体看来，出口中国的份额不足 10%。与其他大国相比，美国出口中国份额明显不足。

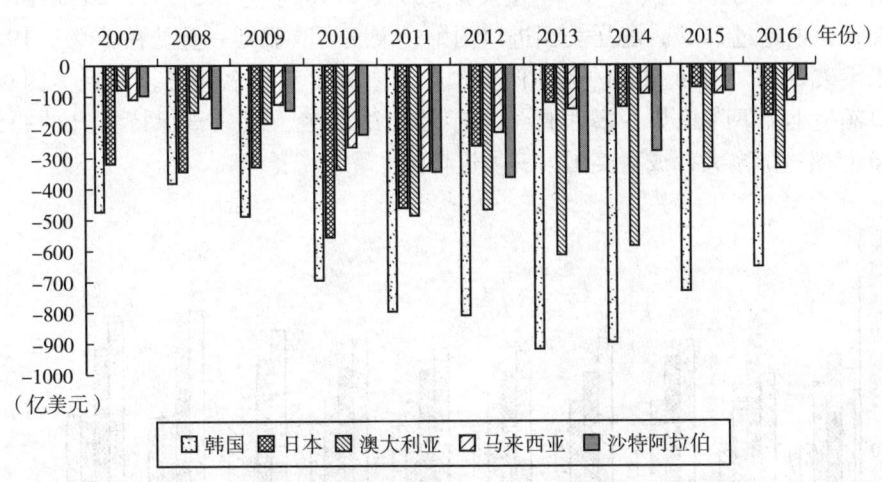

图 1-5　2007~2016 年中国贸易逆差差来源国和地区贸易额

资料来源：World Bank，http://wits.worldbank.org/visualization/detailed-country-analysis-visualization.html。

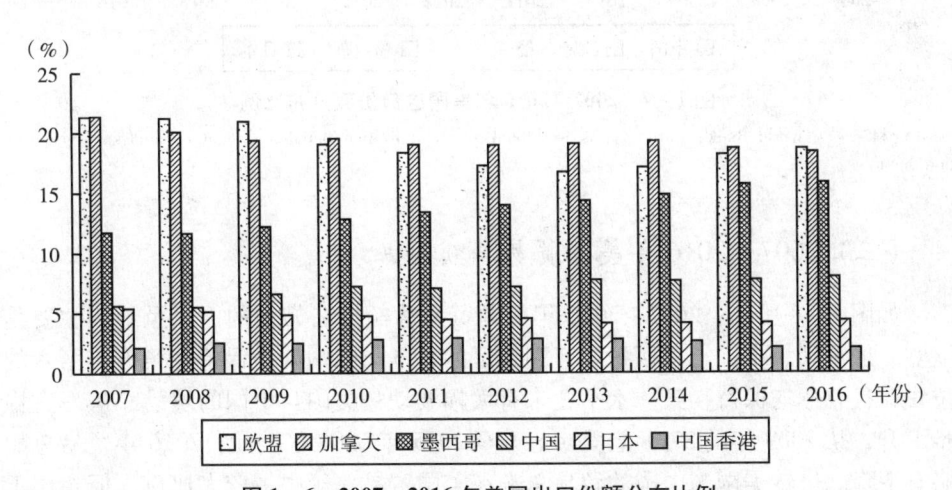

图 1-6　2007~2016 年美国出口份额分布比例

资料来源：World Bank，http://wits.worldbank.org/visualization/detailed-country-analysis-visualization.html。

(二) 2007~2016年美国进口数据分析

由图1-7可知，2007~2016年美国进口国与地区主要包括中国、欧盟、加拿大、墨西哥、日本。其中，中国在2009年超越欧盟成为美国第一大进口国，随后进口份额均稳步上升，2014年突破20%，2015年达21.79%，2016年略有下降，但也超过21%，稳居美国进口国第一宝座。欧盟则一直处在16%~19%，从未突破20%。对于北美的其他两大国，加拿大常年排名第三，并且美国对其进口额呈小幅下降趋势，墨西哥虽常年处于第四名，但一直保持上升的趋势，2016年超过加拿大，成为美国第三大进口国。

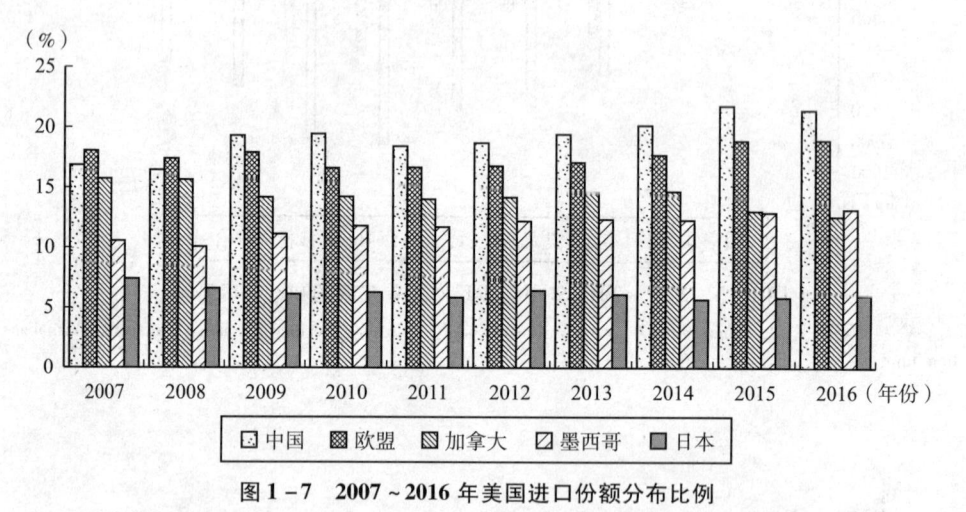

图1-7 2007~2016年美国进口份额分布比例

资料来源：World Bank，http://wits.worldbank.org/visualization/detailed-country-analysis-visualization.html。

(三) 2007~2016年美国贸易总额数据分析

如图1-8所示，2007~2016年美国贸易总额排名靠前的国家及地区主要是欧盟、加拿大、中国、墨西哥。亚洲地区的日本与韩国始终保持在第五与第六的位置，且总额均保持在某一水平，未有大幅波动；美国与中国的贸易总额一直稳步上升，从2009年的3791亿美元上升至2015年6201亿美元，2016年贸易总额略有下降。虽然美国与中国的贸易总额在美国贸易总额中占较大比例，但相比于第一的欧盟依然相差1000亿美元左右，说明中国在美国的众多贸易伙伴中不可或缺，但与其他大国相比，并没有突出地位。

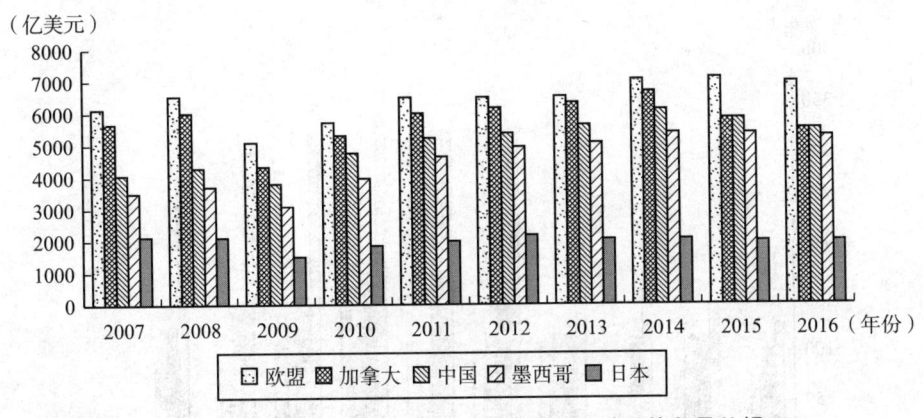

图 1-8　2007~2016 年美国对外贸易国和地区的贸易总额

资料来源：World Bank, http://wits.worldbank.org/visualization/detailed-country-analysis-visualization.html。

（四）2007~2016 年美国贸易数据分析

依据世界银行统计的美国进出口数据，计算出美国与世界各国及地区贸易数据，发现与美国产生贸易逆差的国家与地区主要是中国、欧盟、日本、墨西哥、加拿大。其中，美国与中国贸易逆差远超于美国与其他国家的贸易逆差，数额非常庞大，2015 年达到最高，为 3879 亿美元。

由图 1-9 可知，与美国产生贸易顺差的国家与地区主要是中国香港、澳大利亚、新加坡、巴西，其中，澳大利亚、新加坡与巴西对美国产生的贸易顺差差别不大，且均保持在 220 亿美元以下。

三、中美贸易关系对比分析

贸易逆差与贸易顺差就像一个硬币的两面，两国之间开展货物贸易，自然就会产生逆差方与顺差方。当一个国家出现贸易逆差时，则表明该国外汇储备减少，其商品的国际竞争力削弱，该国在该时期内的对外贸易处于不利地位。轻微的贸易逆差在对外贸易中是不可避免的，然而大量的贸易逆差将使国内资源外流加剧，外债增加，影响国民经济正常有效运行。由上述数据对比可知，美中贸易逆差是长期以来一直存在的一种现象，并且这种现象的严峻性在不断加剧。

关于中美贸易失衡的原因，美国的中美经济与安全评估委员会（2005）认为中国人民币汇率控制、中国政府补贴、歧视性关税减免政策和外国企业准入限制

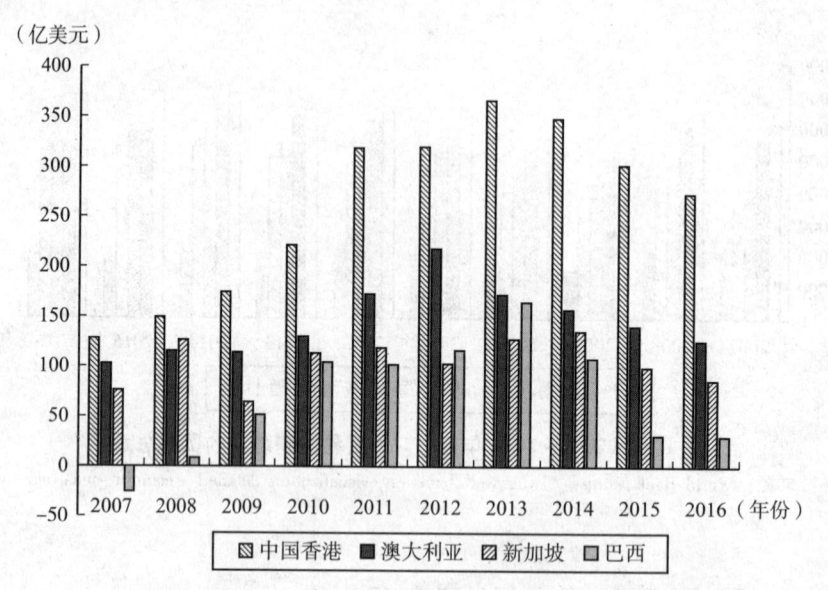

图 1-9　2007~2016 年美国贸易顺差来源国和地区贸易额

资料来源：World Bank, http://wits.worldbank.org/visualization/detailed-country-analysis-visualization.html。

造成了中美两国的贸易失衡。对此，中国学者通过多种方式进行了反驳。张彬与江海潮（2006）认为中美两国贸易失衡包括固定失衡和剩余失衡两部分，其中固定失衡由人民币汇率和中美两国贸易边际产出差异决定；中美两国贸易剩余失衡则由两国的生产边际成本、人民币汇率、贸易不确定性和相关性、贸易联合风险内生决定。谢建国和陈漓高（2002）、湛柏明和庄宗明（2003）、王胜和陈继勇等（2007）的研究则指明，中美两国经济增长供求弹性差异对两国贸易顺差产生重要影响，人民币汇率短期内对中美两国贸易逆差冲击并不明显，人民币汇率并没有国外一些学者所设想的贸易不平衡效应。蒲华林、张捷（2007）则通过实证分析指出持续增长的中美商品贸易顺差是一种从日本、韩国、东盟等国家和地区转移过来的基于产品内分工的结构性贸易顺差，是各个国家和地区在全球生产网络环境里发挥各自比较优势和竞争优势的结果。王军红（2018）通过实证分析指出影响中美贸易不平衡的真正因素是美国对中国实行的技术封锁以及美国国内较低的储蓄率，即美国为了保持其对中国的经济领先和全球霸权地位，限制对中国高科技产品出口。因此，从多个角度分析，中美贸易失衡并不是中国强加于美国的结果。美国有必要针对本国的贸易逆差现象实施政策以刺激经济，但以贸易失衡为借口对中国发起攻势这一理由是站不住脚的。

第三节　中美投资现状分析

一、中国对外直接投资与接受外资数据分析

随着中国经济的持续发展、企业竞争力的逐步增强，尤其是国家"走出去"战略的有效实施，中国企业参与国际投资合作的步伐在近几年逐步加快，虽然近年来全球经济增长乏力，但是中国对外直接投资流量和存量仍持续扩大。

（一）中国对外投资流量和存量增长迅速，实际使用外资相对平稳

由图1-10可知，中国对外投资存量由2015年的10979亿美元上升至2016年的13574亿美元，占世界存量的比例由4.4%上升至5.2%。由表1-1可知，中国对外直接投资流量由2015年的1456.7亿美元上升至2016年的1961.5亿美元，同比增长34.7%，占全球投资流量的比例也由9.9%上升至13.5%，同比提升了3.6个百分点，全球排名由第8位跃至第6位。截至2016年底，中国2.44万家境内投资者在国（境）外共设立对外直接投资企业3.72万家，分布在全球190个国家（地区），年末境外企业资产总额5万亿美元。①

图1-10　2002～2016年中国对外直接投资流量和存量及全球占比

资料来源：国家统计局，http：//data.stats.gov.cn/easyquery.htm? cn=C01。

---

① 商务部对外投资和经济合作司.2016年度中国对外直接投资统计公报［EB/OL］.http：//hzs.mofcom.gov.cn/article/date/201803/20180302722851.shtml，2017-09-30 11：30.

表1-1　　2002~2016年中国对外投资流量和存量金额及全球位次

年份	流量			存量	
	金额（亿美元）	全球位次	同比（%）	金额（亿美元）	全球位次
2002	27.0	26	—	299	25
2003	28.5	21	5.6	332	25
2004	55.0	20	93.0	448	27
2005	122.6	17	122.9	572	24
2006	211.6	13	43.8	906.3	23
2007	265.1	17	25.3	1179.1	33
2008	559.1	12	110.9	1839.7	18
2009	565.3	5	1.1	2457.5	16
2010	688.1	5	21.7	3172.1	17
2011	746.5	6	8.5	4247.8	13
2012	878.0	3	17.6	5319.4	13
2013	1078.4	3	22.9	6604.8	11
2014	1231.2	3	14.2	8826.4	8
2015	1456.7	2	18.3	10978.6	8
2016	1961.5	2	34.7	13573.9	6

资料来源：2016年中国对外直接投资统计公报，http://hzs.mofcom.gov.cn/article/date/201803/20180302722851.shtml。

与中国对外投资流量的迅速增长对比，中国实际使用外资金额变化相对较为平稳。由图1-11可知，2016年中国实际使用外资金额为1260亿美元，与2015年基本持平，2006~2016年中国实际使用外资流量的年均复合增长率为7.17%，而同时期中国对外直接投资金额的年均复合增长率达24.94%。中国吸收国外资本的增势不明显，一方面由于中国人口红利的淡化，对于廉价劳动力和资源驱动型的FDI来讲，吸引力减弱；另一方面中国投资壁垒依然较高，增加了外商投资的成本。相对而言，中国对外直接投资（OFDI）尚处于起步和加速阶段，2001年加入世界贸易组织以来，中国企业加速了"走出去"的步伐，积极融入全球价值链中，通过并购、新建和股权合作等多种方式获取全球市场和资源，在企业的国际运营和全球扩张的基础上建立中国自己的跨国公司品牌。

```
(亿美元)
2000                                                                    1962
                                                               1457
1500                                                    1231
                                      1160  1117  1176
                                1057                    1196  1263  1260
1000              924   900
                              747        878  1078
            748         688
       630        559   565
500         265
       212
  0
       2006  2007  2008  2009  2010  2011  2012  2013  2014  2015  2016(年份)
              ▲—— 实际使用外资金额    ◆—— 对外直接投资金额
```

图1-11　2006~2016年中国对外直接投资流量与实际使用外资金额对比

资料来源：国家统计局，http：//data.stats.gov.cn/easyquery.htm? cn = C01。

（二）中国租赁和商务服务业对外投资流量长期居首，制造业接受外资流量最高

由表1-2可知，在中国对外直接投资的行业分布中，租赁和商务服务业长期占据流量第一位，传统采矿业对外投资逐年下滑。2016年，中国对外直接投资覆盖了国民经济的18个行业大类。由图1-12可知，18个行业大类中，其中流量上百亿美元的涉及六个领域，2016年制造业首次上升至第二位。

表1-2　　　　　2016年中国对外直接投资流量行业分布情况

行业	流量（亿美元）	同比（%）	比例（%）
租赁和商务服务业	657.8	81.4	33.5
制造业	290.5	45.3	14.8
批发和零售业	208.9	8.7	10.7
信息传输/软件和信息技术服务业	186.7	173.6	9.5
房地产业	152.5	95.8	7.8
金融业	149.2	-38.5	7.6
居民服务、修理和其他服务业	54.2	239.1	2.8
建筑业	43.9	17.6	2.2
科学研究和技术服务业	42.4	26.7	2.2
文化/体育和娱乐业	38.7	121.4	2.0

续表

行业	流量（亿美元）	同比（%）	比例（%）
电力、热力、燃气及水的生产和供应业	35.4	65.6	1.8
农林牧渔业	32.9	27.8	1.7
采矿业	19.3	-82.8	1.0
交通运输、仓储和邮政业	16.8	-38.4	0.9
住宿和餐饮业	16.2	124.8	0.8
水利、环境和公共设施管理业	8.4	-38.1	0.4
卫生和社会工作	4.9	480.9	0.2
教育	2.8	356.8	0.1
合计	1961.5	34.7	100.0

资料来源：2016年度中国对外直接投资统计公报，http：//hzs.mofcom.gov.cn/article/date/201803/20180302722851.shtml。

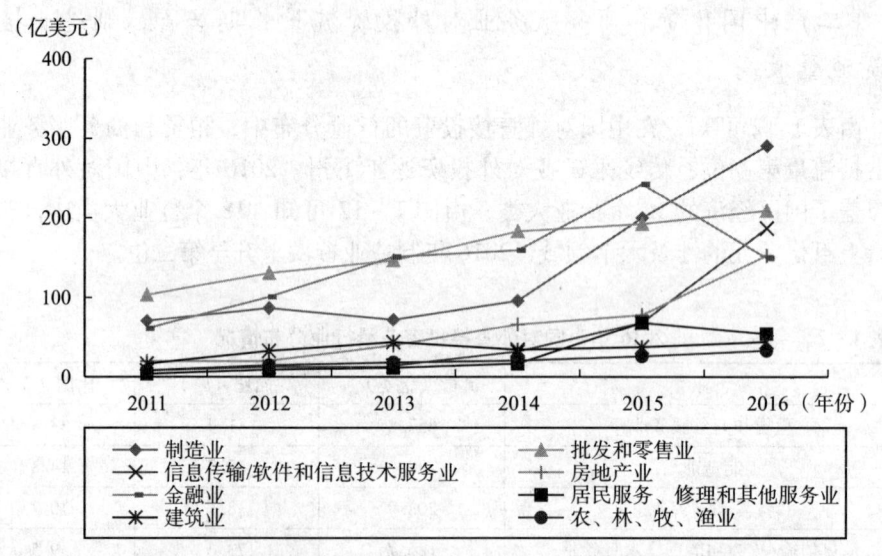

图1-12 2011~2016年中国主要行业对外直接投资流量

资料来源：国家统计局，http：//data.stats.gov.cn/easyquery.htm?cn=C01。

在图1-13中，从实际接受外资金额来看，中国所有行业实际接受外商金额自2006年以来整体呈现上升趋势，但近些年来有所下降。制造业外资投资实际使用金额自2011年来逐年下降，但依然高居接受外商投资首位，说明中国仍保持传统制造业优势，由于产业升级和人口红利消退，这一优势也在慢慢淡化。租赁和商务服务业、金融业和信息业实际外资使用增势平稳，表明中国接受外商投资的偏好产业由制造业转向服务业，符合中国产业由传统制造业向价值链高端的服务业升级这一必然趋势。

图1-13 2006~2016年中国主要行业外商投资实际使用金额

资料来源：国家统计局，http://data.stats.gov.cn/easyquery.htm?cn=C01。

（三）发展中经济体投资存量占八成，发达经济体投资增势显著

由表1-3可知，2014年和2016年中国流向发达经济体的投资分别为238.3亿美元和368.4亿美元，同比增长分别达到72.30%和94%。

表1-3　　　　2011~2016年中国对发达经济体直接投资流量

年份	发达经济体流量（亿美元）	增长率（%）
2011	134.2	—
2012	135.1	0.67
2013	138.3	2.40
2014	238.3	72.30
2015	189.7	-20.40
2016	368.4	94.00

资料来源：各年度中国对外直接投资统计公报，http://hzs.mofcom.gov.cn/article/date/201512/20151201223578.shtml。

如表1-4所列,2016年中国对外直接投资流量前20位国家和地区,占直接投资总额的96%。其中,中国香港为投资最大流向地区,直接投资额达1142.3亿美元,占总额比例的58.2%,排在第二位的是美国,直接投资额达169.8亿美元,占总额比例的8.7%。2016年,中国对美国、欧盟、澳大利亚的投资额均创历史最高值,发达国家成为众多中国企业对外投资的首选目的地。

表1-4 2016年中国对外直接投资流量前20位的国家/地区

序号	国家（地区）	流量（亿美元）	占总额比例（%）
1	中国香港	1142.3	58.2
2	美国	169.8	8.7
3	开曼群岛	135.2	6.9
4	英属维尔京群岛	122.9	6.3
5	澳大利亚	41.9	2.1
6	新加坡	31.7	1.6
7	加拿大	28.7	1.5
8	德国	23.8	1.2
9	以色列	18.4	0.9
10	马来西亚	18.3	0.9
11	卢森堡	16.0	0.8
12	法国	15.0	0.8
13	英国	14.8	0.7
14	印度尼西亚	14.6	0.7
15	俄罗斯联邦	12.9	0.7
16	越南	12.8	0.7
17	荷兰	11.7	0.6
18	韩国	11.5	0.6
19	泰国	11.2	0.6
20	新西兰	9.1	0.5

资料来源：2016年度中国对外直接投资统计公报，http://hzs.mofcom.gov.cn/article/date/201803/20180302722851.shtml。

二、美国对外直接投资与接受外资数据分析

（一）FDI 存量和流量长期全球居首，OFDI 流量创 2015~2017 年来最低

由图 1-14 可知，美国是全球对外投资第一大国，美国的对外投资存量近年来维持在世界 FDI 存量的 20% 左右，2002~2017 年以来，美国的对外投资流量呈现有升有降、稳定波动的趋势。虽然美国的对外投资流量长期没有明显的上升或下降，但是 2015~2017 年美国对外直接投资额呈明显上升趋势。从 FDI 存量上看，2017 年美国对外直接投资存量达 60133 亿美元。

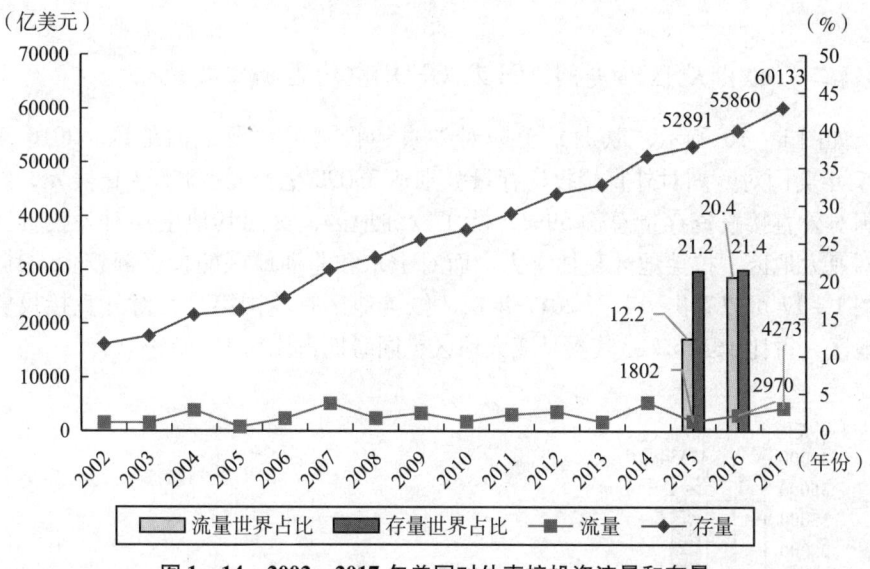

图 1-14　2002~2017 年美国对外直接投资流量和存量

资料来源：美国经济分析局，https://www.bea.gov/news/2018/direct-investment-country-and-industry-2017。

由图 1-15 可知，2017 年美国接受外商投资流量低至 2604 亿美元，同比 2016 年的 4102 亿美元降低了 36.52%，也低于 2014~2016 年平均水平的 3244 亿美元。

(亿美元)

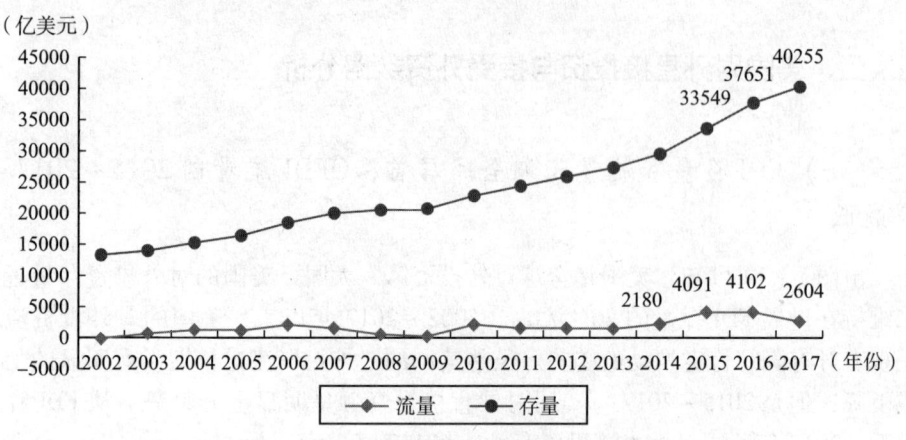

图 1-15 2002~2017年美国外商投资流量和存量

资料来源：美国经济分析局，https://www.bea.gov/system/files/2018-08/fdi0718rs.pdf。

（二）欧洲地区在美国FDI及OFDI中均占据重要地位

如图1-16所示，欧洲是美国对外直接投资的主要流向地区。2016年与2017年美国对欧洲对外直接投资存量分别达33098亿美元、35534亿美元，约占美国对外直接投资存量总额59%。除了欧洲地区，美国其他主要对外投资区域包括亚太地区、拉美地区和加拿大，而对中东和非洲地区的投资额较少。其中，由图1-17可以看出，截至2017年末，拉美地区是美国第二大对外直接投资存量地区，占比16.76%，其次是亚太地区，同时期占比为15.65%。

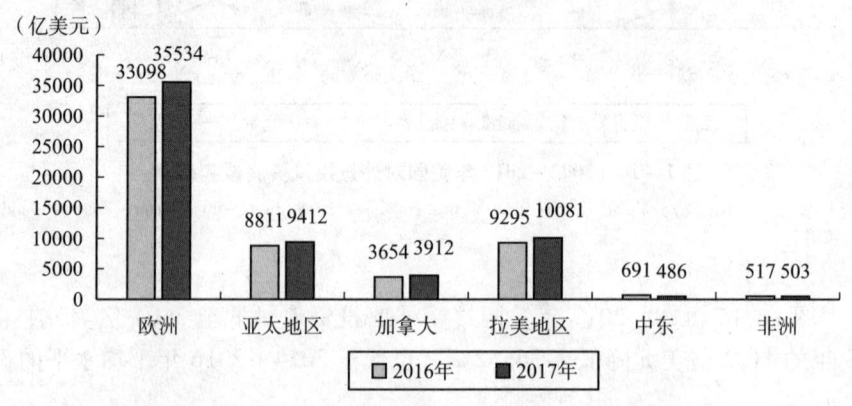

图 1-16 2016年和2017年美国对外直接投资存量

资料来源：美国经济分析局，https://www.bea.gov/system/files/2018-07/fdici0718.pdf。

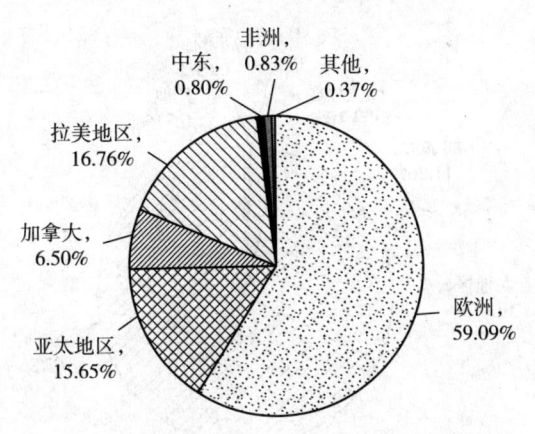

图 1-17 2017 年美国 FDI 地区存量占比

资料来源：美国经济分析局，https://www.bea.gov/system/files/2018-07/fdici0718.pdf。

由图 1-18 及图 1-19 可知，从接受外商投资存量来看，欧洲地区同样是美国接受外商直接投资存量最大的区域。截至 2017 年末，美国接受欧洲地区存量约 27313 亿美元，占比达 67.85%。其次是亚太地区，2017 年美国接受亚太地区存量约 6846 亿美元，占比为 17.01%，再次是加拿大，占比为 11.26%，这主要是因为加拿大与美国毗邻，政治经济方面发展较为接近，具有区位优势。

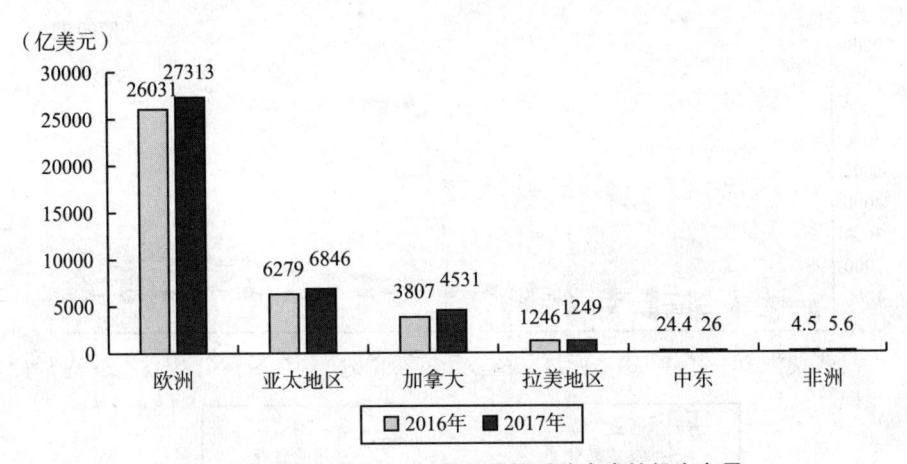

图 1-18 2016 年和 2017 年美国接受外商直接投资存量

资料来源：美国经济分析局，https://www.bea.gov/system/files/2018-07/fdici0718.pdf。

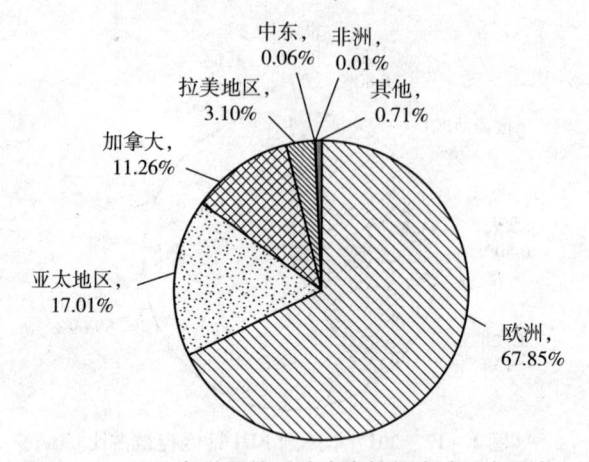

图 1-19　2017 年美国接受外商直接投资地区存量占比

资料来源：美国经济分析局，https://www.bea.gov/system/files/2018-07/fdici0718.pdf。

（三）制造业和金融保险业对外直接投资存量最高

如图 1-20 所示，从分行业对外投资存量来看，美国制造业和金融保险业（不含存款机构）长期保持美国对外直接投资存量最高，2017 年分别达 8263.91

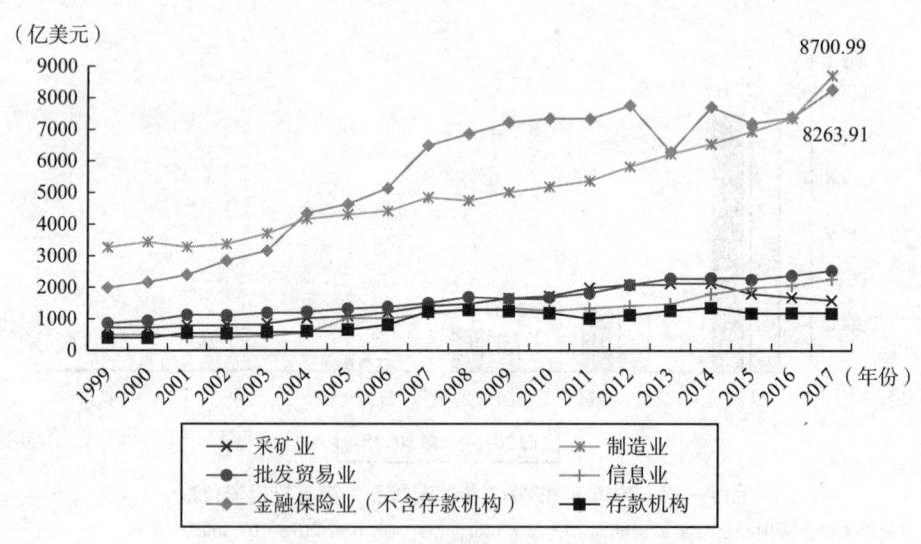

图 1-20　1999~2017 年美国分行业对外直接投资存量

资料来源：美国经济分析局，https://www.bea.gov/system/files/2018-07/fdici0718.pdf。

亿美元和 8700.99 亿美元，制造业对外投资存量再次超过金融保险业成为美国对外直接投资存量最大的行业。除了采矿业和存款机构两个行业 2017 年对外直接投资存量下降，即对外直接投资流量为负以外，批发贸易和信息业也呈稳步上升的趋势。

在图 1-21 中，从分行业外商投资存量来看，2004 年以来美国分行业整体接受外商投资存量均呈上升趋势。其中，制造业接受外商直接投资存量上升速度最快，并且制造业长期以来保持着美国吸收外商投资存量最高地位，并且远远高于第二大行业金融保险业。2017 年末，制造业和金融保险业接受外商直接投资存量分别达 16072.09 亿美元和 5389.92 亿美元，制造业接受外商直接投资存量约是金融保险业的 3 倍。

图 1-21　2004~2017 年美国分行业接受外商投资存量

资料来源：美国经济分析局，https://www.bea.gov/system/files/2018-08/fdi0718rs.pdf。

三、中美投资开放数据比较分析

（一）中国对外直接投资地位与美国差距明显

近年来，中国的对外投资地位上升迅速，但是与美国相比依然存在巨大差距。由图 1-22 和图 1-23 可知，从排名上看，2016 年，中国对外投资流量占比和存量占比都位于全球领先地位，分别为第 2 位和第 6 位，而美国在对外投资流量和存量上都位居世界首位。从数字上看，中国对外投资流量为 1961.5 亿美元，

美国为2990.0亿美元,美国约是中国的1.5倍;而截至2016年,中国对外投资全球存量为13574亿美元,美国达63838亿美元,美国约是中国的4.7倍。可见,中国对外投资增势迅猛,但是存量仍与美国有较大差距,主要是因为中国作为发展中国家,国际资本积累和企业国际化发展经验不足,尚处于起步阶段。

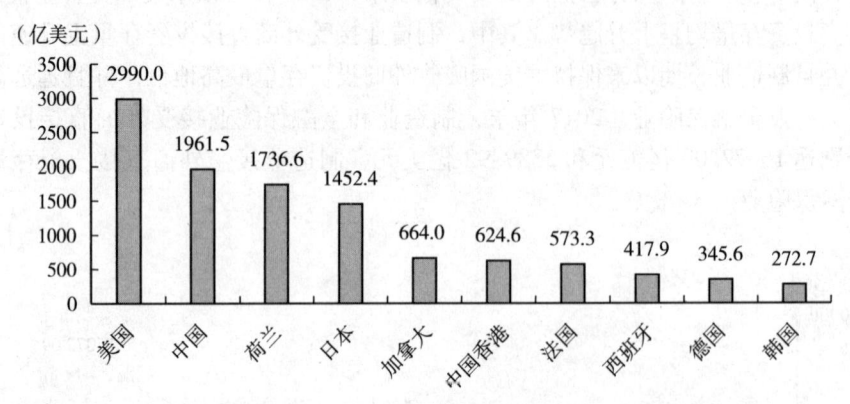

(亿美元)

美国	2990.0
中国	1961.5
荷兰	1736.6
日本	1452.4
加拿大	664.0
中国香港	624.6
法国	573.3
西班牙	417.9
德国	345.6
韩国	272.7

图1-22 2016年中国与全球主要国家和地区流量对比

资料来源:2016年中国对外直接投资来源于《中国对外直接投资统计公报》,其他国家(地区)统计资料来源于联合国贸发会议《2017世界投资报告》。

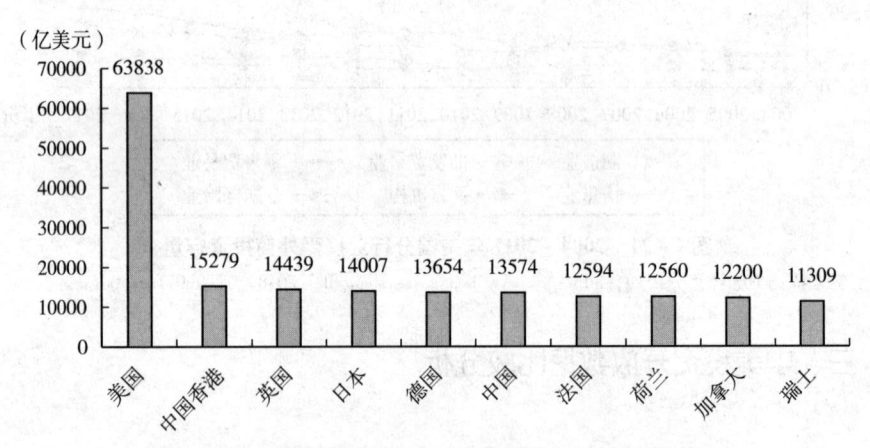

(亿美元)

美国	63838
中国香港	15279
英国	14439
日本	14007
德国	13654
中国	13574
法国	12594
荷兰	12560
加拿大	12200
瑞士	11309

图1-23 2016年中国与全球主要国家和地区存量对比

资料来源:2016年中国对外直接投资来源于《中国对外直接投资统计公报》,其他国家(地区)统计资料来源于联合国贸发会议《2017世界投资报告》。

(二) 中美对外投资区位差异显著

从中美两国的对外投资区位分布上来看，中国对外直接投资的主要流向地区为亚洲地区，而美国对外投资的主要流向地区是欧洲地区。这一差异也符合邓宁的直接投资理论，邓宁认为区位优势是企业进行直接投资的必要条件之一，即东道国在投资环境因素上具有的优势条件。企业对外投资的区位选择与企业特定优势 (firm-specific advantage, FSAs) 有关，根据传统的巴克利和卡森的内部化理论，企业能够通过对外投资产生、发现和重塑其特定优势，并且可以与东道国的特定优势相互匹配 (Buckley & Casson, 1976)。对于企业特定优势，鲁格曼和维伯克 (Rugman & Verbeke, 2004) 对其加以区别，分为与区位无关的企业特定优势 (Non-location-bound FSAs) 和与区位相关的企业特定优势 (Location-bound FSAs)，其中与区位相关的企业特定优势就是指企业只有在特定地理区域内才能够形成的企业特定优势 (鲁格曼, 2005)。

对于中国和美国来说，选择与本国经济发展水平相近，金融环境较为自由和健全，政治文化环境差异较小，熟悉程度比较高的国家投资风险较小，更容易进行跨国经营。对中国来说自然是亚洲国家，尤其是中国香港地区，而对美国来说，其传统的直接投资伙伴便是英国、荷兰等欧洲国家（见图1-24、图1-25）。

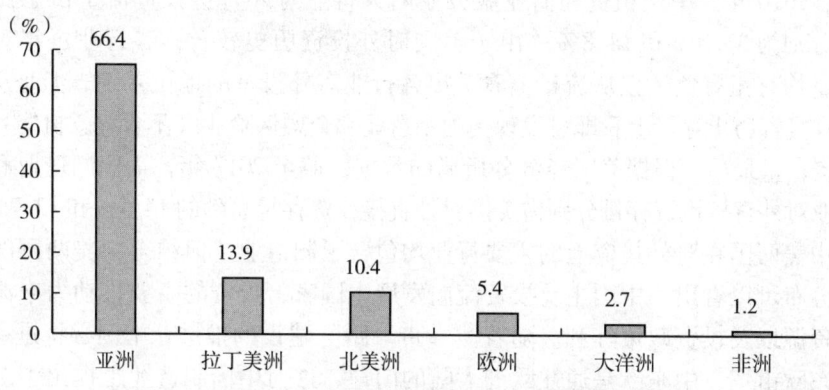

图1-24 2016年中国对外直接投资流量地区构成情况

资料来源：2016年度中国对外投资统计公报，http://hzs.mofcom.gov.cn/article/date/201803/20180302722851.shtml。

(%)

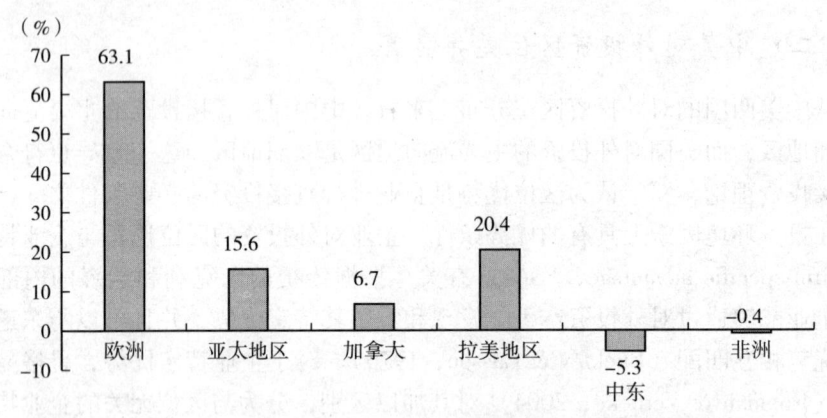

图中数据:
- 欧洲: 63.1
- 亚太地区: 15.6
- 加拿大: 6.7
- 拉美地区: 20.4
- 中东: -5.3
- 非洲: -0.4

图1-25　2017年美国对外直接投资流量地区构成情况

资料来源：美国经济分析局，https://www.bea.gov/system/files/2018-07/fdici0718.pdf。

（三）中美对外直接投资服务业领先，美国金融保险业和制造业存量最高

从分行业的对外投资情况来看，中国对外直接投资流量最高的行业为租赁和商业服务业、制造业两大行业。根据《2016年中国对外直接投资统计公报》的数据，2016年，中国租赁和商业服务业两大行业对外直接投资流量占总流量的比例分别为33.5%和14.8%。由于美国对外投资历史较长，各行业每年对外投资流量均有正有负，仅从流量上看不出各行业对外投资的地位差别，但是从各行业对外投资历史存量上看即可发现美国制造业和金融保险业（不含存款机构）的对外投资存量最高。根据美国经济分析局的数据，截至2017年，美国制造业和金融保险业对外直接投资存量分别占美国对外直接投资存量总额的14.5%和13.7%。

中美两国在对外投资上的主要行业均包含了制造业，但结合中美两国的投资地区分布可以看出，中国主要投资流向发展中国家，投资的主要推动力来源于东道国资源以及投资政策红利。随着"一带一路"建设的推进，中国必将进一步开拓中东欧市场，中东欧是通往欧洲大陆的门户，这对中国制造业也提出了更高要求和更艰巨的挑战。中国应当在开辟海外市场的同时主动进行制造业升级，转变资源寻求型的海外投资战略，而更多融入当地市场形成互补效应和协同效应。而美国对外投资多是流向欧洲发达国家，美国与英国、德国、荷兰等老牌资本主义国家政治经济体系类似，发展水平接近，市场需求和偏好相近形成了互补性国际市场，因此美国制造业的对外直接投资多是市场驱动型的。美国金融保险业对外直接投资的推动力来源于当下的国际金融体系仍然是以美元为中心。第二次世界

大战之后确立的布雷顿森林体系实际上确立了以美元为中心、与黄金并重的黄金—美元本位制。虽然随着布雷顿森林体系的瓦解，国际储备出现多元化趋势，1976年国际货币基金组织（IMF）确定达成的"牙买加协议"实际上仍是以美元为中心的多元化国际储备和浮动汇率制度（郑甘澍，2013）。美国的金融体系是全世界最为成熟、市场化程度最高的金融体系，美元作为国际货币，其核心地位也驱动了美国金融企业的分支机构遍布世界各地。

第四节 中美经贸谈判

一、经贸谈判僵局

（一）中美BIT谈判

中国与美国分别是新兴市场国家中最大的对外直接投资国家与全球最大的对外直接投资国家，但是中美的双边直接投资规模却远远低于全球最大经济体应该拥有的规模，导致这一现象的一个直接原因是中美两国至今没有一个可用于规范双边投资关系的双边投资协定①。

2006年12月，中美双方举行第一轮战略经济对话，此次对话将中美BIT谈判的可能性确定为对话的重要内容；2008年，中美双方在第四轮战略经济对话中正式宣布启动BIT谈判。但直至2013年，BIT谈判才取得突破性进展，双方同意以准入前国民待遇和负面清单为基础开展中美BIT谈判。2014年第六轮中美双方在战略与经济对话中再次取得"历史性进展"，即双方同意争取在当年就双边投资协定文本的核心问题和主要条款达成一致，并承诺2015年早期启动负面清单谈判。2015年6月，双方进行了第19轮BIT谈判，此次谈判首次交换负面清单出价，并正式启动负面清单谈判。然而由于双方在核心利益诉求上依旧存在冲突，加之临近美国大选，中美BIT谈判最终就此搁置。

2016年，共和党总统候选人唐纳德·特朗普正式登上美国执政舞台，美国政府开始排斥多边贸易，2017年1月正式退出跨太平洋伙伴关系协定（TPP）。

---

① 项卫星，张赛赛. 中美双边投资协定谈判中的冲突与趋同 [J]. 东北亚论坛，2017，26（3）：84-96，128.

为了建立对美国有利的制度，美国政府开始提出自己的要价与其他国家签署双边投资协定。比如2018年2月20日与韩国按美国要价签署韩国—美国自由贸易协定（FTA），2018年9月25日，美国、欧盟和日本三方签署贸易"美日欧联合声明"，2018年11月30日签署新的"美墨加协定"。

在全球多边主义受挫的情况下，区域主义、双边主义在全球日渐升温，并且取代全球多边主义成为国际贸易投资的主要趋势①。世界各国之间纷纷推进双边贸易协定，然而由于特朗普执政以来对中国开展的贸易战，中美双方的BIT谈判并未如期继续开展，中美BIT谈判也就此陷入僵局。

（二）中美贸易战谈判

2018年3月22日，美国总统特朗普宣称依据"301"调查结果，将对从中国进口的商品大规模征收关税，并限制中国企业对美投资并购，中美由此拉开了博弈的序幕。2018年5月初，美国代表团来京与中方在经贸领域进行了第一轮谈判，尽管"进行了坦诚、高效、富有建设性的讨论"，但是"在一些问题上仍存在较大分歧"；2018年5月中旬，中国代表团访问美国，与美方在经贸领域进行第二轮谈判，发布了《中美经贸磋商的联合声明》，并停止互相加征关税，避免了贸易摩擦升级，中美经贸关系看似由此从正面冲突转向长期谈判。2018年6月15日，美国总统特朗普置中美双方已经形成的共识于不顾，批准对约500亿美元的中国商品征收关税，并在6月18日威胁中国，若中国继续反击，将再对2000亿美元的中国商品加征10%关税。作为回应，中国表示，若美方一意孤行，中国将不得不采取"数量型和质量型相结合"的综合措施进行反制，且中美双方此前磋商达成的所有经贸成果将不再有效。7月6日，美国正式对第一批清单价值340亿美元的中国商品加征25%关税；作为反击，中国也于同日采取同等规模和力度的征税措施，并就美国对华"301"调查项下正式实施的征税措施在世界贸易组织（WTO）追加起诉。至此，中美贸易摩擦正式升级为贸易战。7月10日，美国又公布针对中国2000亿美元进口商品加征10%的详细清单，8月3日美国表示将2000亿美元进口商品关税提升至25%；作为反制，中国依法对自美国进口约600亿美元商品按四挡不同税率加征关税。至此，中美贸易战有愈演愈烈之势，中美贸易谈判也随之陷入僵局。

2018年12月1日，中美借G20峰会这一平台正式表明停止加征新的关税，

---

① 马相东，王跃生. 新时代吸引外资新方略：从招商政策优惠到营商环境优化[J]. 中共中央党校学报，2018（4）：17-26.

并指示两国经济团队加紧磋商，朝着取消所有加征关税的方向，达成互利共赢的具体协议。同时白宫声明，美方同意自 2019 年 1 月 1 日起对 2000 亿美元自中国进口商品征收的关税维持在 10%，暂时不会提高至 25%；但如果在 90 天内，中美双方未能就技术转让、知识产权保护、农产品、非关税壁垒等贸易议题达成协议，那么关税税率将提高至 25%①。中美贸易战正式休战，两方贸易关系得到暂时的缓和。

二、经贸谈判进展困难原因分析

中美双方在 BIT 谈判以及近年的贸易谈判中进展困难，其均表现在部分条款的难以协调，然而深究其原因涉及两国制度与经济环境各方面因素。为了维护本国的利益，双方对提议的条款有坚持有妥协，这也必然决定了谈判的困难性。

（一）国家制度因素

中国与美国是完全不同的政治体制，因此，如果双方缺乏对对方的行政决策机制、条约生效的程序以及在其背后主导谈判的部门的理解，就可能在谈判中产生不切实际的期望；特别是在某些条款上的沟通困难以及对可能的后果的误判，从而对谈判的进程产生直接的影响②。不论是中美 BIT 谈判还是近年来的中美贸易摩擦谈判，表面看来都是中美双方在某些条款上的分歧，但两国体制的不同才是其深层原因。

（二）国家安全因素

两国在谈判的过程中不仅要考虑条款对本国的利益，条款对本国的安全是否存在隐患也是两国需要考量的重点。在西方国家，一直盛行着"中国威胁论"这一说法，同样在美国看来，中国在经济、科技等各方面的迅速发展在一定程度上造成了美国的安全隐患。因此美国在要价时，坚决拒绝他们认为存在侵犯美国安全的条款。

（三）国家发展因素

中美 BIT 谈判历经十年也未有结果，中美贸易摩擦如今也陷入双方拉锯式谈

---

① 国新网，《关于中美经贸磋商的中方立场》白皮书［EB/OL］. http://www.scio.gov.cn/zfbps/32832/Document/1655898/1655898.htm, 2019 – 06 – 02/2019 – 07 – 01。

② 梁勇，东艳. 中国应对中美双边投资协定谈判［J］. 国际经济评论，2014（4）：54 – 65.

判中，而陷入僵局的原因重点在于两国对本国发展的考量。

中国如今面临经济转型的重要阶段，随着人口红利的淡化以及人们对环境质量要求的提高，过去依靠低廉劳动力与牺牲环境所换取的 GDP 迅速增长的方式已不可持续，经济发展必须从以往的粗放式增长转型为高质量增长。同时，中国梦也要求中国必须在制造业重点领域和关键技术上摆脱对发达国家的依赖，并逐步脱离全球价值链中低端生产环节所存在的环境污染、资源浪费、劳动强度高、人民幸福度低等缺陷的困扰。因此，在谈判中，中国需要保证本国的经济转型与发展不受阻碍。

自 2008 年金融危机以来，美国政府一直采取宽松化政策以刺激本国的经济发展，改善低就业率与制造业空心化的困境，然而效果并不显著。如今，美国矛头直指中国，希望能借此机会改善本国的经济发展。可见，中国为了保证经济的持续发展需要从"微笑曲线"的中间地带向两端进发，然而美国凭借科技和人才优势稳稳占据"微笑曲线"的两端，且为了促进本国制造业的回流试图占据中间领域，因此中美两国在发展过程中的冲突必然导致谈判僵局的形成。

总之，这次贸易战使双方都意识到中美往日看似平和的关系已经被打破，双方的竞争关系已经浮出水面，并且这种竞争关系将是长久的，中美战略的对抗也将长期化。

第五节 美国要价分析

中国加入 WTO 以来，美国一直就贸易投资各方面对中国展开要价。中美双方开展的多轮 BIT 谈判与 2018 年爆发的中美贸易战都反映了美国政府对中国对外贸易的诉求，而这种对中国的贸易要求正是中国与美国经贸谈判难以调和所在。

一、"美国政府贸易官员"的观点

在美国政府现任贸易官员中，罗伯特·莱特希泽是代表人物，其一生致力于美国的贸易事业，并于 2017 年 5 月 11 日正式担任美国贸易代表。过去的 20 年里，莱特希泽一直关注中美贸易来往，早在 1998 年，他便对中国加入 WTO 能否对美国带来利益一事产生怀疑，并明确指出促进中美贸易往来并不能确保美国利益不受损害。1999 年 4 月 18 日，《纽约时报》发表了莱特希泽的一篇文章，名为《我们终将后悔的一项交易》，文章指出如果中国加入WTO是必然，则应当修改WTO的相关协议，并且在美国行为与WTO协议有悖时，美国应当选择退出WTO。罗伯特·莱特希泽还明确表示，全球化给美国带来的益处不可否认，但纯粹的自由贸易只会损害美国自身的主权与利益。同时，莱特希泽指责中国进行汇率操纵、不尊重知识产权，正如2005年中美经济与安全评估委员会指出中国人民币汇率控制造成了中美贸易失衡。

2010年9月20日，罗伯特·莱特希泽在美中经济安全审查委员会上正式发表了《对过去十年中国在世界贸易组织中作用的评估》。他言明，中国自2001年正式加入WTO，10年间并未实现其加入WTO所提出的大部分承诺，并指出美国对中国加入WTO美好预期失准的原因在于：（1）中国的经济政治体制与WTO理念格格不入；（2）美国的政策制定者严重误判了西方企业将其业务转向中国并以此服务美国市场的动机；（3）美国政府对中国重商主义的反应十分消极。据此，他认为美国应该采取较之以往更为积极的方式应对中国。

长达20年的关注，使莱特希泽对于中美贸易问题研究颇深，从而对中国态度十分强硬。担任新一任的美国贸易代表以来，他的建议均被美国政府采纳，如拒绝全球化所带来的侵犯美国利益的自由贸易、暗示退出WTO以及以更强硬的态度对待中国。2017年8月，莱特希泽负责对中国的"301"调查，并对中国进行了大力施压，此后美国对中国采取的一系列强硬措施与要价，都是他的观念的体现。

二、美国政府签署新协定

（一）新版北美自贸协定

由前面数据可知，加拿大、墨西哥是美国的进出口大国，加拿大、墨西哥与美国的贸易往来对美国经济有着重要的影响。因此特朗普政府为了提高美国就业水平、改善国内经济环境，在针对中美贸易的同时也对北美自由贸易协议提出质疑，特朗普多次批评"北美自由贸易协议"令美国就业机会流向薪金水平较低的墨西哥。2018年11月30日，美国、加拿大及墨西哥三国领袖于G20峰会期间，正式签订"美国—墨西哥—加拿大协议"（USMCA）贸易条约，取代实施24年的"北美自由贸易协议"（NAFTA），三国间长达一年的商榷正式终结。USMCA在汽车、奶制品等方面进行了一些调整，以更有利于美国。

然而，在新版北美自贸协定中，规定成员国如果与"非市场化经济体"签署自贸协定，不仅要提前3个月通知其他成员国，还要将缔约目标告知其他成员国，并提前至少30天将协议文本提交其他成员国审查，以确定是否会对USMCA产生影响。其他成员国如果认为协议涉及"非市场化经济体"，可以在6个月后退出USMCA。该条款虽然没有明确"非市场化经济体"指向哪个国家，但众所周知，中国与美国一直就中国经济体制是否为市场化经济展开争议，该条款被签署在USMCA中，明显不利于加拿大、墨西哥与中国的贸易往来。加拿大《环球邮报》认为，USMCA是21世纪国家间的"不平等条约"，协议中隐含美国控制加拿大外交的"杀手条款"，根据该条款，加拿大不能自由地与中国签署自由贸易协定。而且，在《环球邮报》看来，加拿大没有权力确认中国是否为"非市场化经济体"，这种权力已经"让渡"给了华盛顿，这是对加拿大主权的一种巨大伤害。

（二）美日欧共同观点

2018年9月25日，美国、欧盟和日本三方签署了贸易相关的三方联合声明即"美日欧联合声明"，其中提到，三方在第三国非市场化政策、国企补贴、强制技术转让、改革WTO等多方面达成了一致态度。

显而易见，这份声明矛头直指中国。中国由于产能过剩，将过剩的产品对外输出，使三个国家的经济受到损害，正如"美日欧联合声明"中提到第三国的非市场政策和做法导致严重的生产能力过剩，为工人和企业创造不公平的竞争条件，妨碍开发和使用创新技术，破坏国际贸易的适当运作，包括现有规则失效。在这份三国签署的共同声明中，明显表示中国的一些政策使美国、日本、欧盟的利益受到侵害，是各个国家都持反对态度的政策。因此，为了保持与各国友好的贸易往来，中国应当注意这类问题的发展并提出适当改进措施。

三、美国对中国的贸易壁垒评估报告简析

在美国贸易代表办公室（USTR）公布的《2018年度国别贸易壁垒评估报告》中，美国方面明确列举了中国可能存在的破坏公平贸易或违反WTO规则的主要贸易壁垒，如表1-5所示。

对比《2017年度国别贸易壁垒评估报告》，可以发现，产业政策由排在第二位上升为第一位，且在其中强调了"强制技术转让"与"中国制造2025计划"，美方认为中国对一些行业设置的政策使外资企业不得不选择让出技术或利润才可进入中国市场，比如汽车、金融、通信等行业。而"中国制造2025计划"使美

方更加担心中国政府的操控力量,他们认为中国借该计划意图用中国技术、产品和服务取代国外技术、产品和服务。

表1-5 《2018年度国别贸易壁垒评估报告》部分内容

产业政策	强制技术转让、中国制造2025计划、本土创新、投资限制、安全可控的信息技术政策、补贴、过剩产能、出口限制、增值税退税和相关政策、二手/翻新产品进口禁令、可回收材料进口禁令、标准、政府采购、贸易救济
知识产权	商业秘密保护、恶意商标抢注、生物制药、网络侵权、假冒产品
服务	电子支付服务、戏剧电影、银行服务、保险服务、证券和资产管理服务、通信服务、音像及其他服务、快递服务、法律服务
数字贸易壁垒	云计算限制、网页过滤和屏蔽、网络语音服务协议、域名规则、跨境数据传输和数据本地化、在线视频和娱乐软件限制、数据加密、互联网支付服务限制
农业	食品安全法、牛肉、家禽和猪肉、生物技术认证、农业国内支持、关税配额管理、增值税退税及相关政策
政策透明度	发布与贸易有关的法律、法规和其他措施、通知—评论程序、翻译
法律框架	行政许可、竞争政策

资料来源:http://www.sohu.com/a/236800181_99970744。

1994年,WTO成员方正式签订《与贸易有关的知识产权协定》(TRIPS)。然而,世界经济与国际环境发展至今,国际知识产权保护的发展进入一个瓶颈期,一方面,在多边框架下国际知识产权争端的解决越来越难。由于美国国际领导力的下降,美国和欧盟的立场趋于疏远,中国等发展中国家话语权增强,各国就国际知识产权保护可能更难达成共识。另一方面,双边框架下的知识产权沟通和协商将趋于频繁[①]。关于这两点,历史上中美一直纠缠不清,而就目前来看,很明显,美国开始不满在WTO的框架下对知识产权的商榷而选择使用自己的方式对中国进行制裁。事实上,中国自加入WTO以来,对保护知识产权方面所作出的改善一直是有目共睹的,在短短几十年中,中国从无到有建立了知识产权制度,鼓励本土创新,并加入了全球知识产权引领者的行列,如今成为推动全球知识产权增长的重要力量。

在服务贸易方面,美方认为中国金融服务、电影等视听服务、通信服务、快

---

① 陈学宇. 中国的国际知识产权保护立场 [N]. 第一财经日报,2017-09-06 (A11).

递服务和法律服务领域存在市场准入限制、持股比例限制、具体业务限制和设立分支机构等审批拖延的隐形壁垒。比如电子支付市场准入方面，中方对美方供应商的申请未有回应；银行服务方面，中国限制外国银行通过分支机构而不是子公司在中国开展业务的活动范围。

在数字贸易方面，美方认为中国也存在诸多壁垒，比如中国限制外资比如中国禁止外资企业参与国内云计算服务；严禁运营商租用专线等其他信道开展跨境经营活动，消除了海外云计算服务商的主要接入机制。

在农业方面，中国对外国肉类的进口采取严格的限制措施，并且对国内农业的支持力度过大，对大米、小麦和玉米的关税配额每年都没有充分利用，通过提高或降低增值税退税来管理初级农产品的进口，造成了全球市场上玉米、大豆及其中间加工产品的巨大扭曲和不确定性。

通过上述分析，我们会发现美方对中国的产业政策关注度升高，甚至抱有恶意揣测中国的意图，上升到国家安全级别。事实上，中国在某些政策制定与实施依据当时的国内外环境进行制定，并且在后续的经济开放与政策改善方面，中国的成绩是有目共睹的。

第六节　中国自贸区

一、中国自贸区发展现状

中国自由贸易试验区（以下简称"中国自贸区"）是指在贸易和投资等方面比 WTO 有关规定更加优惠的贸易安排，在中国境内划出特定的区域，准许外国商品豁免关税自由进出。

建设自贸区是党中央、国务院在新形势下全面深化改革和扩大开放的战略举措。党的十七大把自贸区建设上升为国家战略，党的十八大提出要加快实施自贸区战略。党的十八届三中全会提出要以周边为基础加快实施自贸区战略，形成面向全球的高标准自贸区网络。自贸区是在新形势下全面深化改革、扩大对外开放的一项战略举措。

（一）自贸区成立状况

2013年9月29日，中国首个自贸区——中国（上海）自由贸易试验区正式挂牌（以下简称"上海自贸区"）。自成立以来，上海自贸区从最初的28.78平方千米到如今的120.72平方千米，从无经验可循到复制推广一批重要成果到全国，创造了多个"全国第一"①。2013~2018年，中国先后又成立了12个自贸区：中国（广东）自由贸易试验区（以下简称"广东自贸区"）、中国（天津）自由贸易试验区（以下简称"天津自贸区"）、中国（福建）自由贸易试验区（以下简称"福建自贸区"）、中国（辽宁）自由贸易试验区（以下简称"辽宁自贸区"）、中国（浙江）自由贸易试验区（以下简称"浙江自贸区"）、中国（河南）自由贸易试验区（以下简称"河南自贸区"）、中国（湖北）自由贸易试验区（以下简称"湖北自贸区"）、中国（重庆）自由贸易试验区（以下简称"重庆自贸区"）、中国（四川）自由贸易试验区（以下简称"四川自贸区"）、中国（陕西）自由贸易试验区（以下简称"陕西自贸区"）、中国（海南）自由贸易试验区（以下简称"海南自贸区"）。在短短的5年中，从最先开始的试点上海自贸区到覆盖全中国多地区自贸区的成立，中国自贸区逐渐形成齐头并进的发展态势。

（二）中国自贸区目前发展现状

对12个自贸区，国务院分别给出了不同的战略定位：上海自贸区要"率先建立符合国际化、市场化、法治化要求的投资和贸易规则体系，使自贸试验区成为我国进一步融入经济全球化的重要载体"；广东自贸区要"促进内地与港澳经济深度合作"；福建自贸区要"为深化两岸经济合作探索新模式"；天津自贸区要"努力打造京津冀协同发展对外开放新引擎"；辽宁自贸区要"提升东北老工业基地发展整体竞争力和打造对外开放水平的新引擎"；浙江自贸区要"探索建设舟山自由贸易港区，推动大宗商品贸易自由化"；河南自贸区要"建设服务于'一带一路'的现代综合交通枢纽"；湖北自贸区要"建设一批战略性新兴产业和高技术产业基地，有序承接产业转移，发挥其在中部崛起战略和长江经济带中的示范作用"；重庆自贸区要"发挥战略支点和联结点重要作用，加大西部地区门户城市开放力度，带动西部大开发战略深入实施"；四川自贸区要"建设内陆开放战略支撑带，打造内陆开放型经济高地"；陕西自贸区要"打造内陆型改革开放新高地，探索内陆与'一带一路'沿线国家经济合作和人文交流新模式"。

上海自贸区作为最早的自贸试验区，其发展最为迅速且相对成熟，并为之后成立的自贸区提供了诸多宝贵的建设和发展经验。在不断的试验中，中国自贸区

---

① 择远. 发挥好自贸区改革开放试验田作用［N］. 证券日报，2018-11-06.

形成了一套有共同战略定位，但又各具鲜明特色的自贸区建设方案。在第三批成立的 7 个自贸区中，战略定位中都明确指出，自贸区应以制度创新为核心，以可复制可推广为基本要求，并要求能做出符合该自贸区地理优势、产业发展优势等的总体战略方针。而在最新成立的海南自贸区中，以海南岛全岛作为实施范围，对标国际先进规则，持续深化改革探索，以高水平开放推动高质量发展，加快建立开放型生态型服务型产业体系。

二、自贸区制度创新已有成果

建设自贸试验区是中央在新形势下推进改革开放的重大举措，自贸区制度创新极大地激发了市场创新活力和经济发展动力。5 年来，上海自贸区累计 127 个创新事项以及"证照分离"改革试点制度创新成果在全国复制推广，发挥了改革开放"试验田"的作用。紧抓制度创新核心，探索建立与国际通行规则相衔接的制度体系，聚焦投资、贸易、金融创新和事中事后监管等领域，形成了一批基础性制度和核心制度创新，为中国全面深化改革和扩大开放、构建开放型经济新体制探索了新途径、积累了新经验。尤其是在金融领域中，上海自贸区对标"国际一流金融城"。在扩区后，涉及金融服务、航运服务、专业服务、社会服务等领域的一大批服务业扩大开放项目密集在陆家嘴落地生根、开花结果。特别是 2018 年以来，陆家嘴积极贯彻落实中央关于金融服务业全面对外开放的战略部署和"上海扩大开放 100 条"等政策，在吸引外资金融机构集聚等方面，争取对外开放举措在陆家嘴金融片区率先落地。

从数据来看，截至 2018 年 6 月底，上海自贸区累计新设企业 55524 户，是前 20 年同一区域设立企业数的 1.5 倍；新设企业中的外资企业占比从自贸区挂牌初期的 5% 上升到目前的 20% 左右。上海自贸区以浦东 10% 的土地面积创造了浦东新区 75% 的 GDP 和 60% 的贸易总额，以上海 2% 的土地面积创造了上海 25% 的 GDP 和 40% 的贸易总额①。因此，可以说，中国首个自贸区的建设发展取得了显著的成果。

除海南以外的 10 个自贸区部分制度创新事项已经在全国实现复制推广。2018 年 5 月 23 日，国务院发布《国务院关于做好自由贸易试验区第四批改革试点经验复制推广工作的通知》，指出按照党中央、国务院部署，11 个自贸试验区

---

① 沈则瑾. 上海自贸区发挥"试验田"作用 5 年来已有 127 项创新成果在全国复制推广 [N]. 经济日报, 2018 - 10 - 28.

所在省市和有关部门结合各自贸试验区功能定位和特色特点，全力推进制度创新实践，形成了自贸试验区第四批改革试点经验，将在全国范围内复制推广。复制推广的内容主要包括两个部分，第一部分为在全国范围内复制推广的改革事项；第二部分为在特定区域复制推广的改革事项，两部分共计30项内容。第一部分主要包括以下几个领域：（1）服务业开放领域，如"扩大内地与港澳合伙型联营律师事务所设立范围"等；（2）投资管理领域，如"船舶证书'三合一'并联办理"等；（3）贸易便利化领域，如"跨部门一次性联合检查"等；（4）事中事后监管措施，如"企业送达信息共享机制"等。

三、2018年版自贸区负面清单分析

"负面清单"是中国自贸区的标志性进步。对于中国而言，负面清单从无到有，从烦琐至精简，是中国开放的重要表现。在自贸区制度创新方面，负面清单的不断完善与改进也为中国自贸区很好地提供了制度创新的思路，提供了更具体的符合中国国情的制度创新的方向与路径。

从第一个上海自贸区的设立到覆盖全国的12个自贸区，中国颁布出台的负面清单也由最初的只适用于上海自贸区，到适用于全国所有的自由贸易试验区。2018年版中国自贸区负面清单，其全称为《自由贸易试验区外商投资准入特别管理措施（负面清单）（2018年版）》。本次修订自由贸易试验区负面清单，充分发挥自由贸易试验区"试验田"作用，在对外开放方面继续先行先试，探索更高水平的对外开放，为更大范围扩大开放、完善负面清单管理制度积累可复制可推广经验。

该版自贸区负面清单由2017年版95条措施减至2018年版45条措施。从直观上看，自贸区开放力度进一步扩大，进一步放宽了外资市场准入。在农业领域，将小麦、玉米新品种选育和种子生产外资股比由不超过49%放宽至不超过66%。在采矿领域，取消石油、天然气勘探、开发限于合资、合作的限制，取消禁止投资放射性矿产冶炼加工与核燃料生产的规定。在文化领域，取消演出经纪机构的外资股比限制，将文艺表演团体由禁止投资放宽至中方控股。在增值电信领域，将上海自贸区原有28.8平方千米区域试点的开放措施推广到所有自由贸易试验区[1]。

---

[1] 韩昊辰. 2018年版自贸区负面清单减至45条 [N]. 经济日报, 2018-07-01.

第七节 中国自贸区制度创新的方向和路径

一、中美经贸谈判与自贸区制度创新的关系

中美经贸谈判的僵局对中国的改革创新产生了一定的压力与急迫感，促使中国全速推进经济开放、全面深化改革。而自贸区是中国进一步改革开放的试验田，制度创新则是自贸区的核心，因此，中国自贸区必然承载着开放的要求与任务。总之，中美经贸谈判促使中国自贸区的诞生，而自贸区的发展也必然推动中美经贸谈判走出僵局。

（一）中美谈判促使自贸区制度创新不断优化

随着国际经济竞争加剧，中国面临美国主导国际经贸新规则创立的压力。中美 BIT 谈判体现出了高水平，并确立了准入前国民待遇和负面清单模式的谈判模式。美国主导的 TPP 和跨大西洋贸易与投资伙伴协定（TTIP）进展顺利，外资准入负面清单模式的采用已成共识。当前中美贸易摩擦也促使自贸区制度创新不断优化，在对外开放的方向上坚定不移地走下去。

中美经贸谈判的目的主要是要求中国政府能遵循国际规则，扩大开放。中国应当在自贸区制度创新中调整好改革开放的步调，制定放宽投资限制、减少负面清单、降低总体关税税率等开放措施。进一步的市场开放，不仅能使自贸区发展更加稳健，也是改革开放建设中一个重要因素。

在党的十八届三中全会中，明确提出把市场在资源配置中的"基础性作用"修改为"决定性作用"，强调了市场化导向的态度。中国改革处于攻坚阶段，如何转变政府职能，营造国际化、市场化的环境已经成为重要的改革目标。

（二）自贸区制度创新的推进促进中美经贸发展

中国自贸试验区作为国家制度创新的"试验田"，应继续在金融业负面清单管理、提升金融业开放水平、发展新金融服务、大数据金融监管和系统集成、防范系统性金融风险等方面，对接国际规则，先试先行。

自贸区制度的创新致力于扩大中国市场、加快产业结构调整和优化，改善外贸商品结构，也是中国外贸市场多元化的战略体现。自贸区制度不断创新，不断

放宽外资市场的准入条件,未来由试点到全面的政策推行必然有利于缓解中美经贸谈判的僵局,从而促进中美贸易发展。

二、自贸区制度创新的方向

(一) 坚定不移扩大对外开放的方向

自贸区制度创新的各项措施为中国接受外商直接投资及对外直接投资创造了良好的营商环境,不仅有利于中国稳定外资、扩大进口,更表明了中国主动开放市场、积极扩大进口、大力推进贸易便利的决心。

(二) 市场机制决定资源配置的方向

在自贸区制度创新的方向上,市场机制在资源配置中起决定性作用依然相当重要。自贸区制度创新的目标之一就是加快政府职能转变,换一个角度来看,就是要划清政府权力和企业权利的界限,让市场充分发挥作用。

党的十八届三中全会明确提出把市场在资源配置中的"基础性作用"修改为"决定性作用",强调了市场化导向的态度。健全社会主义市场经济体制必须遵循市场经济规律,着力解决市场体系不完善、政府干预过多和监管不到位问题。作出"使市场在资源配置中起决定性作用"的定位,有利于转变经济发展方式,有利于转变政府职能,有利于抑制消极腐败现象。

(三) 市场主导的经济体制的方向

我国的自贸区要划清政府与市场的关系,并且在党的十八大提出的市场机制决定资源配置的前提下,自贸区应当成为符合市场主导的经济体制。然而在2018年美日欧发布的联合声明中就"市场经济体制"问题,矛头直指中国。那么,为了应对美日欧的联合声明,我国应进一步促进以市场为主导的经济体制的发展,同时也应更好地遵守国际贸易运作规则,为我国的对外开放与多边贸易合作带来更好的效应。

三、自贸区制度创新的路径

(一) 不断提高自贸区对外开放水平

中美经贸谈判中,双方谈论的重点一直是开放。开放是中国目前经济转型的重要举措,中国经济在过去几十年里迅猛发展,近年来已显疲软状态,证明过去的经济发展方式已经不再适用。中国不断意识到自身的不足,愈加认识到对外开放的重要性,中国自贸区负面清单的制定是对外开放的一个重要表现。2018年版自贸区负面清单条款相较于2017年版的减少很好地体现了自贸区对外开放水平的提高,也为进一步加强开放和完善自贸区制度创新的条款规则提供了良好的内容基础。

另外,自贸区也应当加强与其他国家的合作,在确保我国自身利益的基础之上,制定对我国与他国均有利的经济政策与规则,实现双赢。

(二)深入推进自贸区负面清单的管理

2018年版自贸区负面清单虽然调整力度较大,但外资开放程度仍然有限。另外,自贸区负面清单在分类标准、文字表达等方面都有待完善,需要进一步加强管理。

第一,完善分类标准,对接国际通行规则。负面清单应当注意产业分类的国际国内标准的对接,增强文字表达的针对性和准确性,减少模糊和不确定。我国负面清单采用《国民经济行业分类》(GB/T 4754—2011)划分不同门类。2018版负面清单采用了"部门+分部门"的文字表述,并未采用编码。考虑与双边投资协定的对接,可以建立《国民经济行业分类》与联合国产品总分类的对照转换关系。此外,我国可借鉴国际上通行的负面清单"自上而下"的列举方法,全面梳理有关外商投资的法律法规,明确披露负面清单不符措施所属行业、行业分类、法律依据和具体限制内容,详细描述其具体限制性要求,使负面清单更具有操作性。同时,文字表述也应更加准确,易于理解。

第二,兼顾产业竞争力,进一步提升开放度。在我国推动新一轮高水平对外开放的背景下,自贸区负面清单的产业开放依然还有提升空间。自贸区可以"动态比较优势"为核心构建产业竞争力指标体系,进行开放产业选择,适度保护幼稚产业。例如,在全面放开一般制造业的基础上,有序扩大新能源汽车、医疗、电信、教育、养老等领域的开放。对关系国家安全的核电站的建设以及关键基础设施领域可审慎开放。同时,保留对本国尚未出现的产业制定不符措施的权利,前瞻性地布局未来施政空间,待新行业出现时自主决定是否限制以及如何限制该产业的外资准入。

(三)积极促进金融业开放创新

在本章第三节对中美投资的数据分析中,我们得到,美国制造业和金融保险业（不含存款机构）的对外投资存量最高，并且不相上下。截至2017年，美国金融保险业对外直接投资存量占美国对外直接投资存量总额的13.7%。而美国对外投资主要流向欧洲发达国家，可见美国对中国的对外投资较少。美国的金融体系是全世界最为成熟、市场化程度最高的金融体系，美元作为国际货币，其核心地位也驱动了美国金融企业的分支机构遍布世界各地。因此，多多加强中美两国之间的金融业投资开放合作，也十分有利于中国的金融业的发展。当然，中国也要加强与其他国家金融业之间的合作。

我国在金融业开放力度上还远远不及美国的开放力度，开放程度不高。金融业扩大开放将会给我国的经济发展带来较大的利益与好处。中国自贸区作为改革开放的试验田，理所应当地要积极率先促进金融业开放创新。在2018年版的自贸区负面清单中，我们看到，相较于上一年，负面清单在金融业中的调整力度最大，可见我国对金融业开放创新的重视。

因此，我国应进一步加大金融业的开放程度，放宽金融业的外资投资比例限制，发展金融科技等。同时，要进一步地扩大金融开放，就势必要求我国监管机构提高监管能力和水平，加强监管力度以稳定市场。这也有利于提高金融市场效率，发挥金融市场在资源配置中的作用。另外，创新方面也需要做出更多努力。中国自贸区金融业的发展需要创新，发展金融科技，在当今互联网大数据时代的背景下，将人工智能等高科技融入金融领域，将是很好的一大改变与创新。

第二章

服务贸易新规则与我国自贸试验区开放试验研究

第一节 新设大型自贸区的服务贸易开放分析

2018年以来,美国、欧盟、加拿大等发达经济体先后就WTO改革发表了书面意见,我国商务部也提出了针对WTO改革的三大原则和五项主张,这些都向人们展现出一幅国际贸易规则重构的全景图。近几年来,美国、欧盟、日本以及中国等国家与地区都通过双边及区域谈判布局以及发布提案、声明等方式,增强各自在全球贸易体系的影响力。

从开放程度看,自贸区可分为三个层次:(1)货物贸易自由化;(2)服务贸易自由化及资本开放;(3)规则及标准统一制定。其中,货物贸易自由化包括取消关税及非关税壁垒,如取消关税配额、简化动植物检疫等,服务贸易自由化及资本开放是更进一步的开放,包括取消绝大多数部门的市场准入限制,促进资本、人员、技术的自由流动等。在货物与服务贸易开放的基础上,规范统一产品标准、知识产权保护规则等,在公开透明的环境下促进成员方产品的竞争、实现优势互补,将进一步促进成员方共同发展。当前,服务贸易和投资正在成为新一轮国际贸易投资谈判的核心内容。2018年以来,全球范围内先后有全面与进步的跨太平洋伙伴关系协定(CPTPP)、经济合作协定(EPA)、美墨加贸易协定(USMCA),以及欧盟与南方共同市场等超大自贸协定签署。透过这些重大谈判,新一代国际经贸投资规则正在酝酿和形成中,国际经贸规则面临着重大调整,并呈现出一些鲜明的特征与趋势。因此,当下多边贸易体系受到冲击,以美加墨、美欧、美日、日欧等低关税的多个双边体系正在形成,为防止陷入国际贸易的被动局面,中国应积极加入更多的区域性贸易体系,以"加群"的方式寻求更多

"伙伴"来应对美中贸易对抗带来的震荡。

一、RCEP 谈判的不确定性增强

区域全面经济伙伴关系协定（Regional Comprehensive Economic Partnership，RCEP）由东盟10国发起，邀请中国、日本、韩国、澳大利亚、新西兰和印度共同参与（"10+6"），旨在通过削减关税及非关税壁垒，最终建立16国统一市场的自由贸易协定。该协定达成后所涵盖的区域，将覆盖全球人口的44%、全球贸易的40%、全球GDP的30%，成为真正意义上的全球最大自贸区。而与其他已运行的自贸区不同的是，在RCEP中发挥核心引领作用的并非经济实力最强的成员方，而是经济体量不及中国1/4的东盟。自2013年5月在文莱展开第一轮谈判以来，RCEP已举行了2次领导人会议、14次部长级会议和25轮谈判。2019年11月4日，第三次"区域全面经济伙伴关系协定"领导人会议在泰国曼谷召开，印度官方出于国内政治的因素，宣布暂时不签署协议。当时包括日本在内的RCEP其他15个成员方表示已经完成了所有20个章节以及几乎所有市场准入制度的文本谈判，下一步将进行法律审查以让该协议在2020年正式签署。各国同时还表示将共同努力并希望说服印度，以各方满意的方式来解决这些问题。

RCEP的关键因素在于印度，一方面，印度担心一旦RCEP协定最终达成，其国内市场将很难经受得起中国商品的冲击。印度从中国的进口近年来持续增长，对华贸易逆差持续扩大，2017年的逆差达到了556亿美元，2018年则上升至579亿美元。而其对华出口额不到200亿美元。基于保护国内市场的需要，印度对在短期内达成高水平贸易协定持审慎态度。另一方面，在RCEP的成员国中，印度是服务贸易顺差的主要国家，因此在RCEP谈判框架下，印度对RCEP服务贸易自由化持有很高的热情，要求放宽涉及当地科技专业人士的移民规定。印度在谈判中再三表示，愿用关税减让换取RCEP其他成员方的服务贸易自由化承诺。

东盟不像欧盟委员会那样有统一的权威机构，无法制定统一的政策，东盟是自由贸易区而不是关税同盟，无法制定统一的关税税率。但东盟依然需要发展对外关系，但缺乏统一的对外贸易政策。因此东盟面临着巨大挑战。中国是RCEP的积极参与者和推动者。RCEP为中国带来了发展的新机遇，但无疑也带来了挑战和风险。RCEP将会进一步便利中国企业对外投资。东南亚一直是中国企业对外投资的首要地区。2018年，中国对RCEP其他14个国家的投资额达到160亿美元，占总投资的9%。RCEP同时有利于中国进一步扩大进口，2018年中国对区域内14国总贸易额超过1.3万亿美元,占当年总贸易额的28.3%。其中,出口达到6200亿美元,进口达到7600亿美元,逆差为1400亿美元。RCEP将进一步扩大中国对RCEP伙伴国的进口,提高消费者的福利。当然,这也意味着中国对该区域的贸易逆差可能扩大。另外,RCEP有利于人民币国际化的深化。目前,东盟已成为人民币国际化的最主要渠道。人民币在东盟各国越来越受欢迎,渗透率不断提高。随着RCEP的不断深化,会有更多的东盟国家和地区选择以人民币进行计价交易,人民币作为投资和储备货币的功能日益凸显。RCEP将推进中国国内经济体制改革不断深化。中国目前在服务贸易开放领域上还存在不少短板,包括服务贸易竞争力不足、金融市场等开放程度较低,在环境保护、劳工标准、竞争中立和知识产权保护等议题上与发达国家存在较大差距等。RCEP的实施和不断深化,将倒逼中国经济体制改革,更好地实现制度开放。

中国应加快中日韩自贸区和RCEP等东亚(亚太)区域合作进程。中日两国是东亚重要的经济体,两国经济总量合计约占世界的21.0%、占亚洲的58.7%。两国在中日韩自贸区和RCEP框架下的合作将为东亚(亚太)区域生产网络的完善与重构、地区统一市场的构建、贸易和生产要素的优化配置起到积极的促进作用。根据亚洲开发银行报告,到2025年,RCEP将为全球创造6440亿美元的经济收益(相当于全球GDP总量的0.6%),将使中日两国GDP分别增长1.4%和1.8%。与CPTPP、日本—欧盟EPA等欧美新贸易投资协定强调标准与规则的统一有所不同,重构和完善东亚(亚太)区域生产网络才是RCEP和中日韩自贸区的真正价值所在。如果RCEP和中日韩自贸区能在现有自由贸易协定的基础上对东亚/亚太区域生产网络予以扩展、深化,促进中日两国和RCEP其他成员方进一步融入区域和全球供应链,将会为东亚/亚太经济的内生增长提供新的动力,有助于强化世界自由贸易大势。

二、CPTPP谈判生效与服务贸易开放

经历了美国"退群"风波之后,TPP剩余11国重整旗鼓,从2018年3月在智利签署协定到12月30日升级版的CPTPP正式生效,亚太地区第一大贸易协定终于尘埃落定。目前,该协定覆盖近5亿人口,缔约国的国内生产总值之和占全球GDP的13%,英国、韩国、印度尼西亚等国也正在积极申请"入群"。CPTPP作为一个以更低关税和更高自由贸易为目标的贸易体系,在WTO改革陷入僵局、逆全球化大行其道的当下,其未来的发展值得期待。CPTPP协定的特点是消除国际贸易和投资中的壁垒,包括贸易和服务自由、消除垄断、信息自由、高标准知

识产权保护等。CPTPP 仍然是一个具有雄心、全面、高标准、平衡的区域贸易协定。具体表现为两方面：一是 CPTPP 延续了 TPP 的高水平，超越了亚太地区现有 FTA 水平的高标准协定版本；二是 CPTPP 和 TPP 一样，是北美自由贸易协定后美国建立的第二代高标准 FTA 模板。除知识产权和投资方面的规则没有 TPP 水平高之外，其他方面差异不大。因此，CPTPP 确立的规则仍然延续了 TPP 的精神，在 21 世纪国际经贸规则制定和实施方面起引领作用，其中很多规则可以作为成员方、非成员方谈判的模板。相对于 TPP，CPTPP 的内容减少了，但对"电子商务章节""政府采购章节"以及"国有企业章节"等内容加以保留，这是目前其他的自贸协定中所没有的。"政府采购章节"规定向外国投标人同等开放政府采购合同，这也与中国举办国际进口博览会、对商品和服务贸易进一步开放态度的高度契合。

　　CPTPP 涉及的服务业开放与服务贸易条款如下：（1）"服务贸易"条款。具体内容包含：10 - B. 5，缔约方不得允许邮政垄断所涵盖的服务提供者用其通过邮政垄断服务获得的营业收入，对其自身的快递服务或其他任何竞争者提供的快递服务进行交叉补贴；10 - B. 6，在提供快递服务时，不得违反国民待遇和市场准入的承诺。（2）"金融服务"条款。具体内容体现在：11.2 条范围条款中 TPP 投资章节的"最低待遇标准"的条款适用于本章。最低待遇标准：各缔约方按照国际法原则给予涵盖投资公平公正待遇和全面保护与安全待遇，即不得拒绝司法公正和提供治安保护。最低待遇标准在金融业的运用在文莱、智利和秘鲁将推迟 5 年执行、在墨西哥推迟 7 年执行。条款设计的初衷是为了给金融服务提供一个更好的、可以预见的、稳定的投资环境，并给予文莱、智利、秘鲁过渡期。（3）"电信服务"条款。具体内容体现在 13.21 条：复议。任何企业因该缔约方电信监管机构的裁定，导致其合法、被保护利益受到不利影响时，可要求复议。当然，该条款不得成为企业不遵守电信监管机构裁定的借口。条款设计的初衷是为了保护电信企业的权利，更好地平衡电信企业在与监管机构沟通中的弱势地位。（4）CPTPP 的"电子商务章节"指的是对通过数字贸易创建的数据提供广泛保护，这为中国的服务业"走出去"提供巨大的帮助和支持。数字出口是中国重要出口部门，未来还有可能进一步增长。改革开放 40 年来，中国的服务业有了长足发展，根据国家统计局数据，2017 年中国服务业增加值占 GDP 比例为 51.6%，对经济增长的贡献为近 60%，今后还将不断增长。因此，侧重保护服务贸易的 CPTPP 协定可以与中国不断提升的服务业以及电子商务、信息技术等优势产业相匹配，有效保证中国服务业的发展以及权益。此外，CPTPP 确立的高标准的经贸规则，对中国经贸规则的制定和完善提出了挑战。比如：对中国行业标准、资格认证的国际化带来不小压力。在 CPTPP 中有一项互认条款，可以通过成员方之间签署协定或安排的方式互相承认服务提供者的教育和工作经验、许可证或职业认证。而目前中国的职业资格和标准体系与 CPTPP 缔约方存在很大差距，加入 CPTPP 意味着中国必须接受一个全新的执业标准，在此过程中要付出较大的转换成本。

在亚太地区，目前存在 CPTPP 和 RCEP 两个协定。在其框架下，签约方之间 95% 的货物实行零关税。该协定还致力于取消成员之间投资、服务和数据的障碍，为成员间开展零售、银行和电子商务带来更大的机遇。日本、新加坡等 6 个国家同时是 CPTPP 与 RCEP 的成员。从战略层面看，TPP 的暂停和 CPTPP 的浮出对中国产生的影响颇大。RCEP 的持续推进以及"一带一路"倡议使中国在亚太地区的影响力持续增强、国际地位快速提高。特别是目前的"一带一路"倡议将欧亚大陆连成一片，但美国不希望看到，因此在奥巴马时代就曾推出跨大西洋贸易投资协定（TTIP）来加强与欧盟的经济联系，分裂亚欧的经贸联系。TPP 和 TTIP 就像美国经贸战略的两翼，如顺利推进，可以极大整合世界经济。但 TPP 的改版以及 TTIP 的停滞无疑降低了美国在世界经济中的战略地位，为中国创造了战略机遇。

三、日本—欧盟 EPA 协定生效与服务贸易开放

特朗普自 2017 年初上台后，奉行"美国优先"理念，推行单边主义和贸易保护主义，美国相继退出了 TPP 并冻结 TTIP 谈判，欧盟与日本构想的贸易格局版图落空，转而开始重视 EPA（Economic Partnership Agreement）谈判，巩固双方既有的全球贸易优势。日本—欧盟 EPA 是在世界第二和第四大经济体之间签署的自由贸易协定，在美国退出 TPP、TTIP 谈判停滞不前和中美贸易摩擦愈演愈烈的背景下，日本—欧盟 EPA 或将成为推动新一轮贸易自由化和区域经济一体化的重要议程。自 2013 年 4 月 15 日首轮谈判以来，经过 5 年 18 轮谈判，全球最大的自由贸易区——日本—欧盟经济伙伴关系协定（EPA）在 2018 年 7 月 20 日签署并于 2019 年生效。协定生效后，日本—欧盟 EPA 将会成为一个拥有 6.4 亿人口、GDP 达 21.4 万亿美元、贸易自由化水平达 97% 的高标准、高水平自由贸易区。在 2016 年日本与欧盟拥有全球 28.4% 的 GDP 与 36.8% 的贸易贡献度。不仅如此，从超级 FTA 的存在基础——全球供应链（GVC）来看，签约双方分别主导着亚洲与欧洲两大生产中心，在这两个区域聚集了众多的生产链成员国家和地区，协定的签订可以形成更为稳定的投资与贸易流。

在谈判中，日本使用的是经济伙伴关系协定（EPA）的名称，而非自由贸易协定（FTA）。虽然日本政府一再强调 EPA 和 FTA 是等义的，但无论与新加坡签订的第一个贸易协定"日本—新加坡新时代贸易伙伴关系协定"，还是之后与墨西哥、智利、马来西亚、泰国等签订的贸易协定，都分别使用了与 FTA 不同的协定框架。根据日本外务省的定义，FTA 是指"在特定的国家或地域之间削减或撤除商品和服务贸易的关税与贸易壁垒，是经济伙伴关系协定的其中一项内容"；EPA 是指"促进特定两国或多国之间贸易以及投资的自由化，撤除规制，协调各种经济制度，强化各领域的经济关系"。可见后者的涵盖远远超过前者。

日本—欧盟 EPA 文本由总则、货物贸易、原产地规则、海关和贸易便利化、贸易救济、卫生和植物卫生措施（SPS）、技术性贸易壁垒（TBT）、服务贸易及投资自由化和电子商务、资本移动和支付及转移、政府采购、反垄断、补贴与反补贴、国有企业、知识产权、公司治理、贸易与可持续发展、透明度、规制合作、农业合作、中小企业、争端解决、管理和机制条款、最终条款等23章构成。从具体内容来看，日本—欧盟 EPA 具有两个显著特征：一是标准高，二是所涉议题范围广，远超 WTO 和现有自由贸易协定。

从经济意义上来说，日本—欧盟 EPA 对欧日两个外向型经济体而言均有一定经济拉动作用。该协议不仅将逐渐取消欧日贸易间产品关税及非关税壁垒，同时增加政府采购、服务贸易等领域的相互开放程度，在地理标志（GI）、网络数据流动监管标准等领域实现互认，大大提升双边贸易的便利性和开放性。对于欧日双方的经济体量及在对方对外贸易中的比例而言，日本—欧盟 EPA 对经济和贸易的直接拉动作用并不明显，然而从全球贸易规则和版图重构来看，EPA 却有着更为重要的意义。日本—欧盟 EPA 在全球第二和第四大经济体之间建立了自贸区，双方在全球贸易总量中达到40%，欧日之间的规则标准对接及互认，不仅是贸易便利化的成果，带动了双方相互间的贸易与投资，同时也将影响其他国家间的贸易与投资。

在服务贸易和投资领域，日本—欧盟 EPA 采用"负面清单"模式，也是欧美新一轮国际贸易投资谈判和规则制定的通用模式。服务贸易和投资是欧日两大经济体的利益集中领域，在与韩国的 FTA 谈判中，欧盟虽然没有能够如韩美 FTA 那样就金融、电信单独设立章节，但也成功地将保险、邮政和电信问题列为补充文件。而在与美国的 TTIP 谈判中，欧盟在金融、公用事业、政府采购等关键服务业市场准入方面与美国也存在很大分歧。不过，从日本公布的文件来看，日本—欧盟 EPA 对日本敏感服务部门的冲击要小于预期，日本在社会服务（保险、保健和社会保障）、初等及中等教育、能源等敏感部门做了大量保留措施。由于双方分歧太大（欧盟倾向于投资法庭制度，而日本则倾向于ISDS机制），核心的投资争端解决机制并未达成协议，双方约定将在协定生效后继续就相关投资保护争端解决机制条款展开磋商。对于跨境服务贸易，日本—欧盟EPA规定不得限制缔约方服务供应商的数量、服务交易或资产总值、服务流程或产出总量、服务供应商的主体类型。对于敏感领域，日本—欧盟EPA基本沿用WTO规则以及欧盟近年来签订的自贸协定内容：公共服务方面，不要求对方解除对公共服务的控制；电信服务方面，沿用传统欧盟贸易协定中的全部条款；（1）金融服务领域，以WTO框架的条款为基础；在人员流动领域，双方应保障缔约方自然人因商务目的的入境和短暂居留以及相关政策的透明度；在投资自由化领域，日本—欧盟EPA采用负面清单模式，"投资自由化"章节规定不得采取数量配额、垄断、专营权利等限制市场准入的措施，但关于投资的保护与纠纷解决由于暂未达成共识，这部分内容与EPA相分离，欧日将继续协商；在电子商务领域，日欧双方承诺"禁止缔约方以转移或获得软件源代码作为在该缔约方内进口、分销、销售或使用此软件或包含此软件的产品的条件"，这也是日本继与美国TPP谈判后第二次在自由贸易协定中作出类似承诺；在其他条款中，关税条款规定双方不得对电子信息传输征收关税；电子认证和电子签名条款规定双方不得仅以签名是电子形式的理由否定其法律有效性；垃圾电子商业信息条款规定双方应采取或维持措施使消费者有权拒绝接收垃圾电子商业信息或使这些信息最小化。总体而言，日本—欧盟EPA的电子商务标准并未超过日本在TPP、欧盟在TTIP中的承诺，但要高于韩美FTA和韩国—欧盟FTA。

中国和日本同为亚太地区重要国家，且分别是世界第二和第三大经济体，欧盟与日本达成EPA必然将对中国产生一定影响。2013~2014年，欧盟分别启动对中欧双边投资谈判（BIT）和日本—欧盟EPA，然而中欧投资协定谈判一直处于停滞状态，日本—欧盟EPA的达成为欧盟与中国进行投资协定谈判树立了一个较高的标准，不排除欧盟会将日本—欧盟EPA相关条款拿上谈判桌，在中国开放制造业和金融业等领域投资准入提出更高要求，一旦中国不能达到其要求，欧盟推进与中国投资协定谈判的意愿可能会降低。中国有必要在加快中欧BIT谈判的同时，尽快启动并签署中欧自贸协定，为中欧经贸关系的可持续发展创造更加有利的条件，为中欧贸易和相互间投资的可持续增长提供制度性保障。据欧洲政策研究中心（CEPS）报告，中欧FTA的签署将使中国的GDP增加1.87%，使欧盟的GDP增加0.76%；在为中欧双方带来巨大收益的同时，足以抵消日本—欧盟EPA对中国的转移效应和排他性效应。

四、美墨加贸易协定中的服务贸易开放

经过长达 14 个月的贸易谈判，美国、墨西哥和加拿大三方于 2018 年 9 月 30 日达成美墨加贸易协定（USMCA），并于 11 月 30 日正式签署，以取代 1994 年以来生效的北美自由贸易协议（NAFTA）。USMCA 将是美国目前签署的规模最大的贸易协定，覆盖规模为 1.2 万亿美元的贸易。特朗普称 USMCA 创造了历史，称其为"历史上最现代、最先进、最平衡的贸易协定"。莱特希泽称 USMCA 将成为美国后续贸易协议的模板。他总结了 USMCA 的三大支柱：公平；保护美国竞争优势的数字产品、知识产权、服务（包括金融服务）贸易条款；消除不公平贸易做法的新条款，包括对国有企业、汇率操纵、与非市场经济体的关系等方面的严格规定。通读 USMCA 条款后发现，除了"非市场国家"条款，还有很多排他性条款值得国际社会关注。

USMCA 包含 34 章内容，较 NAFTA 增加了 12 章，协议对国民待遇与市场准入、原产地原则、海关管理与贸易便利化、贸易救济、投资、跨境贸易服务、数字贸易、知识产权、劳工标准、环境标准、监管实践、争端解决等多个领域的标准与实施做出了细致的规定，其中约 2/3 的章节与 TPP 重合。USMCA 除了增加了数字贸易等章节外，还细化了国有企业条款，制定了更严格的区域内贸易政策，增加了诸多排他性条款，具有浓重的自我贸易保护主义色彩，并首次加入了宏观政策和汇率章节。

第 17 章的金融服务是美国贸易顺差的重要来源之一，条款 17.5 规定，任一缔约方不应对其他缔约国的金融产品或服务供应商设置包括分支机构数量、垄断性和排他性要求、交易金融、交易数量、吸纳就业人数等方面的限制。值得注意的是，USMCA 首次引入禁止本地数据存储要求的条款。

第 19 章的数字贸易属于贸易的新领域，所以这一章节内容是在原来的 NAFTA 基础上新增的。协议覆盖的数字产品包括计算机程序、文本、视频、图像、录音或者其他经过数字编码、用于商业的、能够通过电子方式传输的产品。协议规定，对该类商品，应实施零关税，且不应收取其他类型的费用；确保数据的跨境自由传输、最大限度减少数据存储与处理地点的限制以促进全球化的数字生态系统；为促进数字贸易，缔约方应确保产品供应商在应用数字化认证或签名时不受限制；确保应用于数字市场的可落实的消费者保护措施，包括隐私与未经同意的通信；为更好地保护数字供应商的竞争力，限制政府要求披露专有计算机源代码和算法的能力；促进保护网络安全的合作并推广行业最佳实践来实现网络与服

务安全；促进政府公共数据的开放；限制互联网平台对其托管或处理的第三方内容的民事责任。

另外，值得注意的是协议中引入的排他性条款。第 32 章第 10 条规定：如果美加墨三方正在与非市场经济国家谈判自贸协议事宜，则缔约方不仅应在启动谈判前提前 3 个月通知其他缔约方，还应该尽早将缔约目标应尽可能告知其他缔约方；还需要在签署前至少 30 天将拟签署文本提交给各缔约方审阅，以评估该文本对美墨加贸易协定的影响；在于非市场经济国家签署自贸协议后的 6 个月内，允许其他缔约方终止美墨加贸易协议，并以缔约方的双边协议取代。当前加拿大有意进行自贸协议谈判的非市场经济体只有越南和中国，而加拿大已经与越南谈妥了相关贸易协定，而且如果中国今后有加入 CPTPP 的意向，该规定也将对中国构成障碍。

总之，以 CPTPP、TTIP、RCEP、日本—欧盟 EPA、USMCA 及 TISA 等新贸易投资协定为载体的规则治理正在成为区域和全球贸易投资治理的新的指导性框架。从服务贸易自由化而言，"负面清单"和准入前国民待遇成为新一代贸易协定中服务业开放的主要特征。当前 WTO 主导下的《服务贸易总协定》（GATS）以正面清单承诺方式为主，而 CPTPP、日本—欧盟 EPA 以及 USMCA 在服务贸易和投资领域均采用了负面清单模式，并在服务业部门实行准入前国民待遇。另外，金融和电信业是服务部门开放的重点领域。CPTPP 和 USMCA 将"金融服务"和"电信服务"单独设章（CHAPTER），EPA 虽然没有单独设立章节，但也将二者以分项（SUB-SECTION）的形式列入了协议文本，其中，金融服务章节中规定了国民待遇、最惠国待遇、市场准入等条款，如 USMCA 中包含了对金融服务市场自由化，以及为美国金融机构和跨境金融服务贸易提供公平竞争环境等方面的承诺；而且，USMCA、日本—欧盟 EPA 还加入了允许金融数据跨境转移的内容。电信服务章节对电信网络的接入和使用进行了规范和承诺，CPTPP、USMCA 规定缔约方应确保另一方的任何企业能够访问和使用任何公共电信网络或服务，用于企业境内和跨境的信息传输等内容。

中国目前已建立起健全的外商投资管理体制，外商投资管理于 2014 年从全面核准制向普遍备案和有限核准转变，制造业已基本对外开放，服务业开放程度相对偏低。随后 2018 年取消银行和金融资产管理公司的外资持股比例限制，将证券公司、基金管理公司、期货公司、人身险公司的外资持股比例的上限放宽到 51%，3 年以后不再设限。近年来中国多次修订《外商投资产业指导目录》，外商投资准入大幅放宽，限制性措施削减至 63 条，并计划逐步取消更多产业的外资投资限制。2019 年《中华人民共和国外商投资法》立法实施，实施准入前国民待遇加负面清单管理模式，金融业、医疗、教育等领域正逐步加快开放。中国进一步加大服务业与服务贸易开放的决心，表明了在新一轮国际经贸规则构建过程中，中国以高质量高标准开放等特征积极融入经贸规则重构的过程。

第二节　数字贸易背景下的服务贸易开放

一、数字贸易产生的背景

数字贸易的产生最早可以追溯到 18 世纪。1703 年，莱布尼茨（Gottfried Wilhelm von Leibniz）在他发表的论文中解释并展望了"数字化"的概念。数字化最初被规定为二进制数值系统，代表两个数字：1 或 0。后续学者如布尔（1854）、香农（1938）进一步发展了该系统，乔治·斯蒂比兹在20 世纪40 年代又对该系统做了进一步的完善和补充。至今，斯蒂比兹被公认为数字计算机的开拓者之一，他发明的自动电子继电器及"数据化"推动了第一机电子计算机的发展。第一台电子计算机是由约翰·阿塔纳索夫（John Atanasoff）于 1939 年生产出来，随着私人电脑的产生如 1950 的西蒙、1977 的苹果 Ⅱ 和 1981 的 IBM PC，加快了数字化的进程。万维网的引入使得数字化的范围、尺寸、规模和速度发生了根本性的变化。因此，数字化正在改变我们贸易的方式：从数字传输到数字连接能够支持更大的实体贸易，在线平台意味着更多的小型包裹可以跨越国界，而新技术正在改变服务的生产和交付方式。

2000 年对数字化的概念和争论在较大范围内展开，并被政府在 IT 行业全面引入并进行使用，同时在一般的商业环境中也开始了类似的发展，以欧盟为例，2015 年 5 月 6 日欧盟委员会公布了"单一数字市场"战略并且提出了能够推动未来数字议程的建议，有助于发展现代化基础设施以及创建电子政务和信息社会。

随着国际贸易发生的一系列外部环境发生变化，导致国际服务贸易发生的内容、规模与模式也在不断发生变化：第一，20 世纪90 年代中期，出现了两项看似独立但相关的发展：信息技术革命和通信技术革命，这两项的发展对服务的性质、生产力和可贸易性产生了深远的影响，使越来越多的服务可以被数字化存储和交易，一些原来不能进行贸易的服务的可贸易性变得越来越强，如电子医疗、网上教育等，同时一系列服务可以通过储存媒介以嵌入性服务的形式进行贸易，如 CD 光盘、DVD 等。第二，以全球价值链网络为基础的国际分工深化，单个服务活动可以分散在不同的地理位置单独进行，同时，各国在全球价值链中的深度融合导致制造业和服务业在全球经济中相互交织，制造业越来越多地销售和购买服务，服务与商品一起出售。事实上，制造业的竞争力越来越与设计、研发、销售和物流等"无形"服务活动联系在一起。制造业和服务业之间界限模糊意味着在跨国生产中识别服务变得越来越困难。第三，数字贸易、物联网等贸易模式的迅速发展，通过数据或信息传输使信息共享成本大幅下降，不断改变着服务企业参与贸易的方式。例如"计算机和信息服务""金融保险""批发和零售贸易"正朝着跨境贸易方向发展，它们与数字服务的技术变革有关。表 2－1 为全球化浪潮中的贸易特征、驱动因素及贸易政策变化。

表 2－1　全球化浪潮中的贸易特征、驱动因素及贸易政策变化

类型	特征	驱动因素	贸易政策问题
传统贸易	跨国生产和消费分离；成品贸易	减少贸易运输成本	市场准入
全球价值链（GVC）	跨国工厂全球分工；中间商品和服务贸易；服务外包时角色不断变化	减少运输和协调成本	贸易—投资—服务之间的联系；贸易便利化
数字化贸易	生产、物流和消费进行全球分工，传统贸易和全球价值链贸易分解；高度互联的时代；实物商品贸易减少和数字服务贸易增多；服务的可交易性发生改变；商品和服务的捆绑	减少运输、协调成本尤其是减少信息共享成本；数字化	数据流；数字连接互通性

资料来源：Javier López González & Marie－Agnes Jouanjean, 2017. "Digital Trade: Developing a Framework for Analysis," OECD Trade Policy Papers 205, OECD Publishing.

而随着信息与通信技术的飞速发展以及互联网技术在各个领域的广泛应用，服务贸易在产业链上不断转移，更多地转向知识密集型等附加值相对较高的产业，如金融、法律、保险等行业，在这些产业的发展进步中，数字化方式也是一大助力。以互联网、云计算和大数据为代表的现代信息服务通信技术正推动着传统贸易模式的不断转型。同时，随着全球范围内跨境电子商务的不断发展，国际贸易关注的重心，无论是制造业服务化还是服务贸易对全球价值链的影响，数字化进程的加速推动着数字贸易、货物贸易和服务贸易三者不断渗透，数字贸易已成为当前国际贸易发展的新趋势，逐步成为发达国家和发展中国家积极寻求发展突破口的新领域，由数字经济带动的数字贸易议题也备受关注。

因此，数字经济逐渐成为关注的热点，数字贸易也渐渐成为国际贸易发展的新趋势，各国在进行区域性经济合作谈判时，不仅将服务贸易列为促进发展的重要议题，数字贸易相关议题也日渐成为各个国家关注的焦点。在电子商务全球范围的高速发展下，各国为促进经济贸易的发展纷纷积极推动数字贸易在本国的发展。但是，关于跨境数据自由流动和个人隐私保护之间的平衡问题，存在巨大争议和分歧，使数字贸易直接或间接的限制壁垒又在全球范围内此起彼伏，直接或间接地阻碍着数字贸易的发展。

2018 年以来，全球范围内先后有 CPTPP、日本—欧盟 EPA、USMCA，以及欧盟与南方共同市场（Mercosul）等超大自贸协定签署，其中凸显了对数字贸易进行谈判的重视。与美国主导的 USMCA 中明确提出了数据自由流动、数字产品的非歧视待遇、禁止强制性的本地化等要求不同，CPTPP 基本延续了 TPP 中的相关内容。而欧盟在数据跨境流动和数据本地化方面相对美国更为谨慎，日本—欧盟 EPA 中对于是否将数据自由流动纳入协议设置了 3 年的评估期，而且也没有关于禁止数据或设备本地化的条款。但这并不意味着欧盟对此持消极态度，为落实"单一数字市场战略"并推动欧盟数字经济，2018 年，欧盟正式实施《一般数据保护条例》，并通过了《非个人数据自由流动条例》，从而为欧盟实现境内的数据自由流动和废除数据本地化限制奠定了基础。

与此同时，随着经济全球化的发展和信息科技的进步，服务贸易在国际贸易中占比不断提升，在此过程中，服务业各部门不断进行数字化，随着信息技术在各个部门的全方位渗透，数字贸易这一新兴领域的影响力也越来越大。根据联合国贸易与发展会议（UNCTAD）统计数据库显示，截至 2018 年，全球服务出口额已经上升到 58458 亿美元，占全球货物与服务贸易总额的 23.3%，同比 1980 年的 3957 亿美元的服务出口值，该数值以平均每年 7.7% 的增长率迅速增加，该报告还显示，世界上大多数地区的服务贸易正经历一个快速增长的过程，尤其是非洲、亚洲和大洋洲地区的国家，其服务贸易总额正在以 9.4% 的速率高速上涨。美欧等发达经济体的服务出口额占全球服务贸易出口总额的 2/3，但从出口增速的角度来看，发展中国家的服务出口额增长与扩张更为迅速。同时，分服务业部门来看，发达国家在服务出口过程中的竞争优势大多体现在金融、电信等产业附加值较高的部门，而其他一些新兴经济体的服务出口多集中于运输、旅游等附加值相对较低的产业。中国是世界贸易大国，2018 年，中国服务进出口总额 52402 亿元人民币，比上年增长 11.5%，高于同期货物贸易 9.7% 和 GDP 6.6% 的增速，占对外贸易总额 14.7%。世界贸易组织数据显示，中国服务进出口增速高于世界主要经济体，规模连续5年保持世界第二①。2018年，国务院批复《深化服务贸易创新发展试点总体方案》，推动形成系统性服务贸易促进体系。与此同时，上海也依托自贸区积极探索实施跨境服务贸易负面清单管理模式。中国商务部发布的《中国数字贸易和软件出口报告（2017）》指出，随着全球数字经济快速发展，数字贸易将成为数字经济时代的主要贸易方式。目前，全球服务贸易中有一半以上已经实现数字化，超过12%的跨境实物贸易通过数字化平台实现。其中，软件贸易是数字贸易的重要组成部分，也是决定数字经济时代服务贸易竞争力的关键领域。2017年我国软件出口375.56亿美元，同比增长9.72%，相当于2011年的2.6倍。中国电子信息产业发展研究院发布的《中国数字经济发展白皮书》显示，2018年我国数字经济规模达到31.3万亿元，占GDP比例为34.8%。预计到2030年，数字经济占GDP比例将超过50%。在杭州G20峰会上推动通过了《G20数字经济发展与合作倡议》，在"一带一路"合作中提出建设"数字丝绸之路"，得到沿线国家和地区的积极响应，目前我国已与近20个国家和地区签署了合作协议，数字经济正在为"一带一路"增添新的动能。显然，从全球来看，服务贸易的现实发展都对服务贸易的相关研究提出了更为紧迫和更高的要求。事实表明，数字经济已成为开启第四次工业革命进程的重要标志，也是新全球化时代国际经济合作发展的热点和局地。

目前，经济全球化已经进入"开放驱动，市场驱动，创新驱动"的发展阶段，全球产业结构不断转型升级，全球贸易推出治理新规则，这些不断变化的世界贸易环境和规则为数字贸易的发展带来了巨大的机遇和挑战。美国贸易委员会2014年8月发布了报告《数字贸易在美国及世界经济》，报告内容显示，数字贸易可通过提高企业生产率、降低贸易成本对经济产出做贡献。对整个经济而言，数字贸易还可便利商务沟通、降低交易成本、改善信息获得，为中小企业增加市场机会。麦肯锡全球研究院2018年发布的报告《数字时代的全球流动》对数字贸易的前景做出乐观估计：到2025年，全球流动的资本、数据、商品及服务加起来将比2012年翻三番，从26万亿美元跃升至85万亿美元。布鲁金斯学会研究员乔舒亚·梅尔策认为，网络可让中小企业接触到全球客户。例如，在eBay上运营的中小企业可像大企业一样出口，且成活率高达54%，比传统企业高出30%。互联网还可提高中小企业的生产力和全球竞争力，如利用谷歌搜索引擎，中小企业可了解市场上竞争者的情报，获取消费者的相关信息。梅尔策还指出美

---

① 资料来源：中华人民共和国商务部：中国对外贸易形势报告（2019年春季），http://zhs.mofcom.gov.cn/article/cbw/201905/20190502866408.shtml。

欧跨境数据流为全世界最高，比美国与亚洲之间的数据流高50%，是美国与拉丁美洲数据流的两倍。虽然没有直接的统计数据衡量大西洋两岸数据流带来的贸易价值，但从网络服务贸易的价值可窥一斑。但同时，数字贸易的发展并非畅通无阻，还面临数据保护主义的挑战。谷歌公司法律与信息安全主管理查德·萨尔加杜在布鲁金斯学会的一次研讨会上表示，现在监管世界和贸易世界似乎无可避免地撞到了一起，或者说合并到一起。数字贸易发展越来越要求数据跨国境自由流动，但美国"斯诺登事件"发生后，越来越多国家要求数据储存在本地，限制数据跨境自由流动。俄罗斯议会2014年通过了一部法案，要求谷歌等技术公司将俄罗斯用户的数据储存在俄境内。巴西2013年也作出如此提议，但没有正式立法。加拿大至少有两个省要求承接公共项目的公司将个人数据储存在国内。数据保护的话题也是当前各种贸易谈判争论的焦点。2014年7月欧美贸易谈判的共同声明中，呼吁跨大西洋贸易应保护网络隐私，"如果国家隐私法律不能适用于储存于境外的数据时"，就禁止数据跨境自由流动。跨太平洋战略经济伙伴协定谈判在澳大利亚和新西兰引发激烈辩论，焦点是政府可否允许公司将个人银行及医疗信息储存在境外，及此类敏感信息是否应被允许自由跨境流动。这种辩论在欧美贸易谈判中也存在，外交官们试图更改统治了全球服务贸易20年的贸易规则。

二、数字贸易及相关研究评述

相对于传统的货物贸易和服务贸易而言，数字贸易近几年才逐渐受到关注，因此国内外关于数字贸易的研究并不丰富，大多集中在对数字贸易定义的界定和探讨、数字贸易谈判和国内外规则制定的差异比较以及关于跨境电商发展的作用和影响。

一是对数字贸易概念的探讨。随着数字贸易的不断发展，数字贸易所包含的内容得到不断的引申，而各类贸易协定也都对数字贸易以及数字产品、数字服务、电子商务等相关领域进行了逐渐深入的探索与研究。同时，对数字贸易规则进行探究的经济体从发达国家扩大到了发展中国家，越来越多的国家积极参与数字贸易规则的制定当中。美国国际贸易委员会（USITC）2013年最先在《美国和全球经济中的数字贸易》的报告中，将数字贸易定义为："通过有线和无线数字网络传输产品或服务"。此后USITC在2014年和2017年又提出了两份研究报告，并重新对数字贸易定义进行阐述。陈维涛、朱柿颖（2019）对数字贸易的发展历程、理论内涵进行了总结归纳，并分析了数字贸易在推进过程中所带来的正面与负面影响；同时，还对当前数字贸易规则制订的现状及发展趋势进行总结与对比分析。随着数字贸易的快速发展，越来越多的国家或地区必将更加积极地参与数字贸易规则的制定，我国要全面提升数字贸易发展的能力和水平，以提高我国在全球数字贸易规则制定中的话语权。目前世界贸易组织中的非正式文件、提案，以及各类国际经济组织也开始使用数字贸易的概念，但都没有明确定义。尽管没有明确的数字贸易定义，但逐渐形成的共识认为，标的上涵盖了数字化的货物和服务贸易交易，渠道上可以数字化方式或实物交付，参与者涉及消费者、公司和政府。从根本上讲，数字贸易的基础是跨边界的比特和字节传输。数据流将业务、机器和个人相互连接起来。数据本身正越来越多地产生可观的收入流，从而使商品和服务的交付变得更加便利。

二是关于区域贸易谈判中对数字贸易相关规则的探讨。周念利等（2018）认为，作为两大最主要数字贸易经济体，美国和欧盟积极通过各种谈判和协定发展本国数字贸易，衍生出"美式模板"和"欧式模版"两种主流的数字贸易规则，"欧式模版"针对缔约方的不同而采取不同的贸易承诺，但关于"隐私保护"和"视听例外"的立场始终不变。沈玉良等（2019）认为数字化转型正深刻改变着国际经贸模式。现行多边贸易规则体系以传统货物和服务贸易为基础，难以适应"以数字促进贸易"的新需求。建议在多边贸易框架下构建国际经贸新规则，推动电子商务谈判在WTO层面取得早期收获，加强数据跨境流动规则研究，加快健全与扩大开放相配套的国内法律和规则建设。蓝庆新、窦凯（2019）认为，美欧日作为当前数字经济和数字贸易的引领者，正逐渐将各自的影响范围进行对接以形成较大的"数字利益圈"，企图掌控全球数字贸易规则制定的主导权。在此背景下，处于数字贸易蓬勃发展中的中国，将面临严峻的威胁和挑战。高媛、王涛（2018）从TISA谈判文本入手，梳理数字贸易谈判进程及其条款构成，对数字贸易自由化与在线消费者保护等焦点争议展开讨论并提出应对思路。韩剑等（2019）通过梳理多边与双边数字贸易条款的"美式模板"与"欧式模板"，对比中国区域贸易协定的电子商务条款，运用自然语言文本处理分析方法对数字贸易条款的异质性进行比较分析，并在此基础上对各国签署数字贸易条款的影响因素进行了实证检验，他认为经济规模越大、经济相似性越大、双边距离越近的国家之间越倾向于签署包含数字条款的贸易协定，而互联网普及率差距越大、国家风险差距越大、数字贸易开放度差距越大的国家之间签署数字贸易条款的可能性越小，而且上述因素还影响着数字条款异质性。对于未来中国数字贸易谈判的发展方向，在签署国方面应优先与"一带一路"沿线国家中已与中国有区域贸易协定的国家缔结数字贸易条款，在具体条款方面应逐步纳入互联网访问限制、数据存储非强制本地化和源代码等具体方面，并在确保数据安全的同时逐步提高数字领域开放程度，在数字贸易监管和发展之间寻找平衡点。

三是针对各国的数字贸易政策进行比较分析。我国针对跨境数据流动和个人隐私保护的平衡出台了一系列与数据本地化、数字技术要求相关的措施，但被美国看作变相的数字贸易壁垒。不仅是中国，全球范围内存在大量数字贸易相关的制度障碍，国际统一的规则远远滞后（李墨丝，2017）。数字贸易正影响着全球价值链的变动，应用数字手段能提高国家在全球价值链（GVC）中的地位，中国的对外开放也已经从原来货物贸易和服务贸易的自由化向数字贸易的自由化转变（沈玉良等，2018）。贾怀勤（2019）对评估数字贸易营商环境的中外3份报告给予了评价，指出：美国国际贸易委员会2017年《全球数字贸易1：市场机会与外国贸易限制》和欧洲国际政治经济中心提出的《全球数字贸易限制指数》力推"数字自由流动"，对中国等新兴经济体的营商环境进行责难；而上海社会科学院发布的《全球数字贸易促进指数报告》（2018）则从促进全球数字贸易发展的目标出发，在研究的设计和执行上严格遵循科学的研究方法，所编制的指数和所做分析更能客观地描述发展中国家数字贸易的发展状况，文章最后对中国参与数字贸易国际规则制订博弈提出4条建议。

对于数字贸易与服务贸易的融合分析而言，国际服务贸易越来越多地被数字化技术促进和影响，并且这种趋势正逐步加强，现有的服务贸易准则同样适用于数字贸易（Tuthill，2017）。王拓（2019）借助OECD分析框架对数字服务贸易的定义和内涵进行阐释，首先，分析了数字服务贸易的发生过程，指出其中所出现的数据安全、电子合同、第三方金融、数字知识产权保护等多个新领域对传统贸易政策和监管机制提出挑战；其次，在政策研究方面，根据数字服务贸易限制性指数（Digital STRI）对世界主要经济体的数字服务贸易限制性政策进行了分析，认为世界各国的限制性政策呈现增多趋势，并且中国的限制性措施比发达国家更多，这主要是由于监管模式差异性导致的；最后，选取中国存在的主要限制政策内容，在基础设施连通、电子商务开放、电子支付系统监管、电子合同规则、数字知识产权保护等政策领域进行国际比较，将国际先进管理经验与我国管理政策进行对比，并提出促进我国数字服务贸易发展，提升管理水平的政策建议。

从上述文献来看，由于缺乏对数字贸易的统一定义，因此对于如何借鉴服务贸易的管制方法对数字贸易进行管理，以及在区域贸易协定谈判过程中如何沿袭服务贸易的谈判方法对数字贸易问题进行谈判等问题都缺乏相关研究。

三、数字贸易与服务贸易定义的联系与区别

(一) 数字贸易的具体案例

技术创新影响了全球贸易，具体影响形式表现为通过数字贸易促进服务贸易和货物贸易。从 20 世纪 50 年代集装箱运输的出现，到如今互联网的兴起，技术创新已大大降低了贸易成本并改变了贸易方式，以及沟通、消费、生产和交易的方式，数字技术的兴起有望进一步改变国际贸易。以下部分将使用一些示例对数字贸易进行阐述说明。首先是通过数字零售商或市场跨界购买书籍，该交易涉及以数字方式购买实物交付的商品。如果直接从零售商购买，或通过平台销售此产品的第三方贸易商，则将是 B2C 交易；如果通过市场从另一个人那里购买，则可能是 C2C 交易。

用这种方式描述交易有助于确定产品将面临的贸易政策环境，并明确一些初步的贸易领域的政策界定问题。例如，就该书籍而言，该产品很明显将受关贸总协定规则的约束，根据最低限度的规定，该产品是否将受到关税的约束则有待进一步确定。但是，即使在这种简单的交易中，也会产生与提供支持服务的类型有关的其他问题，这些问题反过来也会影响 GATS 所适用的承诺的类型。当考虑数字零售商或市场经常向在其平台上销售的企业提供物流服务时，这些界限会变得更加模糊。首先，如果这本书跨境交易并且低于最低限度的门槛，则很可能不会被记录在传统贸易统计中。其次，如果将这本书记录在贸易统计中，那么它将与未启用数字交易功能的其他书籍一起记录，因为当前尚无系统来对此进行区分。最后，数字贸易交易也提出了一系列与数据传输有关的横向问题，大多是基于零售商到消费者层面的，如消费者的宽带速度是否能支撑交易的进行。交易采用不同的付款方式还将引发有关电子支付的问题。更普遍的问题是，管理交易系统的互联性也将引发一定的问题。

另一个常见的实例是共享服务贸易。最基本的乘车共享服务涉及购买运输服务，首先确定是否存在贸易交易，其次是如何衡量此交易。例如，在"物理世界"中，出租车搭载顾客，顾客将以现金或信用卡付款。在"数字世界"中，拼车平台增加了一项新的可交易数字服务，通过匹配汽车驾驶员和客户并管理付款来实现交易。驾驶员和乘车人之间的交易发生在特定国家和地区，但是可能会从另一个国家和地区提供支持性交易，这种匹配服务的提供、付款和保险范围都可能不同。对该交易的拆解显示了其他两个组成部分：向平台付款，以反映其中

介作用；向最终提供运输服务的驾驶员付款。可以将前一种服务视为"数字交付"，而将后者视为"物理交付"。这为数字贸易政策提出了新的重要问题。例如，由于乘车共享数字平台不拥有汽车，这些活动应归类为运输服务还是商业服务？

社交网络领域也涉及几个重要问题。尽管社交网络服务的交付与传统的数字交付服务相似，但服务的生产者在交易过程并未直接获利。社交网络服务的交付需要在消费者之间进行数据传输。然后，社交网络使用这些数据，通过出售目标广告空间来产生收入。因此，通过平台交付社交网络服务，可以使社交网站的活动货币化。在这种情况下，作为可能的方式之一，网络服务的 B2C 交付受到涉及 B2B 数字交付的广告服务交易的支持，其中涉及的分类问题是由于社交网站没有直接从其主要活动中获取收入而引起的。虽然该公司可以归类为提供社交网络服务，但实际上，其收入主要来自提供广告服务。这种现象是数字交易越来越普遍的特征，可以概括为，在数字交易中提供服务但不一定直接货币化。当考虑目前存在的大量社交媒体和数字平台更广泛的融资模式时，还会出现更多的复杂性。例如，广告不一定是唯一的收入来源，有关消费者行为的数据可以直接出售给第三方。

（二）数字贸易与服务贸易的联系与区别

2017 年 3 月，OECD 的某课题组提交了一份阶段性研究成果《测度数字贸易：走向概念性架构》，该成果并没有直接给出数字贸易的定义，而是通过一个三维框架来探讨跨境电子商务中哪些交易属于数字贸易，我们可以进一步分析数字贸易与服务贸易的区别，见表 2-2。

表 2-2　　　　　数字贸易定义与服务贸易定义的区别举例

序号	特质	产品	交易者	示例
例一	O	G	B2B	A 国企业通过网店或 EDI 线上购买 B 国供应商的货品，例如产品组件
例二	O	G	B2C	A 国消费者通过网店或 EDI 线上购买 B 国供应商的货品用于最终消费，例如衣服
例三	O&P	G	B2B	A 国企业通过设在 A 或 B 或其他国家的第三方平台（例如 eBay）购买 B 国供应商的货品，例如办公家具
例四	O&P	G	B2C	A 国消费者通过设在 A 或 B 或其他国家的第三方平台购买 B 国供应商的货品作最终消费用，例如书籍

续表

序号	特质	产品	交易者	示例
例五	O&P	G	C2C	A国消费者通过设在A或B或其他国家的在线平台从B国消费者手里购买二手货
例六	O	S	B2B	A国企业在线购买B国供应商的服务，实态提交，例如运输服务
例七	O	S	B2C	A国消费者在线购买B国供应商的服务，实态提交，例如预定旅馆
例八	O&P	S	B2B	A国企业通过设在A或B或其他国家的第三方平台（例如eBay）购买B国供应商的服务，实态提交，例如标准化保养和维修服务
例九	O&P	S	B2C	A国消费者提供第三方平台（优博）购买B国供应商的服务，实态提交，例如出游共享汽车
例十	O&D	I（S）	B2B	A国企业在线购买B国供应商的服务，数字提交，例如标准化保养和维修服务
例十一	O&D	I（S）	B2C	A国消费者（用户）在线购买B国供应商（数据公司）的服务，数字提交，例如用户在线付费、查询数据
例十二	O&P&D	I（S）	B2B	A国企业通过设在A或B或其他国家的第三方平台购买B国供应商的服务，数字提交，例如公司LOGO设计
例十三	O&P&D	I（S）	B2C	A国消费者通过设在A或B或其他国家的第三方平台购买B国供应商的服务，数字提交，例如音乐流
例十四	D	I（S）	B2B	A国企业线下订购B国供应商的服务，数字提交，例如特定咨询服务，BPO服务
例十五	D	I（S）	B2C	A国消费者线下订购B国供应商的服务，数字提交，例如在线讲课
例十六	O&P	S	C2C	A国消费者提供设在A或B或其他国家的第三方平台（AirBnB）B国消费者提供的服务，实态提交，例如共享食宿

注：O表示在线订货，P表示网络交易平台，D表示在线提交，&表示"并"；G表示货品，S表示服务，I表示信息，I（S）表示将信息归于服务；B表示企业，C表示消费者。

资料来源：OECD. Measuring Digital Trade：Towards A conceptual framework. OECD Headquarters，2017.

如表2-2所示，我们可以审视其交易标的和提交方式，可以归纳为三种情况：例一至例五，交易标的是实体货物，不能在线提交，不属于数字贸易；例六至例九和例十六，虽然交易标的是服务，但却是实态提交，也不属于数字贸易；只有例十至例十五属于数字贸易。该课题组的第二稿将信息和服务合并统称服务，但这并不能改变只有例十至例十五属于数字贸易的结论。因此，其中属于服务贸易的情况为例六至例十六，但其中只有例十至例十五属于数字贸易。我们可以得出数字贸易与服务贸易定义的具体界限和区别：只有在线数字提交的贸易才是数字贸易。

四、数字贸易壁垒与服务业开放政策

早在20世纪80年代前后，伴随服务贸易相关议题被纳入关税及贸易总协定谈判议程，服务贸易壁垒的相关研究便丰富起来。与此不同的是，关于数字贸易这一新兴议题，随着世界银行和经合组织相继公布了数字贸易限制指数，有关数字贸易壁垒的研究问题才逐渐丰富起来。但是在不同的报告中涉及数字贸易壁垒的测算方法中，政策侧重点和评估立场不太一致，主要有以下几种方法。

（一）政策阻碍

美国国际贸易委员会（USITC）2017年8月发布的《全球数字贸易1：市场机会与外国贸易限制》中提出：阻碍数字贸易发展的监管及政策措施一般分为六大类：数据保护及隐私（包括数据本地化）、网络安全、知识产权、内容审查、市场准入、投资。目前全球服务贸易的一半业务都依赖于跨境数据流的使用，企业越来越依赖于数据流，但近年来数据本地化措施的数量却大大增加，甚至在过去6年中翻了一番。但中国目前的数字贸易立法实践与发达国家主导的超大型自由贸易协定中的新规则存在很大差距，特别是在数据本地化和跨境数据流动问题方面，2016年11月发布的《中华人民共和国网络安全法》就确立了数据境内存储为原则、安全评估为例外的数据本地化规则。

（二）数字贸易限制指数

欧洲国际政治经济中心于2018年4月发布的"数字贸易限制指数"（Digital Trade Restrictiveness Index，DTRI），对各经济体数字贸易营商环境进行多指标综合评价。该指数采集了64个经济体的100多项指标，包括4大领域：（A）财政限制和市场准入；（B）企业开办限制；（C）数字限制；（D）贸易限制。每个领域由若干个章组成，总共13个章。该指数作为逆指标，数值区间为0~100，100代表限制性最强，0代表限制性最弱即开放性最强。

（三）数字化服务贸易限制指数

OECD基于服务贸易限制指数（STRI）基础之上所开发的数字化的服务贸易

限制指数（Digital STRI），该指数涵盖了所有以数字方式影响服务贸易的跨境交易障碍，分为一个总的限制指数和五个子指数，子指数分别从基础设施及其连通性、电子交易、支付系统、知识产权和其他影响数字化服务贸易的障碍五个领域在数字化层面对服务贸易的壁垒进行了研究。该指数表明了数字贸易对服务贸易的影响程度和二者的关联性，该指数的报告由监管数据库和索引两部分组成，汇集了44个国家和地区的可比信息。同时，它还显示了在多样化和复杂的全球监管环境下，数字化进程影响服务贸易的运作机制。此外，OECD的研究表明，在过去的几年中，这些指数的变化显示出越来越严格的监管环境，凸显了全球范围内各个国家和地区需要进一步加深国际合作的必要性，以最大限度地发挥数字化对国家贸易的好处。表2-3为Digital STRI和STRI分析维度和研究行业。

表2-3　　　　Digital STRI和STRI分析维度和研究行业

类型	D-STRI	STRI
5个分析维度	基础设施和连通 电子交易 支付系统 知识产权 除上述维度外的其他壁垒	市场准入的限制 自然人流动的限制 其他歧视性措施 妨碍竞争的措施 管制透明度
10个研究的细分行业	计算机及相关服务 施工 建筑与工程服务 法律和会计服务 电信服务 配送服务 视听服务 金融服务 运输和快递服务 物流服务	

资料来源：Janos Ferencz, 2019. "The OECD Digital Services Trade Restrictiveness Index," OECD Trade Policy Papers 221, OECD Publishing.

数字化的服务贸易限制指数可以识别、分类和量化影响数字化服务贸易的监管壁垒。它为政策制定者提供了一个基于证据的研究工具，可以帮助政策制定者发现监管瓶颈、设计政策，促进数字贸易的良性竞争和多元化市场的进一步发展，并协助分析政策改革的影响。

如前所述，数字贸易限制指数建立在服务贸易限制指数的基础之上，服务贸易限制指数的研究分为22个部门，包括其中包括一些处于数字化转型的前沿领域,例如计算机、视听、金融和电信服务等。通过采用整体分析方法,Digital STRI 侧重于研究任何以数字方式影响服务交易的跨领域障碍。表 2-4 展示了 Digital STRI 涵盖的五个子指标包含的部门政策措施。

表 2-4　　　　　　　　　　子指标中包含的政策措施

子指标	解释
基础设施和连通性的限制	该指标涵盖了与从事数字贸易紧密相关的通信基础设施有关的措施,它反映了各网络运营商在实践中实现互连的最佳法规在多大程度上适用于无缝通信,也反映出了那些限制或者阻碍通信的措施。同样,该指标还涵盖了影响连接性的政策,例如与跨界数据流和数据本地化相关的措施
电子交易的限制	该指标涉及以下问题:发放电子商务活动许可证的歧视性条件、对非居民公司进行在线税务登记和申报的可能性、违反国际公认的电子合同规则、禁止使用电子身份验证的措施(如电子签名)以及缺乏有效的争议解决机制
支付系统的限制	该指标包含通过电子手段影响支付的措施。它不仅包括与使用某些特定付款方式有关的措施,还包括一些法规、标准的评估,如评估一国的国内付款交易系统的安全标准是否符合国际标准。最后,它还涵盖了其他领域未涵盖的,与网上银行有关的限制措施
知识产权的限制	该指标包含了与版权和商标有关的国内政策,这些政策在知识产权保护方面未给予外国人同等的待遇。它还包含了适当的执行机制,以解决与版权、商标有关的侵权以及线上发生的侵权
影响数字贸易的其他障碍	该指标涵盖了数字贸易的其他各种障碍,包括影响跨境数字贸易的一些性能要求(如强制使用本地软件、加密或强制技术转让);下载和流媒体的限制;线上广告限制;商业存在或本地存在要求;缺乏针对在线反竞争行为的有效补救机制

资料来源:Janos Ferencz, 2019. "The OECD Digital Services Trade Restrictiveness Index," OECD Trade Policy Papers 221, OECD Publishing.

(四) 全球数字贸易促进指数

上海社会科学院开发了"全球数字贸易促进指数"。与欧洲国际政治经济中心(ECIPE)发布的"全球数字贸易限制指数"(DTRI)相比,DTRI 将重心集中于数字贸易的限制,"全球数字贸易促进指数"侧重于分析各经济体在发展数字贸易方面的基础水平、综合环境和发展潜力;主要在市场准入、基础设施、法律政策环境和商业环境四个层面,测度全球主要经济体加速数字产品(服务和货物)在跨国界流动和到达最终目的地过程中的自由化和便利化程度(成本和效率)。

针对上述数字贸易相关的指数测算方法,我们可以针对性地建立与服务贸易或服务业开放政策相关的政策评估体系，并对各国在区域贸易协定中针对服务贸易开放承诺情况进行对比分析。

第三节　中日韩服务贸易竞争力的比较分析

一、引言

服务贸易已经成为当代国际竞争中的重要内容，目前，在逆全球化局势下，建立自由贸易区，提升服务贸易开放度从而加强服务贸易竞争力在区域经济合作中意义重大。根据"国际竞争力只有在比较的基础上进行研究才有意义"的论断，本节选择地域相毗邻、人文制度环境相近、正倡导构建自由贸易区而在经济发展阶段上具有继起性的中国（发展中国家）、韩国（新兴工业化国家）、日本（发达国家）的服务贸易国际竞争力加以比较，主要采用比较优势指数和贸易竞争优势指数进行定量分析。

20世纪70年代以来，国内外的学者开始关注服务贸易竞争力这一问题，提出了很多显示性指标来说明服务贸易竞争力的结果，如显示性比较优势指数（RCA指数）、贸易竞争优势指数（TC指数）、显示性竞争比较优势指数（CA指数）、出口优势变差指数（P指数）等。有关中日韩服务贸易竞争力的已有研究成果停留在贸易竞争力指数和显性竞争优势指数层面，具体分析的问题可以概括为三个方面：第一，中日韩服务贸易竞争力较高的具有比较优势的行业；第二，中日韩服务贸易产业内贸易水平；第三，中日韩服务贸易的互补性和竞争性分析。

刘晨阳（2011）基于中日韩服务业竞争力比较优势分析的视角，采用中日韩2004~2008年的服务贸易数据，通过计算TC指数、相对贸易优势指数（RTA）以及净出口显示性比较优势指数（NRCA），研究发现中国在旅游、其他商业服务这两个部门对日韩具有比较优势；日本在建筑、专有权利使用费和特许费、运输等部门具有比较优势；韩国在运输、政府服务这两个部门的比较优势最为明显。袁晓莉、王威（2013）运用2001~2010年的中日韩服务贸易数据进行RCA指数分析得出类似的结论。庄芮、方领（2013）计算了2002~2011年中日韩三国服务业的TC指数、RCA指数和CA指数，分析了中日韩三国服务贸易的整体竞争力和分部门竞争力。李爱文、肖雅（2014）通过计算2001~2011年中日TC

指数发现，中国主要在自然资源以及劳动集约型服务领域对日本具有比较优势，而日本主要在资本、技术集约型服务领域具有对华比较优势。高晗、闫理坦（2017）基于 2003~2012 年中日创意产业的数据，研究分析认为中国文化创意产业具有巨大的发展空间。罗芳、王丽琪（2019）通过计算中日韩服务贸易各部门的国际市场占有率、出口贡献率、TC 指数和 RCA 指数，研究发现日本高附加值的新兴服务贸易部门发展较快，中韩在传统服务贸易部门所占比例较大，且贸易结构类似。

陈双喜、王磊（2010）基于中日韩服务业产业内贸易水平视角，利用 2000~2007 年中日服务业发展数据，就 GL 指数分析得出中日劳动密集型行业的产业内贸易水平要明显高于资本技术密集型行业，这是中国对外服务贸易长期存在的问题。陈巧慧、戴庆玲（2014）利用 2000~2010 年中日、中韩服务贸易数据，采用产业内贸易静态测算指数（GL）、动态测算指数（MIIT）以及分类指标得到了相似的结论：中日服务贸易行业中，劳动密集型行业的产业内贸易水平高于资本技术密集型行业，且劳动密集型行业的产业内贸易水平较为稳定，资本技术密集型行业的产业内贸易水平呈上升趋势。

朱卫新、韩岳峰（2009）基于中日韩服务贸易的互补性与竞争性分析视角，计算了 2001~2006 年中日的 TC 指数和 RCA 指数，研究发现中日双边服务贸易具有一定互补性，但主要集中在少数类别上，并且普遍呈逐步下降的趋势。邵亚申、丁赟（2012）计算分析了 2000~2010 年中日韩三国的 RCA 指数，发现中国与日本、韩国的贸易中存在着互补性和竞争性：当中国作为出口国时，与日本的贸易具有比较大的互补性；当中国作为进口国时，与韩国的贸易具有比较大的互补性，且中日两国的服务贸易竞争性要大于中韩两国之间的服务贸易竞争性。总体上，中国在三国服务贸易竞争中处于比较劣势地位。韩岳峰、张龙（2013）通过计算 2005~2009 年中日两国的相对竞争力指数（RTC）、相对显性比较优势指数（RRCA）、竞争力互补指数与竞争优势互补指数进行分析，研究发现，中日两国服务贸易竞争性和互补性同时存在，且竞争性居多；中日两国服务贸易出口政策实施力度有所不同，且中国服务贸易政策倾向于鼓励出口。

综上所述，文献多采用 2001~2011 年的服务贸易数据分析 2013 年中日韩自贸区第一轮谈判之前服务贸易合作的可能性，且文献较少将 TC 指数与 RCA 指数联系起来对中日韩服务贸易政策进行比较。本章采用国际贸易中心（International Trade Center，ITC）提供的 2011~2018 年服务贸易统计数据，对中日韩服务贸易的发展规模、贸易结构进行了比较，并且进一步在服务贸易出口的贸易竞争力指数和显性比较优势指数的基础上分析了中日韩在服务贸易方面的竞争力、竞争优势、贸易互补性及贸易政策实施情况，探寻三国的服务贸易发展新方向。

二、中日韩服务贸易竞争力比较分析

（一）中日韩服务贸易发展规模比较

在全球经济转向服务经济的过程中，服务贸易的发达程度，标志着国家间对外贸易增长的协调性和持续性，也标志着一个国家贸易增长方式的科学性与合理性。自20世纪60年代以来，由于各国政府逐步放宽了对服务贸易的限制，国际服务贸易得到了迅速发展。从服务贸易发展规模来看，中国目前的服务贸易出口额位于第五，日本位于第九，韩国排名第十七。表2-5为2014~2018年世界各国和地区服务贸易出口额。

表2-5　　2014~2018年世界各国和地区服务贸易出口额　　单位：亿美元

排名	国家和地区	2014年	2015年	2016年	2017年	2018年
1	美国	7410.94	7553.10	7588.88	7976.90	8284.28
2	英国	3738.11	3557.56	3481.99	3565.48	3761.57
3	德国	2998.15	2767.49	2858.19	3074.83	3311.56
4	法国	2728.44	2556.08	2599.94	2751.42	2914.94
5	中国	2191.41	2186.34	2095.29	2280.90	2668.41
6	荷兰	2060.54	1977.82	1908.13	2176.72	2424.89
7	爱尔兰	1325.26	1333.52	1494.15	1799.67	2057.32
8	印度	1571.96	1562.78	1618.19	1852.94	2051.08
9	日本	1637.90	1626.37	1758.07	1863.71	1920.06
10	新加坡	1557.59	1557.62	1569.84	1726.01	1840.15
11	西班牙	1332.45	1180.86	1265.66	1384.51	1491.67
12	瑞士	1210.67	1138.00	1188.77	1218.31	1242.75
13	比利时	1249.25	1134.18	1138.43	1197.42	1234.05
14	意大利	1138.96	979.30	1003.20	1114.19	1215.89
15	中国香港	1069.22	1043.57	985.33	1043.13	1140.24
16	卢森堡	1028.32	983.81	978.70	1027.42	1131.39

续表

排名	国家和地区	2014年	2015年	2016年	2017年	2018年
17	韩国	1121.06	977.31	949.03	874.97	966.01
18	加拿大	888.77	811.53	827.91	879.99	928.81
19	泰国	555.36	617.59	677.93	755.26	840.91
20	奥地利	685.72	590.18	615.34	667.02	741.44

资料来源：ITC 提供的 International trade statistics，http：//www.intracen.org/itc/market – info – tools/trade – statistics/。

近年来，在全球服务贸易出口中，中国的服务贸易出口额逐渐超过日本和韩国，并且增长速度很快；但是中国服务贸易出口额占本国总贸易出口额的比例小于日本，如表 2 – 6 所示，中国 2018 年服务贸易出口额占出口总额的比例为 8.81%，与日本的 20.84%、韩国的 13.67% 相比还存在差距，说明中国的服务贸易发展水平低于日本和韩国。

表 2 – 6　　　　中日韩服务贸易出口额占出口总额的比例　　　　单位：%

国家	类型	2011年	2012年	2013年	2014年	2015年	2016年	2017年	2018年
韩国	服务贸易占出口总额比例	13.36	14.59	14.32	15.43	15.22	15.63	13.39	13.67
韩国	货物贸易占出口总额比例	86.64	85.41	85.68	84.57	84.78	84.37	86.61	86.33
日本	服务贸易占出口总额比例	15.12	14.99	16.31	18.98	20.73	21.65	21.34	20.84
日本	货物贸易占出口总额比例	84.88	85.01	83.69	81.02	79.27	78.35	78.66	79.16
中国	服务贸易占出口总额比例	10.01	9.27	8.79	8.90	9.21	9.48	8.77	8.81
中国	货物贸易占出口总额比例	89.99	90.73	91.21	91.10	90.79	90.52	91.23	91.19

资料来源：ITC 提供的 International trade statistics，http：//www.intracen.org/itc/market – info – tools/trade – statistics/。

（二）中日韩服务贸易结构比较

中日韩服务贸易结构较为类似，运输服务、旅游服务以及其他商业服务是主要的服务贸易行业，在中日韩的三大类服务贸易中，其他商业服务的贸易比例都比较大，排在前三位。如图 2 – 1，图 2 – 2 和图 2 – 3 所示，中日韩三大类服务贸易的发展趋势存在差别。

（1）中国服务贸易发展概况。从图 2 – 1 可以看出，中国的电信、计算机和信息服务占比逐年上升，甚至超过了位居第二的运输服务。运输服务和其他商业服务有下降的发展趋势。

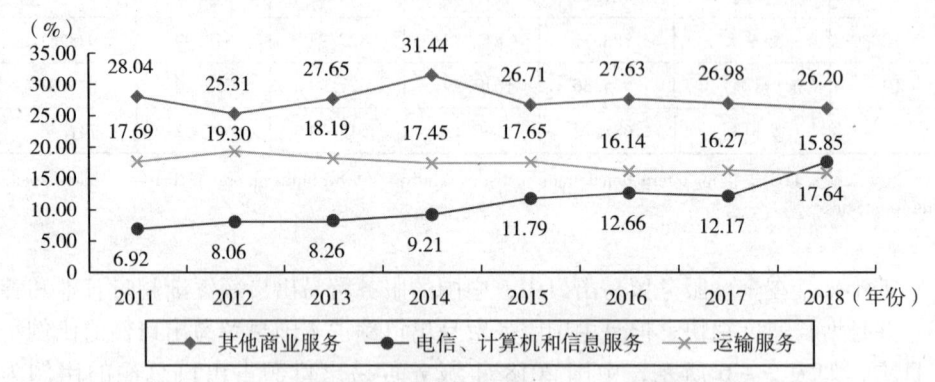

图 2-1 中国的服务贸易结构：中国排名前三位的服务贸易行业

资料来源：根据 ITC 提供的 International trade statistics，http：//www.intracen.org/itc/market-info tools/trade-statistics/计算得出。

（2）日本服务贸易发展概况。从图 2-2 可以看出，日本的知识产权使用费所占比例最大，排在第三位的旅游服务一直呈现上升趋势，并且增长幅度很大。

图 2-2 日本服务贸易结构：日本排名前三位的服务贸易行业

资料来源：根据 ITC 提供的 International trade statistics，http：//www.intracen.org/itc/market-info-tools/trade-statistics/计算得出。

(3) 韩国服务贸易发展概况。从图 2-3 可以看出，韩国国内的运输服务虽然逐年下降，但是依然是服务贸易行业占比最大的，其次是其他商业服务，其他商业服务从 2011 年以来一直呈现上升扩张的趋势，排在第三位的则是旅游服务。

(%)

年份	运输服务	其他商业服务	旅游服务
2011	40.91	14.96	13.72
2012	40.25	15.74	12.97
2013	36.41	17.02	14.10
2014	34.18	18.70	15.91
2015	35.09	19.50	15.57
2016	28.85	21.93	18.26
2017	28.12	23.95	15.35
2018	28.48	22.14	15.93

图 2-3　韩国的服务贸易结构：韩国排名前三位的服务贸易行业

资料来源：根据 ITC 提供的 International trade statistics，http：//www.intracen.org/itc/market-info-tools/trade-statistics/计算得出。

（三）中日韩服务贸易竞争力指数比较

1. 贸易竞争力指数

贸易竞争力指数（TC）也称为净出口比率，通过比较一国某项服务贸易净出口额占该项服务贸易总额中的份额来衡量一国服务产品出口的竞争优势，TC 指数的基本公式为：

$$TC_{ij} = (X_{ij} - M_{ij})/(X_{ij} + M_{ij})$$

其中，TC_{ij} 表示贸易竞争力指数，X_{ij} 表示 j 国 i 项服务产品的出口额，M_{ij} 表示 j 国 i 项服务产品的出口额。TC 指数的取值范围为 [-1, 1]。指数越接近于 1 竞争力越大，等于 1 时表示该产业只出口不进口；指数越接近于 -1 竞争力越弱，等于 -1 时表示该产业只进口不出口；等于 0 时表示该产业竞争力处于中间水平。

从服务贸易整体竞争力来看，由表 2-7 可以看出，2011~2018 年中日韩服务贸易的 TC 指数均为负值，中国服务贸易 TC 指数 8 年均值为 -0.2744，日本服务贸易的 TC 指数 8 年均值为 -0.0710，韩国服务贸易的 TC 指数为 -0.0726。这说明中日韩三国服务贸易均长期处于逆差状态,且总体竞争力不强,但三者竞争力的发展趋势却不同。2011~2018 年,中国服务贸易 TC 指数从 -0.1043 下降到 -0.3261,说明中国服务贸易国际竞争力在逐渐降低。中国平均竞争力水平在 -0.2744,与日韩有一定差距。日本和韩国的服务贸易 TC 指数在 -0.07 左右基本保持稳定,服务贸易竞争力变化不大,但是日本的服务贸易竞争力自 2014 年以来在不断上升,而韩国的服务贸易竞争力水平在不断下降。

表 2-7　　　　　　　　中日韩服务贸易细分结构 TC 指数

类型	国家	2011 年	2012 年	2013 年	2014 年	2015 年	2016 年	2017 年	2018 年	均值
服务贸易整体	日本	-0.1101	-0.1485	-0.1164	-0.0804	-0.0467	-0.0287	-0.0171	-0.0205	-0.0710
	中国	-0.1043	-0.1651	-0.2299	-0.3278	-0.3316	-0.3666	-0.3443	-0.3261	-0.2744
	韩国	-0.0633	-0.0246	-0.0304	-0.0161	-0.0709	-0.0855	-0.1646	-0.1252	-0.0726
运输服务	日本	-0.0853	-0.1263	-0.0851	-0.0735	-0.0738	-0.0915	-0.0800	-0.1406	-0.0945
	中国	-0.3868	-0.3763	-0.4295	-0.4309	-0.3772	-0.4087	-0.4294	-0.4382	-0.4096
	韩国	0.4936	0.5335	0.5465	0.5545	0.5343	0.5329	0.4906	0.5051	0.5239
旅游服务	日本	-0.4255	-0.3134	-0.1814	-0.0110	0.2199	0.2480	0.3040	0.3425	0.0229
	中国	-0.1993	-0.3418	-0.4267	-0.6754	-0.6949	-0.7092	-0.7357	-0.7505	-0.5667
	韩国	0.3023	0.3374	0.2714	0.2459	0.1515	0.0025	-0.1086	-0.0575	0.1431
其他商业服务	日本	-0.0961	-0.2780	-0.2644	-0.2250	-0.2831	-0.2287	-0.2211	-0.2457	-0.2303
	中国	0.0678	0.0928	0.0948	0.2568	0.1926	0.1428	0.1790	0.1930	0.1525
	韩国	0.5536	0.5575	0.5695	0.5688	0.5424	0.5304	0.4473	0.4921	0.5327
电信、计算机和信息服务	日本	-0.4521	-0.4195	-0.4019	-0.5679	-0.6087	-0.5759	-0.4745	-0.5448	-0.5057
	中国	0.4684	0.4948	0.3832	0.3048	0.3932	0.3568	0.1830	0.3288	0.3641
	韩国	0.8196	0.8571	0.8350	0.8104	0.6276	0.6239	0.4927	0.6008	0.7084
知识产权使用费	日本	0.2053	0.2316	0.2784	0.2836	0.3631	0.3197	0.3236	0.3600	0.2957
	中国	-0.9038	-0.8889	-0.9191	-0.9419	-0.9061	-0.9071	-0.7143	-0.7297	-0.8639
	韩国	0.2544	0.2183	0.1959	0.2568	0.2041	0.2953	0.1840	0.2403	0.2311
金融服务	日本	0.1026	0.1805	0.1161	0.1639	0.2641	0.3121	0.2173	0.2248	0.1976
	中国	0.0642	-0.0104	-0.0736	-0.0432	-0.0623	0.2246	0.3911	0.2428	0.0916
	韩国	0.3696	0.2637	0.3573	0.4908	0.5665	0.5872	0.5962	0.6046	0.4795

续表

类型	国家	2011年	2012年	2013年	2014年	2015年	2016年	2017年	2018年	均值
保险和养老金服务	日本	-0.6083	-1.1131	-0.9489	-0.5337	-0.5043	-0.4639	-0.4824	-0.4914	-0.6433
	中国	-0.7348	-0.7217	-0.6936	-0.6615	-0.2773	-0.5132	-0.4402	-0.4140	-0.5571
	韩国	0.2703	0.2173	0.1379	0.2138	0.1174	-0.0264	0.1686	0.3383	0.1797
建筑服务	日本	0.1743	0.1980	0.1259	0.0389	0.1324	0.1137	0.1120	0.0530	0.1185
	中国	0.5959	0.5438	0.4654	0.5184	0.2404	0.2111	0.4727	0.5111	0.4448
	韩国	0.5636	0.6578	0.5689	0.6749	0.7607	0.8069	0.8508	0.8261	0.7137
加工贸易服务	日本	-0.9125	-0.8949	-0.8288	-0.8889	-0.9007	-0.7428	-0.7601	-0.7284	-0.8321
	中国	0.9858	0.9907	0.9932	0.9893	0.9844	0.9832	0.9805	0.9702	0.9847
	韩国	-0.7548	-0.7173	-0.6007	-0.4876	-0.4252	-0.3754	-0.3509	-0.3304	-0.5053

资料来源：根据 ITC 提供的 International trade statistics，http://www.intracen.org/itc/market-info-tools/trade-statistics/计算得出。

从服务贸易行业结构来看，由表 2-8 可知，中国只有在加工贸易服务行业具有极大竞争优势，在建筑服务、计算机和信息服务以及加工贸易服务具有较大竞争优势，在知识产权服务费具有极大竞争劣势。与中国相反的是，日本在知识产权服务费方面具有较大竞争优势，在加工贸易服务方面具有极大竞争劣势。值得注意的是，中国传统的优势服务贸易项目旅游服务逐渐转变为具有较大劣势的产业，旅游服务贸易一般被认为是节约资源、环保型的贸易形式，而现在其竞争优势正逐年减弱。反观日本的旅游服务 TC 指数不断增加，国际竞争力不断上升。近年来，中国的计算机和信息服务近年来发展势头较好，TC 指数上升幅度较大，这主要是由于近年来中国 IT 和软件服务外包业的飞速发展。日本的计算机和信息服务、保险服务产品虽然处于逆差状态，但是基本定位在高端环节，以满足国内市场高端客户需求为主，创造的经济价值较高。韩国有竞争优势的产业与中国类似，如建筑服务，成长迅速的计算机和信息服务，韩国建筑服务的 TC 指数一直为正且呈现上升的增长趋势，具有较强的竞争优势。与中国不同的是，韩国的运输服务占其国内服务贸易比例较大，发展相对成熟。

2. 相对竞争力指数

为了进一步对比中日韩服务贸易竞争力水平的差异，进一步计算国家之间的相对竞争力指数 RTC。RTC 指数是 TC 指数的变换公式，计算公式为：

$$\text{RTC}_{ab} = (\text{TC}_a + 1)/(\text{TC}_b + 1)$$

其中，TC_a 表示 a 国的竞争力指数；TC_b 表示 b 国的竞争力指数，RTC_{ab} 取值范围

表 2-8 中日韩服务贸易细分结构 TC 指数分类

类型	TC 指数	贸易竞争力程度	中国	日本	韩国
顺差国	TC≥0.6	极大优势	加工贸易服务		建筑服务、电信、计算机和信息服务
顺差国	0.3≤TC<0.6	较大优势	建筑服务、电信、计算机和信息服务	知识产权服务费、旅游服务	其他商业服务、运输服务、金融服务
顺差国	0<TC≤0.3	微弱优势	金融服务、其他商业服务	金融服务、建筑服务	保险服务、知识产权使用费
逆差国	-0.3≤TC<0	微弱劣势	保险服务	其他商业服务、运输服务	旅游服务
逆差国	-0.6<TC≤0.3	较大劣势	运输服务、旅游服务	电信、计算机和信息服务、保险服务	加工贸易服务
逆差国	TC≤-0.6	极大劣势	知识产权服务费	加工贸易服务	

资料来源：通过表 2-7 整理得出。

为 $(0, +\infty)$，当其值接近 1 时，说明两国该产业的国际竞争力接近；当其值大于 0 小于 1 时，说明 b 国该产业国际竞争力较 a 国大；当其值大于 1 时，说明 a 国该产业国际竞争力较 b 国大。

RTC_{ab} 显示了 a、b 两国的相对竞争力，如果 RTC_{ab} 数值大于 1，表明 a 国相对于 b 国在该行业上具有竞争力或竞争优势；如果 RTC_{ab} 数值小于 1，表明 a 国相对于 b 国在该行业上不具有竞争力或竞争优势；数值等于 1 则表明两国竞争力与竞争优势相当。此外，RTC_{ab} 数值与 1 的偏离程度表示其优势或劣势程度，如表 2-9 所示，在中日两国的金融服务和知识产权使用费方面，中日两国金融服务 RTC_{ab} 为 0.9115，中日两国知识产权使用费的 RTC_{ab} 为 0.1051，数值的大小说明：相对于日本，中国在金融服务和知识产权使用费上都具有竞争力上的劣势，但程度有所差别，具体来说，中国在知识产权服务费上的劣势更明显。

表 2-9 中日、中韩服务贸易相对竞争力指数 RTC

	类型	2011 年	2012 年	2013 年	2014 年	2015 年	2016 年	2017 年	2018 年	均值
服务贸易整体	中日 RTC_{cj}	1.0065	0.9805	0.8716	0.7309	0.7012	0.6521	0.6671	0.6881	0.7810
服务贸易整体	中韩 RTC_{ck}	0.9563	0.8559	0.7942	0.6832	0.7194	0.6926	0.7849	0.7704	0.7823

续表

类型		2011年	2012年	2013年	2014年	2015年	2016年	2017年	2018年	均值
运输服务	中日 RTC_{cj}	0.6704	0.7139	0.6236	0.6142	0.6725	0.6509	0.6202	0.6537	0.6520
	中韩 RTC_{ck}	0.4105	0.4067	0.3689	0.3661	0.4059	0.3858	0.3828	0.3733	0.3874
旅游服务	中日 RTC_{cj}	1.3937	0.9587	0.7003	0.3282	0.2501	0.2330	0.2027	0.1858	0.4236
	中韩 RTC_{ck}	0.6148	0.4922	0.4509	0.2605	0.2649	0.2901	0.2965	0.2647	0.3791
其他商业服务	中日 RTC_{cj}	1.1814	1.5136	1.4883	1.6216	1.6635	1.4816	1.5136	1.5817	1.4972
	中韩 RTC_{ck}	0.6873	0.7017	0.6975	0.8011	0.7732	0.7467	0.8146	0.7996	0.7519
电信、计算机和信息服务	中日 RTC_{cj}	2.6803	2.5752	2.3127	3.0197	3.5602	3.1991	2.2514	2.9192	2.7596
	中韩 RTC_{ck}	0.8070	0.8049	0.7538	0.7207	0.8560	0.8355	0.7925	0.8301	0.7985
知识产权使用费	中日 RTC_{cj}	0.0798	0.0902	0.0633	0.0452	0.0689	0.0704	0.2158	0.1988	0.1051
	中韩 RTC_{ck}	0.0767	0.0912	0.0677	0.0462	0.0780	0.0717	0.2413	0.2179	0.1106
金融服务	中日 RTC_{cj}	0.9652	0.8383	0.8301	0.8221	0.7418	0.9334	1.1428	1.0147	0.9115
	中韩 RTC_{ck}	0.7771	0.7831	0.6825	0.6418	0.5986	0.7715	0.8715	0.7745	0.7379
保险和养老金服务	中日 RTC_{cj}	0.6771	-2.4599	5.9930	0.7259	1.4581	0.9080	1.0815	1.1522	1.2416
	中韩 RTC_{ck}	0.2088	0.2286	0.2692	0.2789	0.6468	0.4999	0.4790	0.4379	0.3755
建筑服务	中日 RTC_{cj}	1.3590	1.2886	1.3015	1.4615	1.0954	1.0874	1.3244	1.4351	1.2917
	中韩 RTC_{ck}	1.0206	0.9312	0.9340	0.9066	0.7045	0.6702	0.7957	0.8275	0.8431
加工贸易服务	中日 RTC_{cj}	22.6841	18.9479	11.6455	17.9063	19.9760	7.7113	8.2551	7.2550	11.8236
	中韩 RTC_{ck}	8.0978	7.0415	4.9918	3.8821	3.4523	3.1750	3.0513	2.9424	4.0117

资料来源：根据 ITC 提供的 International trade statistics，http://www.intracen.org/itc/market - info - tools/trade - statistics/计算得出。

（四）中日韩服务贸易竞争优势指数比较

1. 显性比较优势指数

显性比较优势指数（RCA），又称"相对出口绩效指数"，是指一个国家某项服务产品的出口额占服务贸易出口总额的份额与世界该类服务产品占世界服务产品出口总份额之比，RCA 指数的公式如下：

$$RCA_{ij} = (X_{ij}/X_{tj})/(X_{iw}/X_{tw})$$

其中，RCA_{ij} 为 j 国 i 项服务产品的显示比较优势；X_{ij} 是 j 国 i 服务产品的出口额；X_{tj} 为 j 国家服务贸易的总出口额；X_{iw} 是世界 i 项服务产品的总出口额；X_{tw} 是世界服务贸易总出口额。通常认为，该比值大于2.5，表明该项服务国际竞争力极强；该指数值大于1.25而小于2.5，表明该项服务国际竞争力较强；该指数值大于0.8而小于1.25，表明该项服务国际竞争力一般；该指数值小于0.8，表明该项服务国际竞争力较弱。

由表2-10、表2-11可知，中日韩在建筑服务方面都具有极强的比较优势，其中韩国比较优势最强。但是在保险服务和金融服务方面，三国的RCA指数均小于0.8，不具有比较优势。中国的金融服务是三国之中最弱的，与日韩有一定差距。通过RCA指数的比较分析，发现中日韩之间不同服务行业都具有不同的比较优势，日本服务贸易比较优势极强的是知识产权使用费，中国服务贸易竞争优势极强的是加工贸易服务，韩国服务贸易竞争优势较强的是运输服务，在三国之中的竞争优势最强。

表2-10 中日韩服务贸易RCA指数

类型	国家	2011年	2012年	2013年	2014年	2015年	2016年	2017年	2018年	均值
运输服务	日本	1.5533	1.6274	1.5823	1.2721	1.2017	1.0525	1.0549	0.8771	1.2777
	中国	0.9286	1.0019	0.9837	0.9184	0.9748	0.9422	0.938	0.9228	0.9513
	韩国	2.1471	2.089	1.9695	1.7987	1.9378	1.6836	1.6216	1.6581	1.8632
旅游服务	日本	0.326	0.4414	0.4584	0.4773	0.6289	0.7097	0.7426	0.8846	0.5836
	中国	1.0091	1.029	1.0225	0.8334	0.8421	0.8623	0.6913	0.6106	0.8625
	韩国	0.5745	0.5378	0.5777	0.6597	0.6374	0.7427	0.6237	0.6578	0.6264
其他商业服务	日本	1.469	1.2667	1.368	1.4559	1.2447	1.2455	1.23	1.2386	1.3148
	中国	1.3669	0.9298	1.0338	1.0569	0.9764	1.0078	1.002	1.0237	1.0497
	韩国	0.7838	0.7877	0.8423	0.8662	0.9087	0.9884	1.0917	1.0468	0.9145
电信、计算机和信息服务	日本	0.1834	0.2118	0.2447	0.2175	0.2119	0.2271	0.2781	0.2314	0.2257
	中国	0.9124	1.0066	1.009	1.0287	1.2499	1.3104	1.2488	1.7159	1.1852
	韩国	0.1913	0.1831	0.254	0.2984	0.3798	0.4055	0.5042	0.4868	0.3379
知识产权使用费	日本	3.5494	4.0347	4.0792	3.4561	3.272	3.1879	3.1787	3.435	3.5241
	中国	0.0636	0.0897	0.0748	0.0467	0.0724	0.0795	0.2962	0.3017	0.1281
	韩国	0.8325	0.6531	0.7289	0.6979	0.9259	0.9946	1.1574	1.1381	0.8911
建筑服务	日本	3.6722	4.1488	3.6891	3.316	3.3511	2.9022	2.9241	2.675	3.3348
	中国	3.6963	2.9792	2.6583	3.3647	3.8781	3.2985	5.5532	5.5532	3.8727
	韩国	8.5939	9.3353	10.1358	8.2917	6.3739	6.7604	5.6868	6.5291	7.7134

续表

类型	国家	2011 年	2012 年	2013 年	2014 年	2015 年	2016 年	2017 年	2018 年	均值
金融服务	日本	0.3369	0.4008	0.3827	0.5065	0.7117	0.7762	0.6584	0.7211	0.5618
	中国	0.0488	0.1106	0.1746	0.2346	0.12	0.1767	0.1894	0.1574	0.1515
	韩国	0.2279	0.2098	0.1416	0.1449	0.1884	0.2164	0.2965	0.3538	0.2224
加工贸易服务	日本	0.1576	0.1962	0.3132	0.0948	0.0795	0.2339	0.2199	0.2271	0.1903
	中国	7.1275	7.0771	6.3477	5.2108	5.1449	4.797	4.3361	3.5552	5.4495
	韩国	1.2994	1.3739	1.6017	1.4492	1.4571	1.3799	1.3722	1.2724	1.4007
保险服务	日本	0.4845	-0.1125	0.0494	0.3559	0.3851	0.4618	0.4806	0.5387	0.3304
	中国	0.6178	0.6437	0.7275	0.7805	0.9026	0.767	0.7241	0.7869	0.7438
	韩国	0.2347	0.1843	0.2328	0.2674	0.2989	0.278	0.4413	0.3201	0.2822

资料来源：根据 ITC 提供的 International trade statistics，http://www.intracen.org/itc/market-info-tools/trade-statistics/计算得出。

表 2-11　中日韩服务贸易细分贸易结构显性比较优势划分

国家	极强 （RCA>2.5）	较强 （1.25<RCA<2.5）	一般 （0.8<RCA<1.25）	较弱 （RCA<0.8）
中国	建筑服务、加工贸易服务		电信、计算机和信息服务、其他商业服务、旅游服务、运输服务	知识产权使用费、金融服务、保险服务
日本	知识产权使用费、建筑服务	运输服务、其他商业服务		旅游服务、金融服务、保险服务、电信、计算机和信息服务、加工贸易服务
韩国	建筑服务	运输服务、其他商业服务、加工贸易服务	知识产权使用费	金融服务、保险服务、电信、计算机和信息服务、旅游服务

资料来源：通过表 2-10 整理可得。

2. 相对显性比较优势指数

为了进一步对比中日韩三国竞争优势的强弱，需要进一步计算相对显性比较优势指数（RRCA），它反映了两个国家某一行业贸易出口水平的相对优势，计算公式为：

$$RRCA_{ab} = RCA_a / RCA_b$$

其中，$RRCA_{ab}$ 表示 a、b 两国的相对显性比较优势指数，RCA_a 表示 a 国的显性比较优势指数；RCA_b 表示 b 国的显性比较优势指数。

由表 2-12 分析可知，中日 RRCA 指数在运输服务、知识产权服务费、其他商业服务和金融服务上小于 1，说明中国与日本相比在这些服务行业上不具有竞争优势；中日 RRCA 指数在旅游服务、电信、计算机和信息服务、保险服务、建筑服务以及加工贸易服务上大于 1，说明中国与日本相比在这些服务行业上具有竞争优势。与韩国相比，中国在旅游服务、其他商业服务、电信、计算机与信息服务、加工贸易服务以及保险服务商具有竞争优势；在运输服务、建筑服务、知识产权服务费以及金融服务上不具有竞争优势。

表 2-12　中日、中韩服务贸易相对显性比较优势指数 RRCA

类型		2011 年	2012 年	2013 年	2014 年	2015 年	2016 年	2017 年	2018 年	均值
运输服务	中日 $RRCA_{cj}$	0.5978	0.6156	0.6217	0.7220	0.8112	0.8952	0.8892	1.0521	0.7446
	中韩 $RRCA_{ck}$	0.4325	0.4796	0.4995	0.5106	0.5030	0.5596	0.5784	0.5565	0.5106
旅游服务	中日 $RRCA_{cj}$	3.0954	2.3312	2.2306	1.7461	1.3390	1.2150	0.9309	0.6903	1.4779
	中韩 $RRCA_{ck}$	1.7565	1.9134	1.7699	1.2633	1.3211	1.1610	1.1084	0.9282	1.3769
其他商业服务	中日 $RRCA_{cj}$	0.9305	0.7340	0.7557	0.7259	0.7844	0.8092	0.8146	0.8265	0.7983
	中韩 $RRCA_{ck}$	1.7439	1.1804	1.2274	1.2202	1.0745	1.0196	0.9178	0.9779	1.1479
电信、计算机和信息服务	中日 $RRCA_{cj}$	4.9749	4.7526	4.1234	4.7297	5.8985	5.7701	4.4905	7.4153	5.2504
	中韩 $RRCA_{ck}$	4.7695	5.4975	3.9724	3.4474	3.2909	3.2316	2.4768	3.5249	3.5077
知识产权使用费	中日 $RRCA_{cj}$	0.0179	0.0222	0.0183	0.0135	0.0221	0.0249	0.0932	0.0878	0.0363
	中韩 $RRCA_{ck}$	0.0764	0.1373	0.1026	0.0669	0.0782	0.0799	0.2559	0.2651	0.1437
建筑服务	中日 $RRCA_{cj}$	1.0066	0.7181	0.7206	1.0147	1.1573	1.1366	1.8991	2.0760	1.1613
	中韩 $RRCA_{ck}$	0.4301	0.3191	0.2623	0.4058	0.6084	0.4879	0.9765	0.8505	0.5021
金融服务	中日 $RRCA_{cj}$	0.1449	0.2759	0.4562	0.4632	0.1686	0.2276	0.2877	0.2183	0.2697
	中韩 $RRCA_{ck}$	0.2141	0.5272	1.2331	1.6190	0.6369	0.8165	0.6388	0.4449	0.6812
加工贸易服务	中日 $RRCA_{cj}$	45.2253	36.0708	20.2672	54.9662	64.7157	20.5088	19.7185	15.6548	28.6403
	中韩 $RRCA_{ck}$	5.4852	5.1511	3.9631	3.5956	3.5309	3.4763	3.1600	2.7941	3.8905
保险服务	中日 $RRCA_{cj}$	1.2751	-5.7218	14.7267	2.1930	2.3438	1.6609	1.5067	1.4607	2.2508
	中韩 $RRCA_{ck}$	2.6323	3.4927	3.1250	2.9188	3.0197	2.7590	1.6408	2.4583	2.6357

资料来源：根据 ITC 提供的 International trade statistics，http://www.intracen.org/itc/market-info-tools/trade-statistics/计算得出。

(五) 中日韩服务贸易竞争性与互补性分析

为了研究中日与中韩哪些服务行业的竞争力与竞争优势是互补的,哪些服务行业是存在竞争关系的,通过服务贸易竞争力互补指数和竞争优势互补指数的正负可以判断。

竞争力互补指数 α 公式为:

$$\alpha = TC_a \times TC_b$$

其中,α 表示 a、b 两国贸易竞争力互补指数;TC_a 表示 a 国的贸易竞争力指数;TC_b 表示 b 国的贸易竞争力指数。当 α 值大于 0 时,说明 a、b 两国某行业的贸易竞争力不具有互补性;当 α 值小于 0 时,说明 a、b 两国该行业的贸易竞争力具有互补性。

竞争优势互补指数 β 公式为:

$$\beta = (RCA_a - 1)(RCA_b - 1)$$

其中,β 表示 a、b 两国的显性比较优势互补指数;RCA_a 表示 a 国的显性比较优势指数;RCA_b 表示 b 国的显性比较优势指数。这一指标反映了两个国家某一产品的出口贸易互补情况,β 大于 0 表明 a、b 两国在某行业显性优势上不具有互补性,β 小于 0 表明 a、b 两国在该行业显性优势上具有互补性。

从表 2-13 可以看出,从中日服务贸易竞争力与竞争优势平均互补指数来看:中国和日本在旅游服务、电信、计算机和信息服务、金融服务和专利和特权使用费上具有竞争力互补性;中国和日本在运输服务和电信、计算机与信息服务以及专利特权使用费上在竞争优势上具有互补性。从中韩服务贸易竞争力与竞争优势平均互补指数来看:中国和韩国在运输服务、旅游服务、保险服务和专利和特权使用费上具有竞争力互补性;中国和韩国在运输服务和电信、计算机与信息服务以及其他商业服务上在竞争优势上具有互补性。针对中日、中韩竞争力及竞争优势具有互补性的行业,中日、中韩应加大合作力度、相互扶植、共同进步。继续发挥各自的比较优势,实现服务经济的动态互补,优化各自产业结构。

表 2-13　　中日、中韩服务贸易竞争力与竞争优势平均互补指数

类型		运输服务	旅游服务	建筑服务	电信、计算机和信息服务	保险服务	金融服务	专利和特权使用费	其他商业服务
中日	α	正	负	正	负	正	正	负	负
	β	负	正	正	负	正	正	负	正

续表

类型		运输服务	旅游服务	建筑服务	电信、计算机和信息服务	保险服务	金融服务	专利和特权使用费	其他商业服务
中韩	α	负	负	正	正	负	正	负	正
	β	负	正	正	负	正	正	正	负

资料来源：根据表2-9、表2-12计算整理可得。

（六）中日韩三国服务贸易出口政策倾向分析

根据中日、中韩 RTC_{cj} 与 $RRCA_{ck}$ 值，计算其差值，可以得到政策均衡度。若该差值小于0，说明中国在净出口能力和比较优势上处理的力度超过日本和韩国，倾向于鼓励出口，甚至可能出现中国的净出口超出了现有的比较优势这种状况，即国家过度强调出口或控制进口，造成贸易政策的不均衡、不匹配；如果该差值大于0，意味着中国在净出口能力和比较优势上处理的力度小于日本和韩国，倾向于抑制出口，可能存在过度抑制出口或鼓励进口的贸易政策不均衡、不匹配。通过服务贸易出口偏离度可以判定中日、中韩两国服务贸易的出口政策倾向。

计算结果如表2-14所示：以中国为分析主体，与日本相比，中国在运输服务、旅游服务、电信、计算机和信息服务、加工贸易服务和保险服务上的政策均衡度为负值，说明相对于日本，中国在这些行业的出口政策倾向于鼓励出口，而日本在其他商业服务、知识产权使用费以及金融服务等行业的出口政策倾向于鼓励出口。与韩国相比，中国在运输服务、旅游服务、其他商业服务、知识产权使用费、保险服务上的政策均衡度为负值，说明相对于韩国，中国在这些行业的出口政策倾向于鼓励出口，韩国则是在建筑服务、金融服务以及加工贸易服务上倾向于鼓励出口。通过以上分析可以发现中国在不具有相对竞争力的行业上出口也较大，这完全符合该时期中国的"出口导向型"政策。但是随着近年来中国经济发展方式的转变和以服务业为主导相关产业的渐进式培育、选择和发展，服务经济的发展政策也必须做出相应的调整，不能一味地强调出口，要区分对待不同服务行业，选择好一定时期的主导产业。

表2-14　　中日服务贸易 RTC_{ab}、$RRCA_{ab}$ 及出口偏离度

服务业		RTC_{ab}	竞争力	$RRCA_{ab}$	比较优势	政策均衡度	出口偏离度
运输服务	中日	0.6520	劣势	0.7446	劣势	-0.0925	+
	中韩	0.3874	劣势	0.5106	劣势	-0.1232	+

续表

服务业		RTC_{ab}	竞争力	$RRCA_{ab}$	比较优势	政策均衡度	出口偏离度
旅游服务	中日	0.4236	劣势	1.4779	优势	-1.0543	+
	中韩	0.3791	劣势	1.3769	优势	-0.9979	+
其他商业服务	中日	1.4972	优势	0.7983	劣势	0.6988	-
	中韩	0.7519	劣势	1.1479	优势	-0.3959	+
电信、计算机和信息服务	中日	2.7596	优势	5.2504	优势	-2.4908	+
	中韩	0.7985	劣势	3.5077	优势	-2.7092	+
知识产权使用费	中日	0.1051	劣势	0.0363	劣势	0.0687	-
	中韩	0.1106	劣势	0.1437	劣势	-0.0332	+
建筑服务	中日	1.2917	优势	1.1613	优势	0.1304	-
	中韩	0.8431	劣势	0.5021	劣势	0.3410	-
金融服务	中日	0.9115	劣势	0.2697	劣势	0.6418	-
	中韩	0.7379	劣势	0.6812	劣势	0.0566	-
加工贸易服务	中日	11.8236	优势	28.6403	优势	-16.8168	+
	中韩	4.0117	优势	3.8905	优势	0.1212	-
保险服务	中日	1.2416	优势	2.2508	优势	-1.0092	+
	中韩	0.3755	优势	2.6357	优势	-2.2602	+

资料来源：根据表2-9、表2-12计算整理可得。

三、结论

通过比较中日韩三国服务贸易的发展规模、贸易结构、贸易竞争力指数和显性比较优势指数，以及对中日韩服务贸易竞争性和互补性的分析，最终研究发现中日韩在服务贸易出口政策上的倾向。可以得出如下结论：

（1）中日韩服务贸易竞争力存在行业差异。与日本相比，中国服务贸易具有竞争力和竞争优势的行业有电信、计算机和信息服务、建筑服务、加工贸易服务和保险服务。与韩国相比，中国服务贸易竞争力和竞争优势的行业有加工贸易服务和保险服务。总的来看，中国服务贸易竞争力主要依赖传统的劳动密集型行业，日韩的服务贸易竞争力主要依赖于技术密集型行业。

（2）中日韩服务贸易竞争性和互补性同时存在。中国和日本在电信、计算机和信息服务、知识产权使用费上有竞争力和竞争优势的互补性，在建筑服务、保险服务和金融服务上有较强的竞争性。中国与韩国在运输服务上具有竞争力和竞争优势的互补性，在建筑服务和金融服务上有较强的竞争性。中日韩应该根据各自服务贸易的竞争性和互补性的特点，加强互补性行业的合作。

（3）中日韩服务贸易出口政策倾向不一致。与日本相比，中国在运输服务、旅游服务、电信、计算机和信息服务、加工贸易服务和保险服务上鼓励出口；与韩国相比，中国在运输服务、旅游服务、其他商业服务、电信、计算机和信息服务、保险服务以及知识产权使用费上鼓励出口。中国在不具有竞争优势的行业盲目的鼓励出口的政策不利于经济的可持续发展。中国的服务贸易战略应该长远布局，从而培育一批真正拥有强大竞争力的行业。

第三章

上海自贸区临港新片区与长三角地区一体化协同发展研究

第一节 上海自贸区临港新片区设立与上海自贸区的再次创新

2019年8月6日,国务院印发《中国(上海)自由贸易试验区临港新片区总体方案》(以下简称《总体方案》),规划决定"在上海大治河以南、金汇港以东以及小洋山岛、浦东国际机场南侧区域设置新片区,面积为873平方千米。按照'整体规划、分步实施'原则,先行启动南汇新城、临港装备产业区、小洋山岛、浦东机场南侧等区域,面积为119.5平方千米"。同时也提出了近景目标:即"到2025年,建立比较成熟的投资贸易自由化便利化制度体系,打造一批更高开放度的功能型平台,集聚一批世界一流企业,区域创造力和竞争力显著增强,经济实力和经济总量大幅跃升",以及远景目标:即"到2035年,建成具有较强国际市场影响力和竞争力的特殊经济功能区,形成更加成熟定型的制度成果,打造全球高端资源要素配置的核心功能,成为我国深度融入经济全球化的重要载体"。增设上海自贸试验区临港新片区,是习近平总书记在2018年11月在首届中国国际进口博览会上宣布的重大开放举措之一。回顾上海自贸区的形成、演变与发展历程(如表3-1所示),上海自贸区临港新片区揭开面纱,这不仅仅是简单的面积扩大,还是根本的制度创新,更是深化改革开放的再升级。在当前贸易保护主义持续蔓延的当下,中国对外经济开放再加码,不仅适应上海自贸区建设的现实发展需要和空间需要,推动国内供给侧结构性改革和经济高质量发展,也将显示中国扩大对外开放的坚定决心,为世界经济发展注入信心和活力。

表 3-1　　　　　　　　上海自贸区的形成、演变与发展历程

时间	内容
1990/6	上海外高桥保税区成立，同年9月正式启动，是全国第一个规模最大、启动最早的保税区，集自由贸易、出口加工、物流仓储及保税商品展示交易等多种经济功能于一体，批准规划面积为10平方千米，已开发运作区域8.5平方千米
2003/12	上海外高桥保税物流园区经国务院批准成立，作为全国首家"区港联动"试点区域，是上海外高桥保税区10平方千米的组成部分和上海市"十五"期间重点规划的三大物流基地之一，2004年4月通过国家海关总署联合验收小组封关验收，7月进入试运行
2005/12	洋山保税港区成立，作为全国第一个保税港区，洋山保税港区规划面积8.14平方千米，由保税区陆域部分、东海大桥和小洋山岛港口区域三部分组成，其中陆域部分面积6平方千米，主要发展和提供集装箱港口增值、进出口贸易、出口加工、保税物流、采购配送、航运市场等产业和服务功能，岛域部分是集装箱深水港码头作业区域，包括洋山深水港一期、二期码头，面积2.14平方千米，是集装箱装卸、中转的功能区域
2009/12	上海浦东机场综合保税区成立，批复规划面积3.59平方千米，区内重点发展国际货物中转、国际采购配送、国际转口贸易、国际快件转运、维修检测、融资租赁、仓储物流、出口加工、商品展示交易以及配套的金融保险、代理等业务
2013/9	中国（上海）自由贸易试验区正式成立，面积为28.78平方千米，涵盖上海市外高桥保税区、外高桥保税物流园区、洋山保税港区和上海浦东机场综合保税区等4个海关特殊监管区域
2014/12	全国人大常委会授权国务院扩展中国（上海）自由贸易试验区区域，在原先的4个区域基础上增添金桥出口加工区、张江高科技园区和陆家嘴金融贸易区三个区域，将面积扩展到120.72平方千米
2019/8	国务院印发《中国（上海）自由贸易试验区临港新片区总体方案》，设立中国（上海）自由贸易试验区临港新片区，规划范围在上海大治河以南、金汇港以东以及小洋山岛、浦东国际机场南侧区域设置新片区，面积为873平方千米。按照"整体规划、分步实施"原则，先行启动南汇新城、临港装备产业区、小洋山岛、浦东机场南侧等区域，面积为119.5平方千米

资料来源：作者整理。

一、上海自贸区临港新片区设立的"新"特点

上海自贸区临港新片区主要位于临港新城，面积与前11个自贸区（海南自贸区除外）的面积总和相当。《总体方案》彰显了临港新片区在我国改革开放新形势下与众不同的开放试验田地位。具体而言，我们认为自贸区新片区具有以下六个"新"特点。

第一，自贸区新片区规划展示了其准"自贸港"的特殊性。新片区囊括了浦东机场南侧的海港空港、小洋山岛、洋山特殊综合保税区、临港产业园和南汇新城。浦东机场是全世界较繁忙的机场之一，小洋山岛位于世界上集装箱吞吐量较

大的洋山港，洋山特殊综合保税区是中国首个"特殊综合保税区"，临港产业园聚集了一批以特斯拉为代表的高端先进制造业企业，南汇新城是近年来产城融合的试点先锋。很显然，单从规划上看，我们就能发现临港新片区与新加坡、迪拜、中国香港等自由贸易港区规划有不谋而合之处：以优质的港口作先导，以便利的保税物流园区作配套，再以强大的世界性产业园区作支撑。

第二，自贸区新片区提出了多个"自由化"的目标。目前，我国现有的自贸区基本都是以"便利化"为主要改革目标。但是在党的十九大报告提出"建设全面开放新格局"的战略背景下，仅仅基于"便利化"为主要诉求的开放创新已经难以跟上我国探索对外开放新途径的步伐。因此，《总体方案》提出，在适用自由贸易试验区各项开放创新措施的基础上，支持新片区以投资自由、贸易自由、资金自由、运输自由、人员从业自由为重点，推进投资贸易自由化、便利化。显而易见，五个"自由化"目标彰显了临港新片区在对标新加坡、迪拜、中国香港等世界最高开放水平自贸港区的雄心壮志。除此之外，自贸区新片区还明确提出发展新型国际贸易（特别是发展跨境数字贸易和跨境电商海外仓）、建设高能级全球航运枢纽、拓展跨境金融服务功能，吸引总部型机构集聚，发展总部经济等一系列重要目标，旨在使自贸区新片区在全球经济发展中扮演更加重要的角色。

第三，自贸区新片区将建设洋山特殊综合保税区，这体现了在"二线充分管住"前提下的"一线充分开放"。自从我国1979年在深圳蛇口建立第一个出口加工区以来，我国的海关特殊监管区经历了出口加工区、保税区、综合保税区、目前的洋山特殊综合保税区四个阶段，每一次新监管区的出现都代表着我国嵌入国际生产分工程度的不断加深。洋山特殊综合保税区除了具有原有综保区的中间产品保税生产和货物保税仓储功能外，还有望增加离岸贸易、金融等功能，加之首次在综保区、自贸区注册的企业和个人税收优惠措施，洋山特殊综保区的试点"离岸"业务的特殊功能有望不断强化。作为对标国际公认竞争力最强自由贸易园区的重要载体，在全面实施综合保税区政策的基础上，取消不必要的贸易监管、许可和程序要求，实施更高水平的贸易自由化便利化政策和制度。对境外抵离物理围网区域的货物，探索实施以安全监管为主，体现更高水平贸易自由化、便利化的监管模式，提高口岸监管服务效率，增强国际中转集拼枢纽功能。

第四，自贸区新片区突出了产城融合的发展要求，凸显了建设现代产业园区新的思路。我国在参与经济全球化的进程中，除了发展海关特殊监管区外，也展开了建设工业园、高新区的产业升级。然而，与硅谷等现代的产业、高科技园区相比，传统的产业园区的建设规划上的弊端越发明显。传统产业园通常只盯准所扶植的重点产业，忽略了必要的产业链支撑，也没有充分的生产性服务业辅助，更不要说在生活性服务业上的配套。传统的建设思路造成了我国大多数工业园、高新区"白天像工地、晚上似鬼城"的发展窘境。现代产业园以人才聚集为根本，若没有相应的生活性服务业，产业园的发展必然会遭遇发展瓶颈。因此，自贸区新片区发展产城融合的现代产业园模式（例如南汇新城），可以进一步拓宽国际优质资本和经验进入教育、医疗、文化、体育、园区建设、城市管理等公共服务领域的渠道，加强新片区各类基础设施建设管理，提升高品质国际化的城市服务功能，为现代产业园的国际化发展带来更大的溢出效应。

第五，自贸区新片区赋予产业转型升级新的内涵。自贸区新片区建设强调打造关键核心技术产业集群，实现关键领域深度融入经济全球化。首先，自贸区新片区特别强调"建立以关键核心技术为突破口的前沿产业集群"，大力发展高端制造业、先进制造业，实业兴邦，旨在防止自贸区新片区的建设"脱实向虚"。《总体方案》将支持在新片区发展"中国芯""创新药""智能造""蓝天梦""未来车""数据港"等重点产业，这亦是对当前一些国家在高科技领域对中国实施"卡脖子"措施的有力回应。此外，对于某些关键领域核心环节生产研发的企业，5年内还将按照15%的税率征收企业所得税，作为自贸区新片区的税收激励新政。目前，自贸区新片区已经集聚了一大批国内外高端产业，例如中国商飞、上海电气、三一重工等，还有一些跨国公司，例如特斯拉、西门子、通用电气、马士基等，这为后续高端产业集聚奠定了基础。

第六，自贸区新片区"经济特区"的管理模式显示了中央下放改革事权、实现开放突破的决心。此前，我国曾建设过五个经济特区，尤其是作为第一个经济特区的深圳，在我国改革开放进程中所起到的引领和推动作用有目共睹。时隔40多年，我国再次提出以"经济特区"模式管理的自贸区临港新片区，无疑是期望像以前的经济特区一样，通过中央改革事权的大幅度下放，实践习近平总书记关于自贸区"大胆试、大胆闯、自主改"的九字方针，实现自贸试验新片区在对外开放思维、政策、管理方面的重大创新和突破，为国内外经贸发展新形势下我国经济转型升级与高质量发展提供重要的体制机制参考。

二、上海自贸区临港新片区再次创新的方向

在新形势下，上海自贸区临港新片区正式成为上海自贸区的组成部分，不仅直接适用自贸区各项开放创新措施，而且拥有其独特的功能定位、政策优势和制度创新。为此，我们提出自贸区新片区再次创新的方向与建议。

(一) 新定位

一是经济特区管理。新片区将打造"特殊经济功能区",明确"新片区参照经济特区管理",赋予新片区管理机构市级及区级经济管理权限,为新片区突破现行法律法规的不合理限制奠定了法理基础。新片区不是简单的物理扩区,而是对开放度要求高但其他地区不具备实施条件的重点领域探索经验,并建立与国际通行规则相衔接的制度体系。

二是突出产业发展。新片区将"建设具有国际市场竞争力的开放型产业体系"放在更加突出和重要的位置,金融创新重在围绕重点产业发展,提供配套金融服务支持。

三是分阶段实施。与此前的自贸区方案不同,新片区提出了2025年和2035年两个不同阶段的发展目标。而目前的方案只是先行启动了临港地区119.5平方千米,未来仍有很大的发展空间。

四是与长三角协同发展。《总体方案》第十九条和二十二条均强调,加强与长三角一体化的协同发展,带动长三角新一轮改革开放,在新形势下更好服务和支持长三角一体化国家战略,与长三角一体化发展示范区形成上海东西"两翼齐飞"、对内开放与对外开放协同发展新格局,更好发挥对外、对内开放的枢纽作用,促进全球价值链和国内价值链的衔接和互动,更好地服务国家战略。

(二) 新突破

一是资金自由流动。资金自由流动和自由兑换是投资贸易自由化的必要条件。《总体方案》提出"探索新片区内资本自由流入流出和自由兑换",并进一步明确了新片区资金"外来外用"原则,这是新片区方案的新突破。我国大部分的资本项目都已经得到较高程度的开放,目前只有少数涉及个人项下的资本项目还没有开放。未来,新片区在依托自由贸易账户(FT账户)推进资金自由流动和自由兑换等方面有望取得新的进展,比如允许个人通过FT账户开展对外证券投资,突破沪港通等渠道式开放的限制。但在当前外部环境不确定性较大的背景下,自由兑换仍可能审慎推进,需要合适的时机。正如《总体方案》中所指出的,资本项目可兑换仍将"按照国家统筹规划、服务实体、风险可控、分步推进的原则,稳步推进"。

二是资金管理中心。《总体方案》提出"鼓励跨国公司设立全球或区域资金管理中心",这是一个全新提法。上海已提出打造"6+1"国际金融中心格局。其中,建设全球资产管理中心位列首位,对上海国际金融中心整体格局的形成发挥着关键性的引领和带动作用。目前，上海的跨国公司地区总部数量全国领先，截至2019年4月底，累计引进跨国公司地区总部683家、亚太区总部95家、研发中心447家，这些地区总部有些也是投资决策和资金管理总部，但资金管理中心对资金自由流动、投融资汇兑便利化及税收政策等有着更高要求。资金自由流动和自由兑换将有助于吸引更多的跨国公司设立全球或区域资金管理中心。

三是特殊保税区。《总体方案》首次提出"建立洋山特殊综合保税区"，这是一种新的海关特殊监管区，除了具备现有综合保税区所具有的特殊监管措施外，还可能会有税收、监管等更多方面的制度创新。

四是区内资金区外使用。《总体方案》提出"支持境内外投资者在新片区设立联合创新专项资金，就重大科研项目开展合作，允许相关资金在长三角地区自由使用"，这意味着新片区内的资金可用于长三角等区域。

（三）新政策

一是离岸贸易、离岸金融政策。《总体方案》并没有明确提出发展离岸贸易和离岸金融，但新片区的产业开放度较高，大都具有全球供应链。要吸引跨国公司设立离岸研发和制造中心、亚太供应链管理中心等，必然带来大量离岸贸易和离岸金融业务。《总体方案》提出"研究适应境外投资和离岸业务发展的税收政策"，尽管主要目的是为了配合开放型产业体系建设，但客观上将有助于促进离岸金融业务发展。

二是自由贸易账户政策。自由贸易账户是上海自贸区金融改革重要的基础设施，是本外币一体化的账户体系，但在存款准备金、税收等方面仍按普通在岸账户管理，导致其优势没有充分发挥。《总体方案》提出"探索试点自由贸易账户税收政策安排"，这将有助于自由贸易账户功能的完善。自由贸易账户在探索资本项目可兑换、本外币一体化账户体系改革，以及开放型产业体系等方面，都将发挥更加重要的作用。

三是高科技企业及高端人才税收优惠政策。新片区对集成电路、人工智能、生物医药、民用航空等关键领域核心环节生产研发企业，自设立之日起5年内减按15%的税率征收企业所得税。不同于西部地区以制造业为主的税收优惠和此前国务院发布的国家高新技术企业税收优惠政策，新片区的税收优惠集中于高科技行业，与国家创新驱动发展战略及上海科创中心建设相契合，而且自成立之日起5年内可持续享受税收优惠，优惠时间更长。境外人才税收优惠方面，可能会参照粤港澳大湾区个税优惠政策实施。比如参照广东的规定，对境外高端人才和紧缺人才，个人所得税已缴税额超过其按应纳税所得额的15%计算的税额部分，由政府给予财政补贴，该补贴免征个人所得税。

四是购房资格政策调整。新片区内非本市户籍人才购房资格，由居民家庭调整为个人，购房需要缴纳个税或者社保年限从5年缩短到3年，有助于吸引增量人口和资金流入，使新片区更有活力。

（四）新机遇

新的定位、新的突破和新的政策，对企业、居民和金融机构将带来新的机遇。对企业来说，货物自由进出、资金自由流动、税收优惠等政策，使投资经营活动更加自由便利，未来在这寸土寸金的地区一定能够飞出新的"金凤凰"。对居民个人来说，人员出入境、人才落户及购房限制条件放宽等，将带来一系列实实在在的便利。对金融机构来说，跨国公司全球资金运营及客户跨境、跨业、跨市场需求更加强烈，商业银行跨境投融资业务需求及风险管理需求巨大；开放型产业体系必将带来大量的离岸贸易需求，境外高端人才的财富管理需求灵活多样，商业银行全球财富管理及离岸业务等或将有新的发展机遇。

三、上海自贸区临港新片区再次创新的重点措施

为了实现上述再次创新的目标，我们建议上海自贸区新片区采取以下措施：

（一）明确新片区的功能定位

一是确定适用范围。适用于经国务院批准设立的中国（上海）自由贸易试验区临港新片区，具体区域范围与《总体方案》规定的区域范围保持一致。二是明确区域功能。对标国际公认的竞争力最强的自由贸易园区，实施具有较强国际市场竞争力的开放政策和制度。三是突出产城融合。提升城市服务功能，打造开放创新、智慧生态、产城融合、宜业宜居的现代化新城。

（二）建立科学高效的管理体制

一是确立管委会法律地位。明确中国（上海）自由贸易试验区临港新片区管委会作为上海市政府派出机构，负责落实新片区改革试点任务，承担新片区经济管理职责，统筹管理和协调新片区有关行政事务。二是赋予管委会管理职责。明确管委会在新片区发展规划、产业布局等方面的职责，集中行使本市有关行政审批权和行政处罚权。三是明确相关部门职责。市有关部门和相关区政府应当支持

新片区改革创新和管委会的各项工作，对于管委会职责范围之外的事务，仍按照现行管理体制各负其责。

（三）实施公平竞争的投资经营便利

一是加大重点领域开放。在电信、保险、证券等领域放宽注册资本、投资方式等限制，推动产业集聚发展。二是试行商事主体登记确认制。对申请人提交的登记材料实行形式审查，即时予以登记确认，核发营业执照。三是健全争议解决方式。支持境外知名仲裁及争议解决机构在新片区内设立机构，开展民商事争议仲裁业务。

（四）推进高标准的投资贸易自由化

一是依法建立洋山特殊综合保税区。在全面实施综合保税区政策的基础上，优化投资贸易监管、许可和程序要求，实施更高水平的投资贸易自由化便利化政策和制度。二是发展新型贸易。完善新型国际贸易与国际市场投融资服务的系统性制度支撑体系，发展医疗服务、艺术品拍卖等新型贸易。三是促进服务业开放和服务贸易。加快推动文化服务、技术产品、信息通信、医疗健康等资本技术密集型服务行业的开放并推动服务贸易发展。

（五）实施资金便利收付的跨境金融管理制度

一是扩大金融开放。落实金融业对外开放举措，支持符合条件的境外投资者依法设立各类金融机构。二是开展跨境金融服务。支持金融机构提供各类跨境金融服务，简化跨境人民币业务办理流程。三是便利境外资金使用。允许境外募集的资金自主用于新片区以及境外经营投资。四是推进资本项目开放。探索新片区内资本自由流入流出和自由兑换，逐步放开资本项目可兑换。

（六）提高国际运输开放水平

一是优化国际航运服务。创新船舶登记制度，逐步放开船舶法定检验，建设国际航运补给服务体系，推动发展航运指数衍生品业务。二是提高多式联运效率。以洋山深水港、浦东国际机场和芦潮港铁路集装箱中心站为载体，实行海运、陆运、空运、铁路运输信息共享。三是发展国际航空业务。支持开展航空中转集拼业务，实行更加便利的海关监管制度。

（七）实施自由便利的人才服务

一是优化户籍和居住证办理。优化新片区人才直接落户政策，对符合条件的人才,缩短新片区居住证转办常住户口年限。二是加强技能人才引进。聚焦新片区重点产业布局,制定技能人才引进目录。三是放宽从业资格限制。允许具有境外金融、建筑等职业资格的专业人才在新片区提供服务,允许境外人员参加我国相关职业资格考试。四是提供出入境便利。对从事经贸活动的外国人、现代服务业高端人才在出入境和停居留等方面给予便利。五是提供就业和创业便利。对符合条件的外籍人员,在办理海外人才居住证、工作许可等方面提供便利条件。

(八) 实现数据跨境安全有序流动

一是加强基础设施建设。建设完备的国际通信设施,构建安全便利的国际互联网数据专用通道。二是保障跨境数据安全流动。聚焦集成电路、人工智能、生物医药和总部经济等关键领域,试点开展安全评估,建立数据安全管理机制。三是强化数据保护。开展国际合作规则试点,加大对专利、版权、商业秘密等权利和数据的保护力度。

(九) 提供具有国际竞争力的财税支持

一是探索国际业务税收支持。扩大服务出口增值税政策适用范围,探索试点自由贸易账户的税收政策。二是完善产业和人才税收政策。对符合条件的重点产业给予企业所得税支持,研究实施境外人才个人所得税支持政策。三是财政资金支持。设立新片区专项发展资金,统筹用于新片区发展。

(十) 建立全面防控风险的综合监管制度

一是加强全面风险管理。创新行政管理方式,推动形成综合监管体系。二是加强重点领域监管。聚焦重点领域,进一步完善外资安全审查、反垄断审查等管理措施。三是强化金融风险防范。建立统一高效的金融管理体制机制,切实防范金融风险。四是施行信用分级管理。按照守信便利原则,实施失信名单披露、市场禁入和退出制度。五是开展边界安全监管。建设高标准智能化监管基础设施,实现监管信息互联互认共享。

第二节 长三角地区一体化:新机遇,新发展

长江三角洲地区是中国经济极具活力、开放程度高、创新能力强的区域之一,与粤港澳所定位的改革开放功能不同,长三角地区同时还担任协调各区域发

展的重要角色。长三角地区以上海为中心，辐射带动江苏、浙江以及安徽周边区域，科技成长企业数量和产值位居国内领先地位，同时还具备丰富的科教资源，为科技创新提供源源不断的动力。地理位置上来看，长三角地区是"一带一路"和长江经济带的重要交汇点，将与京津冀协同发展、粤港澳大湾区建设相互配合，共同完善中国改革开放空间布局。

改革开放后历经风雨四十余载，长三角地区终"破茧化蝶"。尽管"长三角"一直是新经济、科技创新的代名词，但最初的发展却伴随着众多波折。从长三角地区的发展历史来看，我们认为整体可以分为四个阶段：

（1）上海经济区的建立：1982年国务院提出建立上海经济区，发挥区域经济的比较优势。但在1988年上海经济区规划办公室撤销，上海经济区建设以失败告终。

（2）长三角地区一体化初现雏形：1992年设浦东新区，随着浦东经济的高速发展、联席会议制度的确立以及世博会的承办，长三角地区经济发展步伐逐渐加快，区域一体化重新提上日程。

（3）长三角地区一体化的制度建设：2010年国务院发布《长三角区域规划》，长三角地区成为国家重点建设对象，这也明确了长江三角洲地区发展的战略定位。

（4）长三角地区一体化上升为国家战略：政府文件多次提出要促进长三角地区协同发展，将其打造成为具有竞争力的世界级城市群。

近年来，随着长三角地区一体化政策的层层推进，长三角地区逐渐成为中国经济发展的领头羊（如表3-2所示）。

表3-2　　　　　　　　长三角地区一体化政策的层层推进

时间	内容
2010/5/24	国务院发布《长三角区域规划》，明确了长三角地区发展的战略定位，即亚太地区重要的国际门户、全球重要的现代服务业和先进制造业中心，具有较强国际竞争力的世界级城市群
2016/5/11	《长江三角洲城市群发展规划》提出长三角城市群要建设面向全球、辐射亚太、引领全国的世界级城市群，培育更高水平的经济增长极。长三角城市群包括26个城市
2018/6/1	《长三角地区一体化发展三年行动计划（2018-2020年）》编制完成，进一步明确了长三角地区一体化发展的任务书、时间表和路线图，到2020年，长三角地区要基本形成世界级城市群框架。G60科创走廊第一次联席会议，会议确定了G60科创走廊的新定位、新布局、新举措，九地市共同打造"一廊一核多地"总体空间布局，并提出"五个聚焦"

续表

时间	内容
2018/11/5	进博会上，国家主席习近平提出将支持长江三角洲区域一体化发展并上升为国家战略，着力落实新发展理论，构建现代化经济体系，推进更高起点的深化改革和更高层次的对外开放
2018/11/18	《中共中央国务院关于建立更加有效的区域协调发展新机制的意见》明确要求以上海为中心引领长三角城市群发展，带动长江经济带发展
2019/3/5	将长三角区域一体化发展上升为国家战略，编制实施发展规划纲要。长江经济带发展要坚持上中下协同，加强生态保护修复和综合交通运输体系建设，打造高质量发展经济带

资料来源：作者整理。

长三角地区一体化的顶层设计文件是短期内一大看点，继习近平主席在2018年首届进口博览会上宣布将长三角地区一体化定位为国家战略后，李克强总理在2019年"两会"上也提及将会尽快出台实施发展规划纲要。尽管顶层设计还未出，但我们从2018年三省一市联合编制的行动规划——《长三角地区一体化发展三年行动计划（2018－2020年）》中可以率先一窥后续发展的任务、时间表和路线图。该规划涉及12个合作专题、7个重点领域、11个合作项目，其中重点对象是5G全面部署、G60科技走廊、打通省际断头路、产业投资基金等项目。此外规划表明到2020年，长三角地区要基本形成世界级城市群框架，建成枢纽型、功能性、网络化的基础设施体系，基本形成创新引领的区域产业体系和协同创新体系，绿色美丽长三角建设取得重大进展，区域公共服务供给便利化程度明显提升。

一、长三角地区的发展优势、发展目标与发展定位

（一）长三角地区的发展优势：夯实一体化基础

长三角地区作为我国经济水平较发达的区域，多年来已逐渐形成自己独特的优势。其不但人口密集程度高，且受教育程度高于全国平均水平。长三角地区得天独厚的地理优势造就了其发达的交通运输网络，为该片区域的高效发展打下了基础。除此之外，丰富的科教资源以及科创板的设立将给长三角地区的发展带来源源不断的动能供给。总体来说，长江三角洲地区有以下六点发展优势：

第一，长三角区域对我国经济拉动作用巨大。根据上海、江苏、浙江、安徽

各地的统计年鉴数据资料计算，截至2018年底，沪苏浙皖三省一市GDP总量合计211479.27亿元，占全国GDP总量的23.49%，而2018年底三省一市常住人口约为2.2亿人，占全国总人口的约16.9%。从人均GDP来看，上海市人均GDP在三省一市中最高，江苏省与浙江省水平较为一致，都高于全国平均水平，安徽省经济发展相对来说比较落后，需加快经济发展步伐。

第二，长三角城市群人口总量十分庞大，并且人口受教育程度高于全国平均水平。根据上海、江苏、浙江、安徽各地的统计年鉴数据资料计算，三省一市中除安徽省之外，其余三地常住人口均超过户籍人口，其中上海市二者差距最大，常住人口比户籍人口高出约963万人，说明上海市人口流动性相对较大，外来人口为上海市经济发展提供了强有力的支撑。此外，除安徽省之外，其余三地高等教育人数比例均高于全国平均水平13.3%，说明长三角区域人口受教育程度高，人力资本较为丰裕，丰富优质的地域资源吸引了很多人才。

第三，长三角地区具有密集的高速公路网与铁路网、发达的轨道交通以及现代化港口群和机场群。这得益于长三角地区得天独厚的地理优势，长三角地区坐拥长江黄金水道，地势低平，为交通基础设施建设提供了优良的条件。根据上海、江苏、浙江、安徽各地的统计年鉴数据资料计算，长三角地区港口群在世界名列前茅，2018年公布的前三季度全球港口排名中，宁波舟山港、上海港、苏州港的货物吞吐量分别位列第一、二、六名。2016年长三角地区公路、民航、铁路客运量占全国比例分别为：17.53%、19.21%、20.09%，铁路网包含18条高铁，是我国高铁网络最密集区域。由此可见，在交通基础设施建设方面，长三角地区是我国重要的交通枢纽。

第四，长三角区域第三产业水平较高，产业集群优势明显。根据各地区统计年鉴数据计算可知，上海、江苏、浙江三地第三产业占比均超过50%，安徽省第三产业发展相对落后。长三角地区是我国重要的先进制造业基地，在全国产业发展格局中占据举足轻重的地位，例如，长三角零部件企业数量和产量占全国比例均超过40%，新能源汽车占全国比例将近30%；集成电路产业规模占全国比例达到45%。此外，沪苏浙三地造船产量占全国2/3，软件信息服务占全国1/3。长三角地区的互联网、人工智能等新兴领域发展也走在全国前列。

第五，长三角地区科技创新潜力大。其中，独角兽企业分布集中，共有70多家，全国占比超过40%。2017年长三角地区高新技术企业数共有34457家，全国占比超过26%，其中江苏省高新技术企业在三省一市中最多，共有13661家。除此之外，长三角地区的科教资源丰富，拥有上海张江、安徽合肥2个综合性国家科学中心，全国约1/4的"双一流"高校、国家重点实验室、国家工程研究中心。区域创新能力强，年研发经费支出和有效发明专利数均占全国 1/3 左右，上海、南京、杭州、合肥研发强度均超过 3%。科创产业紧密融合，大数据、云计算、物联网、人工智能等新技术与传统产业渗透融合，集成电路和软件信息服务产业规模分别约占全国 1/2 和 1/3，在电子信息、生物医药、高端装备、新能源、新材料等领域形成了一批国际竞争力较强的创新共同体和产业集群。高端科技人才汇集，这是驱动长三角地区科技创新发展的关键因素。最后随着科创板的设立，资本市场的改革创新，长三角地区经济转型将会迎来新的机遇。

第六，长三角地区对外开放程度属国内较高水平。平均来看，长三角地区进出口金额占全国比例达到 34%，这不仅得益于长三角的地理优势，也与上海自贸区、浙江自贸区、江苏自贸区的建立有关。与此同时，长三角地区曾承办过一些大型重要国际会议，进一步提升了长三角地区的国际影响力，为其对外开放带来新的机遇。随着"一带一路"的深化，长三角地区必将进一步加大对外开放力度。

（二）长三角地区的发展目标：建立一体化机制

到 2025 年，长三角地区一体化发展取得实质性进展。跨界区域、城市乡村等区域板块一体化发展达到较高水平，在科创产业、基础设施、生态环境、公共服务等领域基本实现一体化发展，全面建立一体化发展的机制。

第一，城乡区域协调发展格局基本形成。上海服务功能进一步提升，苏浙皖比较优势充分发挥。城市群同城化水平进一步提高，各城市群之间高效联动。省际毗邻地区和跨界区域一体化发展探索形成经验制度。城乡融合、乡村振兴取得显著成效。到 2025 年，中心区城乡居民收入差距控制在 2.2∶1 以内，中心区人均 GDP 与全域人均 GDP 差距缩小到 1.2∶1，常住人口城镇化率达到 70%。

第二，科创产业融合发展体系基本建立。区域协同创新体系基本形成，成为全国重要创新策源地。优势产业领域竞争力进一步增强，形成若干世界级产业集群。创新链与产业链深度融合，产业迈向中高端。到 2025 年，研发投入强度达到 3% 以上，科技进步贡献率达到 65%，高技术产业产值占规模以上工业总产值比例达到 18%。

第三，基础设施互联互通基本实现。轨道上的长三角基本建成，省际公路通达能力进一步提升，世界级机场群体系基本形成，港口群联动协作成效显著。能源安全供应和互济互保能力明显提高，新一代信息设施率先布局成网，安全可控的水网工程体系基本建成，重要江河骨干堤防全面达标。到 2025 年，铁路网密度达到 507 千米/万平方千米，高速公路密度达到 5 千米/百平方千米，5G 网络覆盖率达到 80%。

第四，生态环境共保联治能力显著提升。跨区域跨流域生态网络基本形成，优质生态产品供给能力不断提升。环境污染联防联治机制有效运行，区域突出环境问题得到有效治理。生态环境协同监管体系基本建立，区域生态补偿机制更加完善，生态环境质量总体改善。到 2025 年，细颗粒物（PM2.5）平均浓度总体达标，地级及以上城市空气质量优良天数比率达到 80% 以上，跨界河流断面水质达标率达到 80%，单位 GDP 能耗较 2017 年下降 10%。

第五，公共服务便利共享水平明显提高。公共服务标准体系基本建立，率先实现基本公共服务均等化。全面提升非基本公共服务供给能力和供给质量，人民群众美好生活需要基本满足。到 2025 年，人均公共财政支出达到 2.1 万元，劳动年龄人口平均受教育年限达到 11.5 年，人均期望寿命达到 79 岁。

第六，一体化体制机制更加有效。资源要素有序自由流动，统一开放的市场体系基本建立。行政壁垒逐步消除，一体化制度体系更加健全。与国际接轨的通行规则基本建立，协同开放达到更高水平。制度性交易成本明显降低，营商环境显著改善。到 2035 年，长三角地区一体化发展达到较高水平。现代化经济体系基本建成，城乡区域差距明显缩小，公共服务水平趋于均衡，基础设施互联互通全面实现，人民基本生活保障水平大体相当，一体化发展体制机制更加完善，整体达到全国领先水平，成为最具影响力和带动力的强劲活跃增长极。

（三）长三角地区一体化的发展定位："五位一体"的战略新格局

对于长三角地区一体化的战略定位，主要就是通过发挥上海龙头带动作用，苏浙皖各扬所长，加强跨区域协调互动，提升长三角地区的一体化水平。争取打造"全国发展强劲活跃增长极，全国高质量发展样板区，率先基本实现现代化引领区，区域一体化发展示范区，新时代改革开放新高地"的"五位一体"战略新格局：

第一，全国发展强劲活跃增长极。加强创新策源能力建设，构建现代化经济体系，提高资源集约节约利用水平和整体经济效率，提升参与全球资源配置和市场竞争的能力，增强对全国经济发展的影响力和带动力，持续提高对全国经济增长的贡献率。

第二，全国高质量发展样板区。坚定不移贯彻新发展理念，提升科技创新和产业融合发展能力，提高城乡区域协调发展水平，打造和谐共生绿色发展样板，形成协同开放发展新格局，开创普惠便利共享发展新局面，率先实现质量变革、效率变革、动力变革，在全国发展版图上不断增添高质量发展板块。

第三，率先基本实现现代化引领区。着眼基本实现现代化，进一步增强经济实力、科技实力，在创新型国家建设中发挥重要作用，大力推动法治社会、法治政府建设，加强和创新社会治理，培育和践行社会主义核心价值观，弘扬中华优秀传统文化，显著提升人民群众生活水平，走在全国现代化建设前列。

第四，区域一体化发展示范区。深化跨区域合作，形成一体化发展市场体系，率先实现基础设施互联互通、科创产业深度融合、生态环境共保联治、公共服务普惠共享，推动区域一体化发展从项目协同走向区域一体化制度创新，为全国其他区域一体化发展提供示范。

第五，新时代改革开放新高地。坚决破除条条框框、思维定势束缚，推进更高起点的深化改革和更高层次的对外开放，加快各类改革试点举措集中落实、率先突破和系统集成，以更大力度推进全方位开放，打造新时代改革开放新高地。

二、长三角、粤港澳与京津冀三大区域的比较

长三角、粤港澳以及京津冀三大区域相比，长三角地区面积辽阔，人口众多，已为我国经济总量贡献最大的区域。同时长三角地区科教创新资源与京津冀差距较小，优势远高于粤港澳，未来长三角地区有望通过充分利用其优秀人才，为经济发展注入提供持续动能。此外，尽管长三角地区的全球知名企业数量不如粤港澳大湾区与京津冀地区，但独角兽企业相对来说分布较为集中，为当地经济带来一丝勃勃生机。第三产业发展和对外开放程度虽属国内较高水平，但由于地理位置的欠缺，粤港澳对于目前的长三角来说优势明显。比较来看，长三角地区与粤港澳大湾区、京津冀地区在以下几点存在着明显的差别。

第一，长三角地区面积广阔、人口众多，但经济实力仍待加强。从区域面积来看，长三角地区与京津冀地区不相上下，远大于粤港澳大湾区；从人口总量来看，长三角地区的人口总量几乎是京津冀地区与粤港澳大湾区的总和；从经济总量来看，长三角地区的经济总量是三者中最高的，其人均 GDP 为 8.87 万元/人，高于全国平均水平 5.9 万元/人，但对比粤港澳大湾区 14.81 万元/人的水平来说还差距较大。

第二，长三角地区的科教资源次于京津冀地区，却高于粤港澳大湾区。长三角地区国家重点实验室有 62 个，然而京津冀地区有 86 个，粤港澳大湾区仅有 11 个；在双一流高校数量方面，长三角地区与京津冀地区之间的差距不大，而粤港澳大湾区相对落后，科教支撑动力明显不足。由此可见，长三角地区培养人才的基

础较好,特别是与粤港澳大湾区相比,长三角地区人才基数大,具备较大的发展潜力。在未来长三角地区需充分利用好"人才产能",为未来经济发展提供驱动力。

第三,尽管目前长三角地区拥有全球知名企业数量不如京津冀地区与粤港澳大湾区,但创新潜力并不弱于其他两地。根据汤森路透发布的"2018年全球创新力企业(机构)百强",长三角地区上榜的企业数为0;而位于京津冀地区的小米、百度、京东上榜;粤港澳大湾区拥有华为、腾讯、比亚迪等全球知名企业,而长三角地区的全球知名企业不多,类似于阿里巴巴这样让人耳熟能详的企业较少。独角兽企业分布较为集中,长三角地区独角兽企业有70家,粤港澳大湾区仅有24家,京津冀地区分布最为密集,有81家。长三角地区入选世界500强的企业数量与京津冀地区有一定差距。

第四,长三角地区第三产业发展与其他两地相比仍有不足。北京作为京津冀地区的核心城市2017年第三产业占比达到80.56%,粤港澳大湾区内香港、广州第三产业占比分别达到88.81%、70.90%,而长三角地区第三产业相对来说较为逊色,上海作为核心城市第三产业占比为79.18%,合肥第三产业占比更是不到50%。未来长三角地区第三产业的发展,首先需要上海提高高附加值产业占比,进而通过"辐射效应"带动周边城市的发展。

第五,长三角地区的制造业多集中于产品加工等价值链低端环节,利润率较低,彼此间还很容易形成恶性竞争。而粤港澳大湾区制造业已逐渐形成先进制造业和现代服务业双轮驱动的产业体系,开始逐渐脱离"低端加工"的初级阶段。按照知识密集程度,将制造业分为:低技术、中低技术、中高技术和高技术四个类别,安徽省高技术制造业产值比例仅为7.38%,而江苏、广东两省高技术制造业所占份额分别为17.93%,29.52%。未来长三角地区需加快制造业转型升级,例如基建大省江苏应提高高端制造占比,而以民营经济为主的江浙区域应降低低附加值的小商品加工贸易业务占比,避免落入"低端锁定"风险。

第六,长三角地区对外开放程度仍需加强。依据《粤港澳大湾区对外开放与融合发展指数报告》,粤港澳大湾区对外开放指数得分最高,2015年为7.02分,长三角地区和京津冀地区分别为4.75分、1.56分。粤港澳大湾区改革开放的时间早于长三角地区和京津冀地区,并拥有香港和澳门两个国际自由港、深圳和珠海两个经济特区,使粤港澳大湾区成为中国对外开放的"领头羊"。长三角地区和京津冀地区需加大对外开放力度,推动高质量的对外开放。

三、长三角地区实现一体化的路径选择

长三角地区如何实现一体化?我们认为长三角地区实现一体化的路径选择主

要在于：首先，需要逐渐形成差异化的产业分工，各城市之间互相取长补短；其次，应充分发挥上海作为中心城市的辐射作用，加快推动五大都市群同城化发展；再次，长三角地区应加快打通省际断头路，使各省之间的通勤高效流畅，实现交通一体化。最后，科技创新是第一生产力，积极建设科创板，鼓励创新型企业融资上市，为长三角地区的经济发展注入新的活力。

（一）明晰定位，内部产业加速实现差异化分工

长三角地区产业丰富，但产业结构具有较高的相似性，没有形成差异化的产业分工。产业结构灰色关联系数是反映两个地区产业结构相似程度的指标，根据我们测算的该指标结果显示，除居民服务和其他服务业之外，长三角地区的其余产业灰色关联系数均在 0.9 以上。我们认为长三角地区应加强产业协同，发展产业集群，充分利用长三角地区资源，促进产业差异化发展。上海作为核心城市，应起到引领作用，充分强化其金融、创新功能；江苏作为制造大省，应加速制造业转型升级；浙江应着力打造数字经济、互联网经济，发挥杭州湾区域对长三角地区一体化的促进作用；安徽则应加快发展步伐，缩小与苏浙的差距，充分利用科教资源，着力打造人才与创新高地，完善承接长三角地区产业转移的制造基地空间布局。

（二）发挥中心城市辐射作用，建设现代化都市圈

加快推进都市圈一体化进程。以上海为中心，构建一核五圈的网络化空间格局，发挥上海作为核心城市的引领带头作用，推动南京都市圈、杭州都市圈、合肥都市圈、苏锡常都市圈、宁波都市圈的同城化发展。长三角地区包括上海、江苏、浙江、安徽三省一市，面积超过了 35 万平方千米，建设长三角区域需要突出重点，以中心城市带动周边城市发展，从而通过"中心—外围""卫星城"等模式形成世界级城市群。因此，需要着重建设重点区域，都市圈作为城市群的核心，推动都市圈的发展，有利于资源的合理配置，促进产业协同发展。最后，国家应抓紧出台关于长三角地区一体化发展的顶层设计文件，全面系统地从多方面指导长三角地区未来的发展。

（三）区域融合，交通一体化有待加强

长三角区域应加快打通断头路，使得各省之间通勤高效流畅，着力打造区域交通一体化。与纽约、东京城市群对比，长三角地区交通一体化程度不足，交通运输面临多个问题，例如：省际部分道路尚未打通；上海浦东、上海虹桥、南京

禄口、杭州萧山、合肥新桥等多个机场承载能力趋近于饱和；城市轨道交通线路密度不足等。我们认为长三角区域应加大交通基础设施投入力度，完善城际综合交通网络，优化沿海港口群分工，减少机场群之间的差异化竞争，促进协同发展，形成一个高效、便捷、密集、庞大的交通运输网络。

（四）科技创新是第一生产力，期待科创板改革成效

加大科技创新投入力度，使科技创新成为推动经济增长的力量。G60科创走廊沿线是中国经济最具活力、城镇化水平最高的区域之一，包括上海、嘉兴、杭州、金华、苏州、湖州、宣城、芜湖、合肥9个城市，覆盖面积约7.62万平方千米，加强G60科创走廊的建设，打造G60科技走廊3.0版本，将会使长三角地区由中国制造转向中国创造。上海作为"国际科技创新中心"，应充分利用科技教育资源，加大研发力度，同时应充分发挥科创板的作用，鼓励有核心技术优势的企业融资上市。合肥作为长三角高端科技人才聚集地，应充分发挥其科创优势，做到产、学、研互相融合。

科创板将补齐科技成长企业的融资短板。2018年11月5日，国家主席习近平在进博会上提出"将在上海证券交易所设立科创板并试点注册制，支持上海国际金融中心和科技创新中心建设，不断完善资本市场基础制度"。科创板的设立将会补齐资本市场服务科技创新企业的短板；注册制在科创板试点是资本市场改革路径上的创新；科创板在盈利状况、协议控制、投票权架构等方面采用差异化的安排，将增强发行制度的包容性和科技企业的适应性。总体来看，科创板对于长三角地区一体化的辐射带动作用已经在发挥，A股市场在市场化、法制化、国际化道路上的改革步伐正在提速。

第三节 上海自贸区新片区与长三角地区一体化的协同发展

上海自由贸易试验区临港新片区，是对标国际最高标准和最高水平，打造具有国际影响力和竞争力的自由贸易园区。在长三角地区一体化上升为国家重大战略背景下，上海自贸区新片区的诞生不仅是上海发展的机遇，更是长三角地区一体化发展的机遇。根据《整体方案》要求，上海自贸区新片区要主动服务和融入长三角地区一体化建设，在长三角地区新一轮对外开放进程中，加强与长三角地区协同创新发展，放大辐射带动效应，使长三角地区成为我国经济最具活力、开放程度最高、创新能力最强的区域。

对外开放是促进区域发展的必要路径，制度创新是推动区域合作的内生动力。自贸区新片区作为我国新时代深化改革开放的试验田，在制度型开放进程中发挥着龙头和示范作用，是推动区域一体化发展的重要载体。鉴于与国内城市群布局具有高度一致性，自贸区新片区正被视为城市群发展的"泉眼"、区域发展的新窗口。当前，长三角地区已有5个自贸区，依靠制度创新，自贸区新片区主动突破限制区域协同发展的瓶颈，致力于构筑一体化开放格局，为本地区对外开放迎来又一次重大发展机遇。随着长三角区域一体化发展上升为国家战略，其目标不仅仅要建设引领中国经济高质量发展的增长极，更是通过全面开放，深度参与国际分工与全球竞争，打造服务全国、辐射全球的世界级开放城市群。如何发挥区域开放合作优势，突出自贸区在产业引领、要素集聚和制度创新等方面的引擎效应？推动区域一体化合作与自贸区新片区协同发展，对于构建长三角地区对外开放的点线面战略布局，打造具有国际竞争力的世界级城市群，具有重要理论和实践意义。

一、上海自贸区新片区与长三角地区一体化协同发展的基本原则

上海自贸区新片区发展要避免极化效应，应更大程度发挥辐射效应，推动长三角地区一体化协调发展。

（一）打造制度高地，营商环境一流

自贸区新片区建设核心是制度创新。传统的土地、税收等政策优惠可短期内吸引资本流入，但长期而言，不利于各类要素高效流动和优化配置。长三角地区一体化作为一种"制度型开放"的全新阶段，推动商品和要素流动型开放向规则等制度型开放转变，必然走上从政策优惠转向体制规范的轨道。因此，在长三角地区一体化大背景下，自贸区新片区建设不能搞成特殊化、特例化的税收竞争，不能靠让渡财政利益来吸引区外投资，而应对标高水平贸易投资规则，通过构建与高标准全球经贸规则相衔接的国内规则和制度体系，开展地区营商环境优化的锦标赛，降低区域制度性交易成本。这既是进一步以开放促改革的需要，也是全面深入融入全球化、参与国际竞争的需要。

（二）扩大辐射效应，协调区域发展

上海自贸区新片区建设需要强有力的腹地支持。世界银行在总结深圳经济特区的成功经验时认为，很大程度上得益于珠三角地区的快速工业化和产业链的前

后向联系。受地域的限制，自贸区新片区依靠"一线放开，二线有效管住"的监管方式，只能承载价值链的特定环节。要想充分发挥自贸区功能延伸和对长三角地区一体化的带动作用，必须强化功能关联，有效衔接起内部价值链和区外价值链。复制推广自贸区的成熟经验，也有助于增强辐射带动作用，有利于区域协调发展。特别是自贸区在投资贸易便利化和金融创新方面的经验，应最快复制推广，进一步向外形成多点辐射，打造自贸区与其他开放载体有层次的梯度开放，最大程度释放自贸区的制度红利。

（三）实施错位发展，扩大整体效应

上海自贸区新片区的不断扩容，其目的是通过在更大范围和更多领域实行差别化探索，开展互补和对比试验，激发高质量发展的内生动力，打造全面开放新格局。各自贸区正力求在产业导向、辐射区域、功能载体以及要素培育方面找准各自的优势与定位，发挥长板优势，避免同质化过度竞争。在这一过程中，既要注重在可复制可推广制度上先行先试，更要注重在不可复制不可推广制度上进行差别化试点，实施有突破性的、颠覆性的创新举措。上海自贸区临港新片区致力于打造更具国际市场影响力和竞争力的特殊经济功能区，其制度创新将由"投资贸易便利化"向"投资贸易自由化"进行大跨度历史性升级。浙江自贸区依托独特区位优势和产业特色，是全国唯一以油气全产业链建设为特色的自贸试验区，并将目标"升级"瞄准为自由贸易港。江苏自贸区以"着力打造开放型经济发展先行区、实体经济创新发展和产业转型升级示范区"为战略定位，更多为实体经济开放转型服务，争取打造国际一流的高科技园区。可见，自贸区发展既要特色，也要综合，更要提高政策之间的系统集成和政策合力，突出长三角区域综合优势。

（四）强化顶层设计，融入国家战略

上海自贸区新片区建设要充分融入"一带一路"、长江经济带、长三角地区一体化发展等国家战略。例如，在服务"一带一路"建设时，为保证中欧班列在长三角区域高质量运行，要从原来的"单打独斗"转向"集团作战"，避免重复和同质化竞争，坚持市场化运行，优化线路布局。又如，服务于长三角港口群联动发展，探索实施"组合港"战略，积极商讨覆盖上海、苏州、南通、连云港、宁波、舟山等周边良港的国际航运中心建设规划，以自贸港为目标，围绕全球一流的航空航运能力，以离岸贸易、服务贸易、数字贸易和跨境电商等为重点，打造全面开放的新高地。

二、上海自贸区新片区与长三角地区一体化协同发展的基本模式

第一，战略协同。以自贸区新片区为连接点，实现域内各地资源禀赋与产业基础所形成的优势与特色之间的互补。对重大改革任务集中攻坚、联合发力，强化叠加放大自贸区效应，形成一批跨区域、跨部门、跨层级的制度改革新成果。在长三角地区一体化发展大背景下，上海要当好长三角自贸区的"排头兵""领头羊"，通过利益引导机制创建利益契合，满足江浙自贸区在合作过程中不同利益的诉求；浙江、江苏自贸区应主动对标，突出高标准规则引领，形成统一的长三角区域营商环境。

第二，产业协同。自贸区新片区是服务业开放的重要载体，对于利用生产性服务业外资具有重要作用。苏浙沪三地自贸区须以国内需求为导向，在区域价值链分工中重新定位，上海自贸区在研发、金融等价值链核心环节进行积极探索，江苏自贸区重在与制造业密切相关的运营和服务环节培育新优势，浙江则依托互联网优势扩大物流和渠道影响，各自贸区将价值链的生产环节布局在要素成本较为低廉的区外，实施区内和区外联动发展，以上海自贸区为价值链中心，在长三角地区构建更加开放、更有深度和更加可控的国内区域价值链。

第三，监管协同。传统的监管方式已难以适应自贸区新片区的要求，需要完善事中事后监管新模式，建立事中事后监管体系框架，建立长三角地区信任和合作机制。在风险可控的情况下将新功能片区拓展到长三角其他自贸区，上海牵头推进长三角地区智慧监管一体化模式，配套建立事后终身追责制，坚持以风险防控为底线，全面提升新兴产业风险防范水平。强化各自贸区"一二线"监管联动，增强监管合力，同时通过构建与事中事后监管体系相对应的联动机制，确保事中事后监管到位。

第四，政策协同。自贸区新片区的重要目标是对标国际高水平贸易投资规则，增强产业政策的适应性。目前，国际环境的快速变化，促使各级政府在制定战略性新兴产业扶持政策时要顺应国际形势的发展，制定出更加国际化的产业政策。长三角各自贸区应遵循 WTO 的规则，有针对性地制定战略性新兴产业扶持政策，规避政策与国际规则相冲突，多用普惠性的税收政策，避免税收竞争和补贴竞争。在已有的合作机制基础上，积极探索体制机制创新，建立各自贸区共同参与的更高层级、协作一体的决策和协调机制，及时解决各地区协同发展中存在的问题与矛盾，推动深度融合发展。

第五，环境协同。环境协同是区域一体化协同发展的保障，同样也是保证自

贸区新片区与长三角地区一体化协同发展的土壤，主要包括软环境和硬环境建设。软环境建设要求以先进自贸区金融创新、贸易便利化、信息技术手段以及政策法规为基础，制定自贸区新片区、长三角地区共同遵守和执行的标准，整合资源，构建有利于协同化的机制。硬环境建设要求构建合理的投资机制，以尽快实现交通网络一体化建设，推进基础交通网络的互联互通，打造公共交通服务平台，为自贸区新片区与长三角地区一体化的协同发展提供良好的环境。

三、上海自贸区新片区与长三角地区一体化协同发展的基本对策

（一）自贸区新片区与长三角地区一体化协同发展，实现高端要素的跨区流动

自贸区的重要特征是要素在区内自由流动，上海自贸区新片区与长三角地区一体化协同发展的一个重要方向是构建区域间人才、技术和信息自由便利交流的机制，以基础设施硬联通和体制机制软联通，有效支撑各自贸区的人流、物流和信息流，增强经济互动。其中，推动高端创新要素流通尤为重要。例如，探索人才共认共用共育实现路径，共同促进长三角地区各自贸区高级人才的有效流动和优化配置；建立自贸区科技产业联盟，促进科技资源开放共享；整合现有大型科学仪器设备资源和分析测试信息，运用信息网络和通信技术在共用信息网上发布与共享。此外，在自由贸易账户、跨境投融资汇兑便利、人民币跨境使用、利率市场化、外汇管理改革等领域，也存在实现政策协同与资源共享的一体化改革空间。

（二）区内与区外联动，放大制度创新溢出效应

随着上海自贸区新片区的建设推进，未来更加依赖江浙提供更加广阔的区外腹地空间。目前，长三角地区有开发区456个，其中国家级开发区140个，省级开发区316个，国家级开发区占全国27.45%，省级开发区占全国15.87%。各开发区要主动对接、共享机遇、合作支持自贸区建设，在最短时间内争取开展自贸区相关改革试点，增强自贸区的辐射带动。自贸区也要在所在区域内积极开展合作，充分发挥自身溢出效应、创新产业转移共享机制，围绕保税加工、保税维修、现代物流等功能，实现自贸区与区外产业园的产业上下游合作，保税与非保税产业深度融合，生活与生产互动促进。同时探索设立自贸区特别合作区，挑选若干国家级开发区、高新区与自贸区合作，建设为区域合作发展示范区、自主创

新拓展区、产业功能提升的承载区。

（三）"双自"功能联动，形成高度集成的科技创新策源地

自贸区新片区和自主创新示范区"双自联动"发展，促进优惠政策深度叠加、创新功能有机融合，提高吸纳和配置全球创新资源的能力。一方面，自贸区的改革创新经验可在自主创新示范区里复制推广，并用自贸区资源优势支持自主创新示范区建设。另一方面，自主创新示范区孵化的科技成果可为自贸区提供发展机遇，弥补自贸区在科技创新上的短板。长三角地区现有6个国家自主创新示范区，占全国自主创新示范区总数的1/3以上。强化6个国家自主创新示范区与自贸区之间的联系和互动，探索实施新一代产业政策和发展政策，增强长三角地区的创新协同，有助于建设一个聚集全球要素的自主创新示范区集群，培育出世界级科创中心。

（四）联动推进长三角地区一体化示范区

长三角地区一体化示范区在跨区域，特别是跨省域的制度创新方面责任重大，要率先形成一批制度创新成果和先行先试经验。自贸区新片区探索的是高水平的贸易投资规则，而国际上越来越多谈判议题向边界后规则转移，越发关乎世贸组织成员方经济制度建设。目前各自贸区普遍面临的问题是由于行政管理的分割，阻碍自贸区制度创新红利的扩散。长三角地区一体化示范区重点是通过制度一体化破解由行政层级体制形成的区域发展壁垒，在区域市场准入规则、监管规则、行业标准、资质认证等多方面制定统一规则，将各自贸区形成的创新成果优先试点推广，打造成为长三角地区一体化开放的样板间。

第四节 上海自贸区新片区与长三角地区一体化协同发展的总体思路

一、上海自贸区新片区与长三角地区一体化协同发展的战略思路

20世纪90年代，上海浦东开发开放辐射带动起长三角地区乃至整个长江流域的改革热潮，地理位置毗邻的江浙皖等地大胆地吸收浦东新区改革开放和经济建设的成功经验，通过与浦东开发开放对标接轨，参与国际分工和全球价值链，

成为国内承接国际产业转移最为重要的地区。21世纪的今天，上海基于全球开放和国家战略的视角，提出要在临港再造一个浦东，使上海成为引领经济全球化健康发展的中心。江浙皖作为长三角地区的开放型经济大省，理应紧抓这一历史性新机遇，主动对接上海自贸区新片区建设，借助上海自贸区新片区这一制度创新的平台，集聚、整合和吸引全球高端生产要素和创新资源，在高质量对外开放和区域协调发展中实现实体经济转型升级和全球价值链的升级，与上海一同打造世界级的先进制造业集群和国际开放新门户。因此，上海自贸区新片区与长三角地区一体化的协同发展，需要做好以下"五个衔接互动"的工作：

一是战略理念的衔接互动。在开放战略方面，长三角地区开放型经济与上海自贸新片区建设的理念是相容相通的。长三角地区新一轮一体化进程要适应新形势，把握新特点，率先推动由商品、要素流动型开放转向规则等制度型开放，主动对标上海自贸区新片区高水平贸易投资规则，通过法制、税制和管制三大制度创新，大力提升贸易便利化水平，全面改善外资投资环境，完善对外投资事中事后监管体系建设，强化知识产权保护，打造开放层次更高、营商环境更优、辐射作用更强的开放新高地。

二是交通设施的衔接互动。注重从空间规划、交通联络、港口发展等方面加强同上海的沟通与协调。加快沪通铁路、上海嘉兴铁路专线建设，力争2020年通车，沪通铁路一期连接苏中、苏北和上海，二期连接上海临港新片区。沪通铁路建成有利于加强上海临港对江苏的辐射功能，使江苏沿海大开发进入快车道。临港地区南接全球最大的集装箱码头——洋山深水港，将太仓港、南通港、北仑港融入未来上海自贸港组合港建设方案，以多式联运为突破口，努力打造全球领先的国际综合枢纽港口群。

三是产业项目的衔接互动。党的十九大报告明确提出，促进我国产业迈向全球价值链中高端，培育若干世界级先进制造业集群。世界级先进产业集群不是一个封闭的产业组织，而是一个具有强大包容性的开放系统，其发展超越了传统的地理边界和行政边界。江苏、浙江和安徽2018年提出要重点培育13个先进制造业集群、打造电子商务基地、承接制造业产业转移基地，其中，集成电路、人工智能、生物医药、电子商务都是上海自贸区临港新片区聚焦的重点产业。作为全国制造业大省，江苏、浙江与安徽在制造业集聚、集群化发展、电子商务、物流运输、制造业生产组装具备一定基础，下一步依托上海自贸区特殊经济功能区的政策优势，强化产业协作和内引外联，共同打造以人工智能、集成电路、大数据为代表的世界级数字经济产业集群。

四是资本金融的衔接互动。自贸区有投资、融资、贸易自由化等优先政策，有更多资金入境和出境的政策优势。《总体方案》明确，支持境内外投资者在新片区设立联合创新专项资金，允许相关资金在长三角地区自由使用；境内投资者在境外发起的私募基金，参与新片区创新型科技企业的融资，凡符合条件的可在长三角地区投资等。长三角地区科创企业利用这一政策优势，引进海外风险资本，实现金融资本、产业资本和创新科技的有效对接，提升科技成果转化效率，长三角地区金融企业也可成立天使投资、风险投资、私募基金到德国、爱尔兰、以色列等国参与科技孵化器的投资，从海外引进风险投资的先进理念。

五是人才技术的衔接互动。设立自贸区的最大优势在于能够吸收国外高端生产要素，如资本、知识、技术、人力资本要素来推动国内产业和技术升级。《总体方案》中不仅要通过签证、停居留政策，实施更加便利的人才流动政策，更为重要的是，让境外人士参加我国相关职业资格考试，外国专业人才可以在特殊经济功能区自由就业，并且享受境外人才个人所得税税负差额补贴政策。江苏的高质量开放，离不开良好的引才引智政策。应进一步复制推广上海外籍人才工作经验，积极争取在长三角地区先行先试区域一体化的人才政策，在集成电路、人工智能、生物医药等重点领域，逐步推进高级专业技术人才和高技能人才的资格、职称互认，为区域高层次人才合理流动创造条件。

二、上海自贸区新片区与长三角地区一体化协同发展的政策举措

上海自贸区新片区规划建设和长三角地区一体化发展战略有着紧密的战略关联逻辑，以自贸区的小空间扩区带动长三角地区大空间联动，不仅有利于两大战略的各自落地和高效推进，而且在整体上也将实现"1+1>2"的事半功倍效果。

（一）长三角地区"五大发展理念"需要自贸区新片区的带动引领

自然资源、要素禀赋、经济基础区域差异大、发展不平衡是我国的基本国情，中国三大自然区和地势的三大阶梯，作为影响人类活动的主要力量，是没有办法改变的，"胡焕庸线"稳定性将长期存在也是不争的事实。从世界发展史看，人类经济社会的活动受海洋的吸引是长期趋势，全世界的经济总量、人口总量高度集聚在一部分海岸地带。面对这一重要且特殊的世界性难题，新时代的中国共产党人登高望远、审时度势，提出我国经济新常态下必须遵循的"五大发展理念"，把创新、协调、绿色、开放、共享放在我国经济社会发展全局的十分重要的位置，作为建设现代化经济体系的重要组成部分。长三角地区落实"五大发

理念"，具有天然的优势和较好的基础。上海自贸试验区制度创新的"可复制可推广"功能，直接辐射整个长三角区域，给长三角城市群带来开放的新动力，"溢出效应"日益显现。上海自贸区再扩区，意味着按下了协调发展、开放发展、共享发展的"快进键"，贸易自由化向纵深处拓展，有助于为中国深化改革开放提供发展新增量，为长三角地区落实"五大发展理念"提供重要战略支撑。

（二）长三角地区一体化的内在动力构建，需要发挥自贸区新片区的制度改革功能

长三角地区要实现高质量一体化发展，不仅需要政治和战略层面的理念整合，更需要内在持续的市场和社会层面的深度融合。政治和战略层面的整合，可能体现为"一厢情愿的让步"，或是"单纯的开放让利"；而市场和社会层面的融合，则是企业、产业以及居民在自驱动力下的客观融合、自我融合和内在融合。要实现这种深度整合，一方面需要通过改革创新，在政府职能转变中打造更好的营商环境；另一方面需要通过改革创新破除阻碍要素流动的人为的"制度藩篱"。

改革开放40多年，长三角地区"吃改革饭、走开放路、打创新牌"并取得巨大发展成就的同时，有些地区和部门从心理上或从机制上可能呈现出"改革疲劳"的倾向，改革开放的动力弱化，迫切需要借助"自贸试验区"这一刺激因素进行转型升级。自贸区从设立之初就强调不是政策优惠，更不会形成政策洼地，核心是制度创新的"高地"。在国内外形势复杂变化的背景下，通过创新在贸易、投资、金融等领域形成可复制、可推广的经验，为国内经济改革提供经验支撑。自贸区作为一种制度安排，核心是制度创新，通过制度创新提供相对稳定、透明、开放、公平的规则体系，为经济主体的贸易和投资活动提供便利条件，降低其参与经济活动的交易成本，从而优化资源配置，提升经济效率。随着自贸区建设向纵深推进，制度成本的负担越来越重，要通过适当的体制机制和规则设计，将自贸区各项举措落到实处，通过政府职能转变促进营商环境优化，有效降低企业运行成本。

长三角地区要实现高质量一体化，必须改变"一亩三分地"的思维定式，打破行政壁垒，共享发展红利。而要实现这一目标，最重要的路径在于切实发挥企业的市场主体作用，激发市场活力，推动产业集群，用企业的活力、市场的活力、社会的活力来体现高质量发展的真谛。上海作为中国改革开放的前沿和窗口，上海最需要展现出的，正是改革开放再出发的勇气和决心。上海要瞄准最高标准、最高水平，优化政务服务，打造国际一流营商环境，需要持续深入推进

"放管服"改革，自贸区扩区可以提供广阔的试验平台。在全力实施"三大任务、一大平台"国家战略的当口，推进全面改革开放向纵深发展，发挥好开路先锋、示范引领、突破攻坚的作用，跨越"改革开放疲劳"，实现高质量发展，进而协同长三角地区实现高质量发展，无疑是上海应有的担当。

（三）长三角地区要打造世界级城市群，需要发挥自贸区新片区的对内对外开放功能

长三角地区目前已经跻身于世界大城市群之列，如何进一步从国家战略角度推动长三角地区一体化发展，在更高能级、更广范围、更宽领域内集聚和辐射能量，进而代表国家参与全球竞争，还需要在对内对外开放功能上进一步强化和升级。

上海自贸区提出建设开放和创新融为一体的综合改革试验区、开放型经济体系的风险压力测试区、提升政府治理能力的先行区、服务国家"一带一路"建设和推动市场主体走出去的桥头堡的"三区一堡"目标，恰恰是为长三角提供了一个更高能级的对内对外开放平台和窗口。而此次增设新片区，则可以进一步重点打造战略产业核心区、离岸金融先行区、全球科技创新协同区、跨国公司的大洲总部基地等，更好为长三角、长江经济带，乃至全国各类市场主体"引进来和走出去"搭建缓冲试错的平台，提供创新探索的引擎。

此外，上海自贸区在金融、医疗教育服务、专业服务领域的开放政策，也是长三角地区一体化提升发展能级中急需的功能，围绕这些高端服务业开放政策，长三角地区可以继续提升区域的整体服务能级和竞争力，通过连接周边、链接全球，向下兼容、向上迭代、硬实力支撑、软实力引领，共同打造面向全球的贸易、投融资、生产和服务网络。

（四）长三角地区要实现高质量发展，需要发挥自贸区新片区的产业创新功能

发展是硬道理，长三角地区要实现高质量发展，还需要在科技创新和产业升级上不断用力。两大战略的联动则是鼓励产业整合和创新，搭建竞争力提升平台，推动产业服务化、科技化、国际化和特色化的发展。

自由贸易试验区的核心理念是创造更加自由化、国际化和法治化的贸易投资环境。在此基础上，加快产业技术创新，增强产业实力。提升产业竞争力、推动产业升级是关键。国际分工使参与主体将有限资源配置到效率最高、收益最大的行业中去，在全球范围内进行产业整合。跨国公司按照供应链配置生产资源，选

择成本最低的地方进行制造和组装。一条产业链往往分布在不同的国家和地区，其动态变化和复杂程度迫切要求厘清在国际分工中的优势产业地位，对自己的产业资源进行整合和战略配置。目前，长三角地区部分机械设备行业、化学品等产业竞争力弱化甚至部分丧失，出口竞争力下降。原有的加工贸易类产业缺少品牌，专利技术主要依靠欧美等国家，企业创新意愿不强、能力不足，出口过度集中。随着我国劳动力成本的不断提高，低成本优势逐渐丧失，一些国家承接了原来在长三角地区的出口加工产能。长三角地区原有低层次的竞争力逐渐丧失，新的竞争优势仍在培育之中，亟待形成真正有国际影响力的产业。自贸区扩区为长三角地区乃至全国经济社会发展、改革提速升级提供了一次绝佳的机会，如何把机会变成实实在在的效益是需要思考的一个战略问题。通过自贸区建立以规则为导向的制度体系，推动企业经营、产业发展、技术升级互为促进联动发展的机制，推动经济转型与竞争力提升。高度融合的两大战略与其他经贸战略互动配合激发的经济活力，需要体现在实处，落实到产业、企业层面，提升产业竞争力，创造出优势产业，培育与壮大具有跨国运营能力的企业。从产业联动，到环境治理、信用体系建设等方面联动一体，从经济一体化提升到全面发展一体化，逐步实现内在的、机理性的高度融合，提高整个区域的经济活力和发展效率。顺应当今世界经济深度转型调整的趋势并加以利用，通过政策引导、信息提示、策略指导等提升长三角企业跨国运营能力和国际竞争力。

（五）推动两大战略联动的政策路径是以"物理扩区"促进"功能扩区"

两大战略所涵盖的空间范围完全不同，且性质各异，自贸区新片区是一个具有明确地理空间边界的区域，其政策试验、制度创新、改革实施都需要囿于这一物理区域内进行，且其空间性质以产业区为主；而长三角地区面积广阔，空间结构复杂，两大战略虽然在逻辑上具有深度关联性，然而在空间上如何匹配则是实现双战略驱动的关键。对于广阔的长三角地区而言，要更好发挥自贸区新片区的新引擎和新机遇，需要重点研究"物理扩区"与"功能扩区"的操作路径。

一是推动理念经验的"功能扩区"，将长三角地区作为上海自贸区可复制可推广经验的第一辐射地。作为我国最早设立的自贸区，上海自贸区各项改革从一开始就承担着为全国各地提供可复制、可推广、可辐射经验的国家任务，借"先行先试"的春风进行了很多积极的探索。伴随着2015年、2016年、2018年自贸区三次"扩容"，从一枝独秀，到"1+3+7+1"的新格局、12个自贸试验区组成的改革方阵，覆盖我国从南到北、从沿海到内陆的广大区域，上海自贸区的经验也在其他自贸区得以复制和推广。处在江海交汇口的上海理应在"一带一路"倡议的落实上积极发挥引领作用，与其他 11 个自贸区共同探索功能制度创新，并将成功经验服务于国家区域发展战略。长三角地区可通过强化对自贸区建设理念的认同，树立"法无禁止即可为、法无授权不可为、法定职责必须为"的市场化、开放化、创新化思维，在这些理念共识中推动长三角地区一体化进程。此外，对于证照分离等监管创新、FT 账户等金融创新，在形成可复制可推广的标准化经验后，第一时间在长三角区域进行推广。同时，上海自贸区增设新片区还可以和长三角地区一体化发展示范区建设结合起来，直接打造跨界治理的双战略联动承载区。

二是推动制度政策的"功能扩区"，推动上海自贸区功能向长三角地区延展辐射。其一，通过"区内注册、区外经营"的方式推动功能扩区。上海自贸区《总体方案》中，明确提出要"加强对试验区内企业在区外经营活动全过程的跟踪、管理和监督"，"试验区内企业原则上不受地域限制，可到区外再投资或开展业务"，表明企业在自贸区注册，可以在自贸区外开展业务经营。而"区内注册、异地经营"在目前上海自贸区运行中也有诸多先例，例如在自贸区成立的上海国际能源交易中心就是区内注册、异地经营的典型案例，该公司注册于自贸区，实际办公则在陆家嘴。其二，以产业链延展的方式推动"功能扩区"。以市场机制为主导，根据产业链上下游企业之间的联系，一些环节放在区内做，一些环节放在区外做，或围绕产业集群打造，将区内的功能创新拓展至区外，形成区内区外联动。例如，对于生物医药创新产业链、再制造产业集群、网游产业集群等。其三，加强上海自贸区和浙江自贸区的功能联动。以近期上海市与浙江省签署的小洋山港区综合开发合作协议为基础，推进上海自贸区域浙江自贸区在港航产业、商品交易、金融创新、服务业开放等方面开展进一步的合作与联动。

第四章

放大进博会溢出效应与上海国际贸易中心建设联动研究

第一节 进博会与上海国际贸易中心建设

一、研究背景与现状

2018年11月,上海成功举办了首届中国国际进口博览会(以下简称"进博会"),这是中国是主动向世界开放市场、为各方进入中国市场搭建的新平台,是中国在支持自由开放贸易、推动经济全球化和投资贸易自由化、便利化的实际行动中实现互利共赢的重大举措。

2018年首届进博会吸引了172个国家(地区)、机构和国际组织,3600多家企业参展,40多万名境内外采购商到会洽谈采购,成交额达到578亿美元。2019年第二届进博会在展会面积、参展国家、参展企业及意向成交额等方面大幅增长,共有181个国家(地区)、机构和国际组织参会,3800多家企业参加企业展,超过50万名境内外专业采购商到会洽谈采购,累计意向成交额711.3亿美元,比第一届增长23%[①]。

第二届进博会虽已落幕,但展会的溢出效应还在不断放大。做延展、上电商平台,进博会的热度在多个渠道、多重领域持续,带动了国内的贸易、投资和消费市场,更是在空间区域上实现了向内通过长三角辐射全国,向外借助"一带一

---

① 中国进口博览会官网,711.3亿美元!第二届进博会意向成交金额大增引外媒关注 https://www.ciie.org/zbh/bqxwbd/20191112/20109.html。

路"沿线国家辐射全球。正如商务部部长钟山所言,"进博会坚持展览、论坛、外交、人文'四合一',是全球共享的综合平台,国际公共产品的属性增强,外溢效应扩大"。

进博会的成功举办,凸显了上海国际贸易中心在全球贸易中的枢纽地位和在长三角区域的贸易龙头地位。上海位于背靠长江水、面向太平洋的特殊区位,正是这个区位带来的开放性,令上海的对外开放呈现很强的"双向性",上海口岸的进口贸易占了全国近三成。开放是上海最大的优势,在继续办好进博会的同时,上海将在更高层次、更宽领域、以更大力度推进全方位高水平开放,坚定不移热忱欢迎和拥抱国际企业、国际资本,加快构建开放型经济新体制。本章基于进博会的历史契机,从进博会的外溢效应出发,重点研究上海如何有效借力进博会的溢出效应,从贸易、投资、消费及区域合作的角度,探索提升上海国际金融中心能级,构筑上海更加开放的现代服务业和先进制造业产业体系,建设开放共享、内外联动的国际贸易中心问题。

二、国内主要文献分析

从国内现有研究来看,2018 年在进博会有关报告中指出,进博会为上海国际贸易中心带来的五个重大机遇,包括上海虹桥地区连接长三角区核心交通枢纽作用、上海的主场经贸外交地位、上海贸易中心集聚辐射、上海城市消费升级、贸易投资环境开放、与长三角区域的合作。张娟、沈玉良(2018)指出,进口博览会的举办,是推动我国进口贸易持续扩大的重大契机,具有增加有效供给、实现技术溢出效应、倒逼产业升级、提升消费福利、推动外汇储备有效利用等作用。黄忠伟、张子涵(2019)从企业发展的角度指出,进博会有利于提高我国企业形象,促进了企业技术进步,通过国外高品质产品的进入倒逼本土企业转型升级。张敏、裘小婕(2019)指出,进博会带动前向与后向关联产业协同发展,实现对上海各城区、长三角各省市乃至全国各地三次产业转型升级的乘数引领功能,发挥世界各国特色优势商品现场集聚所造成的溢出效应,对相关区域经济与社会发展梯次形成正外部作用。李锋、陆丽萍(2019)指出,在更高层次、更大空间发挥进博会溢出效应,用好进博会契机推动国际消费城市建设,力争进博会贸易便利化制度常态化;周雅、曹滨(2017)在分析上海国际贸易中心转型升级中指出,上海国际贸易中心建设在贸易功能、贸易方式、贸易主体三方面面临转型。王茜(2018)指出,上海国际贸易中心建设目前在金融监管制度与运行方面、对外贸易政策方面、产业结构方面以及基础设施方面存在短板,应从这几方面加强建设。黄颖（2019）指出，进博会贸易便利化措施的实施，降低了参展和通关的成本，促进进口贸易规模和速度的增长，应该以进博会贸易便利化措施为契机，主动扩大进口的路径选择。张娟（2019）指出，在进口博览会视角下上海国际贸易中心建设要根据自身资源优势的调整，顺应跨国公司主体从制造业向服务和数字领域转变的趋势，以服务和数字领域跨国公司作为主要集聚对象，路径创新，聚焦服务贸易、数字贸易，以进口为突破口，推动上海国际贸易中心内向和外向贸易网络建设。

三、问题的提出及研究意义

结合现状与现有研究中提出的主要问题，围绕新时代中国特色社会主义建设和构建开放型经济新体制的背景，在经济全球化变局、国际经贸规则重构、我国进一步推进"一带一路"建设的大环境下，本章以放大进博会溢出效应与上海国际贸易中心联动建设为主题，试图从产业优化与升级、贸易数量与质量演变、投资拉动、消费升级、区域经济发展联动五个方面深入研究分析进博会的溢出效应，提出在深化上海国际贸易中心建设中借力进博会的溢出效应和上海自贸区的创新体制，推进上海国际贸易中心从制造向服务和数字贸易演变的具体对策建议。本章的研究将有利于上海国际贸易中心建设，有利于进一步优化上海法治化、国际化、便利化的营商环境，有利于上海进一步深化扩大开放，有利于推动上海自贸区新片区和长三角一体化的协同发展，有利于促进上海四个中心建设，有利于实现把上海建设成为高标准、国际化、市场化、知识化的全球大都市的目标。

四、本章的研究重点和创新点

本章以进博会的溢出效应为研究重点，从上海国际贸易中心的定位出发，进行进博会溢出效应与上海国际贸易中心建设的联动机制研究。主要研究内容包括以下三个部分：

第一，清晰地梳理上海国际贸易中心建设的国际环境，全面系统地分析世界经济形势与国际经贸格局变化。在此基础上，细致分析当前上海国际经济贸易发展中面临的主要挑战与机遇，认清上海国际贸易中心的定位。

第二，结合2018年和2019年进博会的资料与数据，运用定性分析与定量分析相结合的方法着重研究进博会对贸易、投资、产业升级与优化、消费及区域经济合作方面的影响，得出五个溢出效应：即产业溢出、贸易溢出、投资溢出、消费溢出及区域溢出效应。

第三，针对以上分析，聚焦于进博会溢出效应的重要方面，与上海国际贸易中心建设的定位相结合，深入研究通过进博会溢出效应推进上海国际贸易中心建设的机制路径，并提出借力进博会加强上海国际贸易中心建设的可行性对策与建议。

本章的创新点主要来自进博会的五个溢出效应研究及进博会溢出效应与上海国际贸易中心建设的联动机制研究，试图从经济、贸易与实践的角度，提出借力进博会推进上海国际贸易中心建设的有效举措。

第二节 进博会与上海国际贸易中心基本概述

一、进博会概况

（一）进博会背景分析

2017年5月，中国国家主席习近平在"一带一路"国际合作高峰论坛上宣布，"中国将从2018年起举办进口博览会"。举办中国国际进口博览会是中国政府坚定支持贸易自由化和经济全球化、主动向世界开放市场的重大举措，有利于促进世界各国加强经贸交流合作，促进全球贸易和世界经济增长，推动开放型世界经济发展[①]。这是在当今民粹主义势力抬头、逆全球化趋势逐渐兴起的环境下的一个强烈信号，预示着中国仍然坚持走经济全球化、贸易自由化道路，促进国际贸易的发展。

正如习近平总书记在第一届进博会开幕式上所说，"进博会是迄今为止世界上第一个以进口为主题的国家级展会，是国际贸易发展史上一大创举。"举办进博会，是"中国着眼于推动新一轮高水平对外开放作出的重大决策"，也是"中国主动向世界开放市场的重大举措"。这体现了中国支持多边贸易体制、推动发展自由贸易，也表现出中国推动建设开放型世界经济、支持经济全球化的实际

---

① 中国进口博览会官网，展会概况，https://www.ciie.org/zbh/cn/19us/Overview/。

行动①。

进博会以"新时代,共享未来"为主题,口号秉承"一带一路"建设共商、共建、共享的原则和精神,彰显了进口博览会将以习近平新时代中国特色社会主义思想为指导,打造全球包容、开放合作、互惠发展的新型国际公共平台,让世界共享"新时代"中国发展成果,为建设开放型世界经济、推动经济全球化朝着更加开放、包容、普惠、平衡、共赢的方向发展贡献中国力量②。

进博会的会徽也充分表达了进博会的宗旨:中间的地球寓意进口博览会的广泛性、多样性和包容性;地球上的绿色中国,体现了"绿水青山就是金山银山"的绿色发展理念;图标外侧为浅蓝色圆环,寓意着中国与世界各国紧密的团结合作。图标中进口博览会的英文简称"CIIE"中间两个字母"II"形似一扇打开的大门,字体颜色选取中国红,象征着中国热情好客,欢迎世界宾朋。③

进博会秉承"一带一路"中建设共商、共建、共享的原则和精神,展现了其将以习近平新时代中国特色社会主义思想为指导,打造全球包容、开放合作、互惠发展的新型国际公共平台的目标。进博会的举办时间虽然只有短短6天,但它对于中国"新时代"国际贸易的价值和释放的信号却具有巨大的意义④。

(二) 首届进博会概况

2018年11月5~10日,第一届中国国际进口博览会在上海成功举办,首届进博会吸引了来自五大洲的172个国家、地区和国际组织参会,3600多家企业参展,80多万人(其中境内外采购商超40万人)进场参观、洽谈和采购,130多个参展国达成交易。

虽然会期只有短短6天,但是进博会的溢出效应在展会结束后仍在线上线下持续释放。闭幕后的"6天+365天"一站式交易服务线上和线下两个平台使进博会对贸易规模的扩大效应不断放大:从6天拓展到了全年,从会场拓展到了全市,从线下拓展到了线上。从线上来看,近年来跨境电商进口业务已经成为中国扩大进口的重要渠道之一,跨境电商逐渐成为众多国外商品进入中国市场的首选方式,而进博会的举办为全球企业进入中国市场搭建了平台,电商企业成为活跃在采购军团中的一支重要力量。从线下来看,除了一批"6天+365天"常年展

---

① 中国进口博览会官网,习近平出席首届中国国际进口博览会开幕式并发表主旨演讲,https://www.ciie.org/zbh/cn/19news/leader/xnews/20190320/13173.html。

②③ 中国进口博览会官网,中国国际进口博览会主题口号、标识和吉祥物揭晓,https://www.ciie.org/zbh/bqxwbd/20190314/11835.html。

④ 黄桂钦."进博会"的新时代特征及世界意义[J].发展研究,2018 (12).

示交易平台已相继开门迎客,还有一批线下具备展示、交易、保税功能的各类综合专业平台也在全面对接优质参展商,展区从上海虹桥延伸到江苏南京及浙江嘉兴等长三角地区,并且向全国辐射,如绿地贸易港作为进博会常年展示交易平台之一,发挥中转枢纽的作用,把全球好货源源不断地送往武汉、重庆等长江中上游城市。

首届进博会的交易采购成果丰硕,累计意向成交578.3亿美元。其中,智能及高端设备意向成交164.6亿美元,食品及农产品126.8亿美元,汽车类119.9亿,成为第一届进博会交易金额最高的三个展区,其余各展区成交额如图4－1所示。

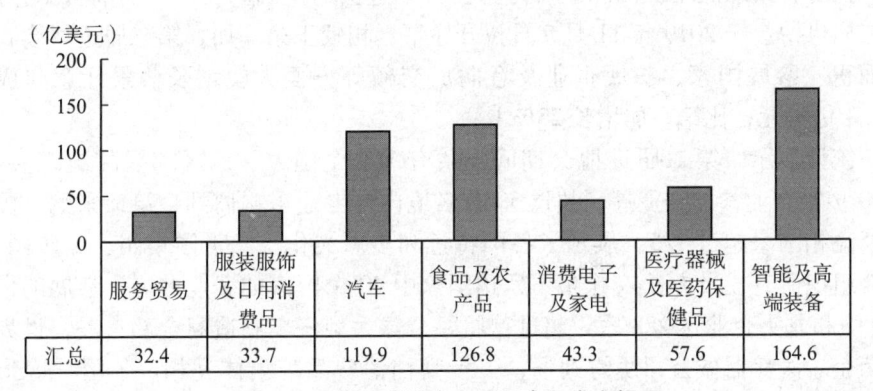

(亿美元)	服务贸易	服装服饰及日用消费品	汽车	食品及农产品	消费电子及家电	医疗器械及医药保健品	智能及高端装备
汇总	32.4	33.7	119.9	126.8	43.3	57.6	164.6

图4－1 首届进博会各展区意向成交额

资料来源:中国国际进口博览会,https://www.ciie.org/zbh/index.html。

国家展是首届中国国际进口博览会的最重要内容,共有82个国家、3个国际组织设立展台,展览面积约3万平方米,各国展示国家形象、经贸发展成就和特色优势产品。国家展中俄罗斯、英国、匈牙利、德国、加拿大、巴西、墨西哥等12个主宾国均设立了独具特色的展馆。而在企业商业展中,共有来自58个"一带一路"沿线国家的总计1153家企业参展,同时有35个不发达国家的147家企业参展,这展现了我国重视与"一带一路"沿线各国的经贸往来及关心各个发展中国家经济状况的大国风范。

如表4－1所示,各大洲参展国家与参展企业占比所示,我们可以看出参展国及参展企业从区域来看,与我国相邻的亚洲国家及"一带一路"欧洲国家占比最大,发展中国家占比较大,发达国家也积极参与,体现出了进博会作为全球经济体共享的特征。

表 4-1　　　　　　　　各大洲参展国家数和参展面积占比

大洲	亚洲（含中国的港澳台）	欧洲	非洲	美洲	大洋洲
参展国家数	41	37	42	22	6
参展企业数占比	46.70%	28.80%	5.10%	14.60%	4.80%

资料来源：中国国际进口博览会，https://www.ciie.org/zbh/index.html。

（三）第二届进博会概况

第一届进博会成功举办后，组委会总结经验、完善各项规章制度、扩大宣传，为筹备第二届中国国际进口博览会打下坚实的基础。在一年的准备工作后，第二届进博会于 2019 年 11 月 5 日拉开序幕，相较于第一届，第二届进博会在展会面积、参展国家、参展企业及意向成交额等方面大幅增长，累计意向成交 711.3 亿美元，比第一届增长 23%①。

统计显示，第二届进博会期间，共有 181 个国家、地区和国际组织参会，3800 多家企业参加企业展，超过 50 万名境内外专业采购商到会洽谈采购。国家展新亮相国家超过 1/3，展示了各国特色和多彩文化。二十国集团、金砖国家、上合组织所有成员方，47 个最不发达国家中 40 个国家的企业参展。参展的世界 500 强和龙头企业达 288 家，超过首届。全球大型汽车制造商全部参展，世界著名药企、医疗器械公司纷纷到场，一批高档消费品牌集体亮相。各国"隐形冠军"企业和"小而精"的中小企业踊跃参加。展览面积达 36.6 万平方米，较第一届增长 20%。体现在新产品、新技术、新服务方面：很多是"全球首发、中国首展"，如全球最灵活机械手，可从地上捡起一根针；最细胰岛素注射针头，直径仅 0.18 毫米；服务领域的区块链跨境信用证，是区块链技术在国际贸易的又一突破。全球或中国大陆首发新产品、新技术或服务 391 件。

在观众方面，第二届进博会累计进场超过 91 万人次，专业观众注册超过 50 万人，其中包括 7000 多位境外采购商，大大超过首届，采购商国际化程度进一步提高；采购商专业性更强，其中，境内企业中来自制造业的占 32%，来自批发和零售业的占 25%②。

基于第一届的经验，第二届进博会搭建起了"2 + 4 + 18 + X"的立体交易保

---

① 中国进口博览会官网，711.3 亿美元！第二届进博会意向成交金额大增引外媒关注 https://www.ciie.org/zbh/bqxwbd/20191112/20109.html。

② 新华网，711.3 亿美元！第二届进博会经贸合作成果丰硕，http://www.xinhuanet.com/world/2019-11/10/c_1125214655.htm。

障体系，完善了首届"6 天 + 365 天"交易服务线上线下 2 个平台、4 个采购商联盟、18 个交易分团的交易组织体系，新增了"X"的概念，加强了在民营、中小和外资企业中的招商力度。

第二届进博会期间及闭幕之后，上海多个外资新设项目落地，不少已在沪投资的外资项目，也纷纷表达增资扩资意向。全球最大的工业及物流地产运营商普洛斯、瑞典医疗器械巨头医科达、国际四大会计师事务所之一德勤等 12 家知名企业的重点项目与上海自贸试验区陆家嘴管理局签署合作协议。此外，上海各区在第二届进博会期间招商引资成效显著：阿斯利康宣布将现有阿斯利康上海研发平台升级为全球研发中心，并成立 AI 创新中心，落户静安区；为引进英国品牌纪娜梵首店，黄浦区推动纪娜梵与外滩金融中心签约，并于 2019 年 12 月成立中国首店；全球空压机生产巨头瑞典阿特拉斯公司投资的新业务公司昆泰克、瑞士泰纳检验集团投资的中国总部中瑞检验、国内企业深兰科技投资的智能交通新公司等一批重量级项目落户普陀区；青浦区与海克斯康签署战略合作框架协议，后者将投资 20 亿元建华东区总部基地；米思米总部项目、中智行（上海）交通科技有限公司无人驾驶项目等将落户奉贤区；金山区多家进博会参展企业宣布扩大投资，其中包括花王（上海）化工有限公司项目一期投产后，追加投资 4.3 亿元开展二期建设，预计 2020 年 4 月可投入使用；长宁区招商中心的服务大使专门到德国 MDL 环境科学技术公司的展台，与企业进行深入交流，并当即启动新公司设立的相关流程。

这些增长点都证明了中国在举办进博会的过程中，不断追求更高标准，吸引更多的展商和参观者，切实地扩大贸易窗口和对外交流途径，有效地吸引外商直接投资。

（四）进博会的意义

首先，进博会是中国在改革开放 40 周年举行的重大活动，它展现了中国对外开放的决心和政策支持。中国自改革开放以来就将进出口贸易作为经济发展的重要途径，坚持"引进来"和"走出去"，为扩大国际贸易也颁布了一系列的政策，如 2018 年《政府工作报告》中强调，要"积极扩大进口"，下调汽车、部分日用消费品等进口关税，促进产业升级和贸易平衡发展；同年商务部等 20 个部门起草形成了《关于扩大进口促进对外贸易平衡发展的意见》提出了在稳定出口国际市场份额的基础上，充分发挥进口对提升消费、调整结构、发展经济、扩大开放的重要作用，推动进口与出口平衡发展。习近平在进博会的开幕式上也指出，"改革开放 40 年来，中国人民依靠自己的辛勤和汗水书写了国家和民族发展的壮丽史诗。""开放已经成为当代中国的鲜明标识,中国不断扩大对外开放,不仅发展了自己,也造福了世界。""中国开放的大门不会关闭,只会越开越大。"①这充分表现了进博会作为中国对外开放的一大平台对世界各国的欢迎,以及中国坚持进一步扩大对外开放的决心。

其次,进博会体现了我国推行供给侧结构性改革、优化进口结构、扩大进口规模、提升进口在经济发展中比例的战略目标。进博会以吸引外资和促进商品进口为目的,参展企业的类型也在很大程度上体现了我国对于进口产品种类的偏好。除了产品贸易外,近年来越来越多的服务类贸易外资企业走进中国,也体现了进口结构的改变。在创新方面,进博会以突出低碳化、数字化等新一轮科技发展为展示热点,如新能源汽车、3D打印技术、能作为无线通信节点的LED灯、智能机器人等产品,都体现了我国优化进口结构的战略方针。

最后,进博会是中国履行"建立人类命运共同体"的表现,正如习近平在开幕致辞上说的,"中国将坚定不移奉行互利共赢的开放战略,将始终是全球共同开放的重要推动者、世界经济增长的稳定动力源、各国拓展商机的活力大市场、全球治理改革的积极贡献者""中国推动更高水平开放的脚步不会停滞中国推动建设开放型世界经济的脚步不会停滞,中国推动构建人类命运共同体的脚步不会停滞"②。中国通过进博会这一平台将世界各国在贸易上连接起来,一方面引进发达国家学习先进技术,另一方面帮助发展中国家融入贸易全球化进程,实现互利共赢。这都体现了中国作为大国在全球化中的责任感和推动作用,以及为维护自由贸易的决心。

二、上海国际贸易中心基本概述

(一)国际贸易中心内涵

中国国际进口博览会的举办,凸显了上海国际贸易中心在全球贸易的中枢地位和在长三角区域的贸易龙头地位。上海得益于其地理优势和良好的经济基础,自改革开放以来就是中国最重要的国际贸易窗口,中央将进博会的地点选在了上海也符合其"国际贸易中心"的称号。

20世纪90年代初,上海就确立了建设国际经济、金融和贸易中心的发展战

---

①② 中国进口博览会官网,习近平出席首届中国国际进口博览会开幕式并发表主旨演讲,https://www.ciie.org/zbh/cn/19news/leader/xnews/20190320/13173.html。

略目标；后来在"十一五"规划中，又增加了"国际航运中心"，把这一目标修正为"四个中心"建设。上海在这一目标的指导下经济建设和社会发展取得了很大进步。其中，国际贸易中心这一建设目标使上海吸引了大量外资企业进驻，通过开设保税区、自贸区、删减负面清单等各项措施，上海进一步消减贸易壁垒，促进国际贸易的增长。

（二）上海国际贸易中心发展现状

现阶段，上海国际贸易中心的建设已达到一定的高度：在地理位置和贸易试验区建设方面，上海具有同新加坡和香港一样的便利型贸易特色；作为中国的经济中心，上海也像纽约、伦敦、东京为国家经济的发展发挥着重要作用。在2018年，上海口岸货物进出口达总额85317.0亿元，比上年增长7.7%；全年上海关区货物进出口总额64064.29亿元，比上年增长7.3%。同时，自贸区的发展也大幅提高了上海在国际贸易城市的竞争力，上海大力地推动投资、贸易、金融和事中事后监管等领域的制度创新，营造法治化、国际化、便利化的营商环境，使区域经济发展总量规模稳步提升，促进区域经济转型发展。

图4-2为上海2014~2018年来进出口贸易额的数据，我们可以看到上海的进出口贸易总额大体上呈上升趋势尤其是2016~2017年上升幅度格外明显。上海作为中国的进口大港，贸易额一直保持逆差，进出口额缺口较大并逐年增加。另外，相对于进口额不断上涨，上海的出口贸易额则呈波动趋势，其原因也与近年来上海制造业向内陆地区迁移导致实体产业外流有关。

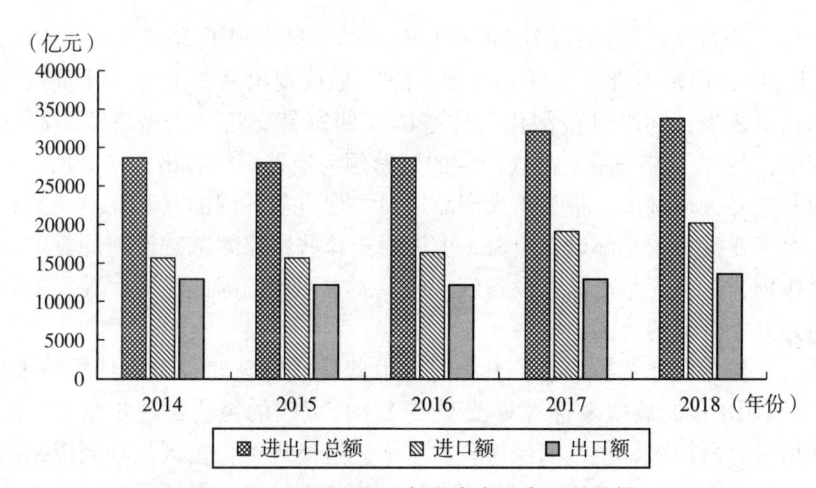

图4-2 2014~2018年上海市进出口贸易额

资料来源：2014~2018年上海市国民经济和社会发展统计公报。

作为中国高新科学技术的发源地和集聚地之一，上海一向重视高新技术的进出口，如图4-3所示，上海的高新技术产品进出口额逐年增长，并且有顺差逐步转变为逆差。这与近5年来上海加强自由贸易试验区建设，探索并扩大"白名单"，缩短负面清单，大量引进外资，尤其是优质的高新外资技术是分不开的。在2018年，逆差进一步扩大，体现出进博会对吸引国外高新技术的效应。

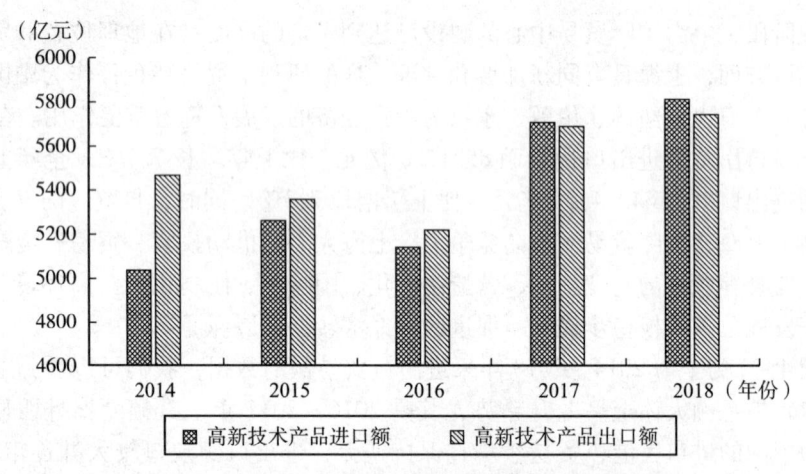

图4-3 2014~2018年上海高新技术产品进出口额

资料来源：2014~2018年上海市国民经济和社会发展统计公报。

在与"一带一路"沿线国家贸易方面，本章只得到了2016~2018年的数据（见图4-4），但是不难看出自"一带一路"倡议提出后，上海非常重视与这些国家的贸易往来，同时日益深化与这些国家的贸易交流，进出口贸易额逐年增长。其中，与"一带一路"沿线国家的贸易额为逆差则能看出：一方面，上海作为中国的主要进口城市，带头扩大产品进口，促进与各国的互利互惠交易；另一方面，由于亚投行的总部设在上海，上海对于这些国家的基础设施的投资建设起了很大作用，出口大量商品和设备到这些发展中国家，因此尽管存在逆差，但逆差的值是处于合理的范围。

同时，作为国际贸易中心，上海的自由贸易试验区建设也取得了很大成果。从2014~2018年的数据来看（见图4-5），自贸区的销售额逐年增长，虽然较之前的增速有所放缓，但依旧保持较高水平。这体现了自贸区从开园以来不断扩大贸易窗口，吸引更多商家入驻和更多的客户前来消费，保证其销售能够又快又好地增长。这进一步激发了国际贸易市场的活力，促进开放型经济的发展。

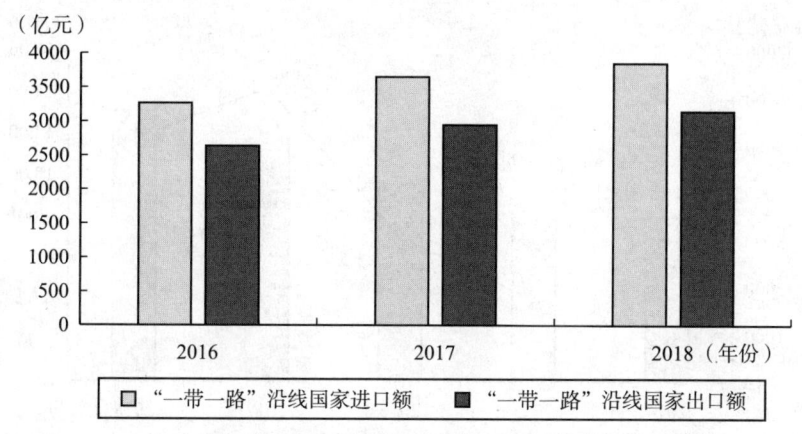

图 4-4　2016~2018 年上海与"一带一路"沿线国家的进出口贸易情况

资料来源：2016~2018 年上海市国民经济和社会发展统计公报。

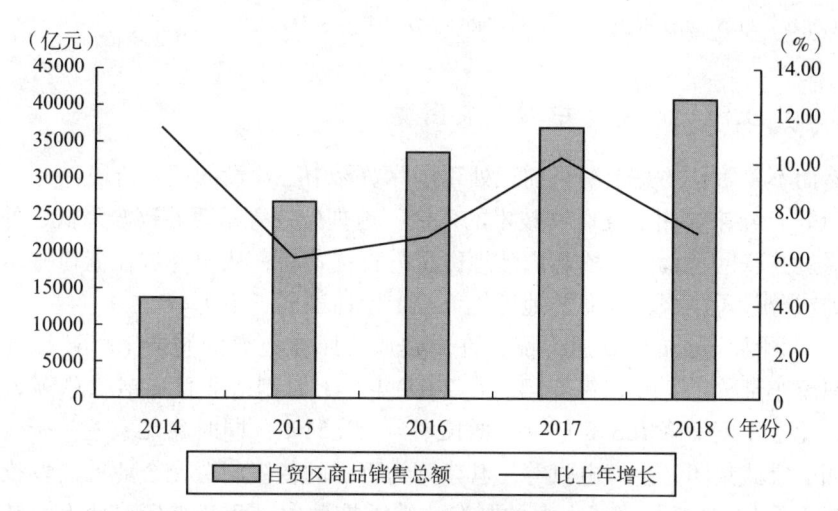

图 4-5　2014~2018 年上海自贸区商品销售额及增长情况

资料来源：2014~2018 年上海市国民经济和社会发展统计公报。

另外，自贸区作为发展上海高端服务业的领先基地一直以积极推进跨境服务贸易对外开放为目标，不断改善其"负面清单"，以保证更多的世界领先服务机构能够入驻园区，促进高端服务业在上海的发展。如图 4-6 所示，由于不断地调整和改善负面清单并吸引外资，自贸区的服务业收入逐年增长，并多年保持较高的增长水平，有利于上海第三产业的发展，进一步优化产业结构。

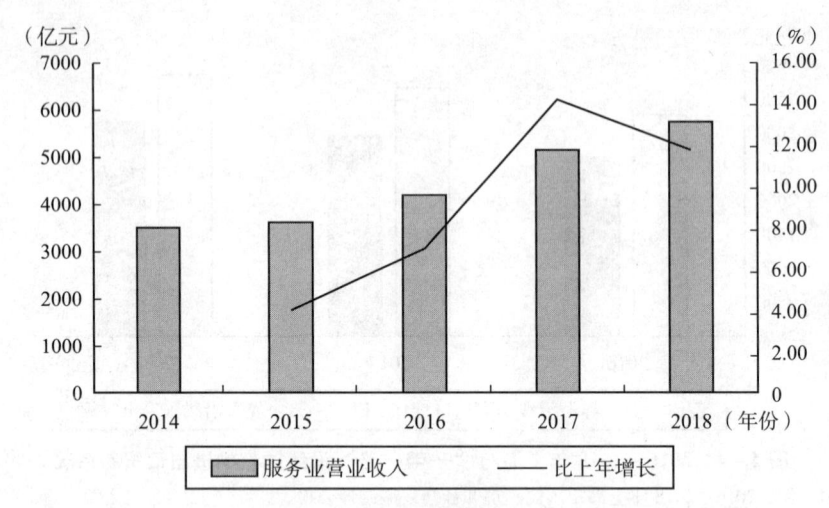

图 4-6　2014~2018 年上海自贸区内服务业营业收入及增长情况

资料来源：2014~2018 年上海市国民经济和社会发展统计公报。

（三）上海国际贸易中心发展困境

然而不可否认的是上海目前正处于国际贸易中心建设的瓶颈阶段：

（1）近年来，由于互联网技术的发展，地理位置等重要性逐渐降低，外商如今可通过互联网平台等手段与内陆地区进行直接贸易，从而绕过在港口城市设立办事处或分公司，因此上海的地理优势较十年前削弱了不少。

（2）因为土地价格高速上涨，许多企业将原在上海的制造工厂迁往内陆地区，只留小部分加工和销售部门。在 2018 年，上海制造业百强纳税总额 2750.6 亿元，比上年度下降 103.8 亿元，增长率为 -3.64%，同时除几家龙头企业如上汽集团、宝武集团、上海电汽等，其余列为百强的传统制造业企业的研发投入强度明显不足①。这都体现了上海的制造业缺乏推动力，而此类情况使上海缺乏大体量的实体企业作为可靠的贸易支撑点，同时难以提供足够岗位去吸引人才帮助城市建设。

（3）国内的互联网企业大多集中于珠三角地区，在贸易数字化的阶段，信息技术的迅猛发展加速了贸易方式、贸易主体的多样性和灵活性，上海缺少大型互联网平台和软硬件支撑类型的企业，使其在贸易方式转变方面会落后于人。

因此，正如王茜（2018）指出，上海国际贸易中心建设目前在金融监管制度

---

① 上海市企业联合会课题组. 2019 上海百强企业发展报告 [R]. 2018 上海企业：专题 28-39.

与运行方面、对外贸易政策方面、产业结构方面以及基础设施方面存在短板,应从这几方面加强建设。为此,上海的确需要进行改变,如通过简化贸易制度,进一步开放市场,优化产业结构,完善基础设施建设等促进贸易发展。同样,周雅,曹滨(2017)在分析上海国际贸易中心转型升级中指出,上海国际贸易中心建设在贸易功能、贸易方式、贸易主体三方面面临转型。柯弈(2019)提出上海应当推进高端制造业企业及相关的重大项目发展,加快这类型企业集聚速度,并鼓励相关行业从业者在产业链上下游的创业,加强"互联网+"、人工智能和大数据在新兴产业的广泛应用,使产业链向高端化发展,完成产业升级。基于上海建设国际贸易中心的现状、短板及建议,进博会的溢出效应有利于上海突破这些瓶颈,稳固在中国乃至世界的贸易中心地位。下文将对这些溢出效应及其影响做详细分析。

第三节 进博会的溢出效应

一、产业溢出效应

进博会是中国主动开放国内市场、与世界各国共享国内市场的具体实践,是中国践行进一步扩大开放的具体行动。以往中国的对外开放主要是通过开放国内要素市场、积极吸引外资、大力发展出口贸易的形式参与国际分工,开放的市场以要素优势吸引外资,外资占据主动权,因此,那个时期的开放在某种程度上来说,中国是相对"被动"的。

与以往不同,进博会的举办,标志着中国的对外开放进入了新的阶段,不仅开放市场的重点变为国内产品市场,进博会展区的产品类型是中国政府根据中国企业自身发展的现实需要、国内消费升级的现实需求自主制定的。汽车、高端装备、科技生活品、品质生活品、医疗器械及医药保健品、食品及农产品是进博会的主要展区,而且,开放的主动权也由相对"被动"开放转变主动开放。

(一)产业结构转型

产业结构优化过程表现为一批高增长行业的涌现,产业结构的优化升级就是产业结构从较低水平向高级水平的发展过程,从劳动密集型产业向资本密集型和技术密集型产业转变。

上海市统计局发布 2018 年上海国民经济运行数据，全年全市生产总值完成 32679.87 亿元，按可比价格计算，比上年增长 6.6%，继续处于合理区间。其中，第一产业增加值 104.37 亿元，下降 6.9%；第二产业增加值 9732.54 亿元，增长 1.8%；第三产业增加值 22842.96 亿元，增长 8.7%。由图 4-7 产业生产总值状况可分析得出，上海市产业结构正在从"一二三"向"三二一"逐渐转型。

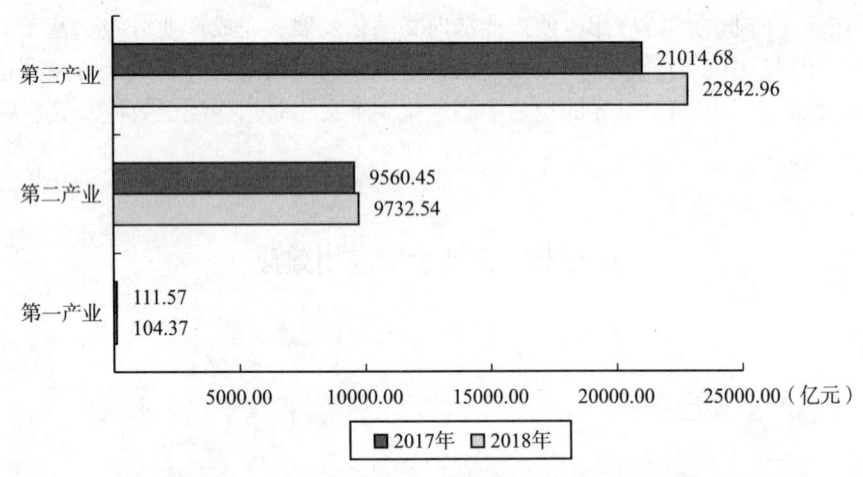

图 4-7　2017~2018 年上海市全年各产业生产总值

资料来源：上海市统计局，http://tjj.sh.gov.cn/html/sjfb/ydsj/。

企业转型升级是指企业通过技术升级、管理模式改进、企业结构变革、产品质量提高、生产效率增进、产业价值链延伸和产品附加值增加等，实现企业整体结构的跃升。进口可以从两个方面促进我国企业的转型升级，一是可以促进每个企业进行自身供给侧的结构性改革，二是促进国内装备制造与服务业率先转型升级。

由图 4-8 可看出，2018 年进博会各个展区的交易额。其中占比最高的就是智能及高端设备，其次是食品和农产品、汽车。由图 4-9 可看出，在意向成交主要产品中，信息通信技术装备成交 26.7 亿美元、工业自动化与机器人成交 12.7 亿美元、材料加工及成型装备成交 12.5 亿美元、医疗器械 40.9 亿美元、乳制品 31 亿美元、肉制品 18.5 亿美元。可以看出主要成交产品都集中在技术含量较高的产品中。

图 4-8 中各部分数据：

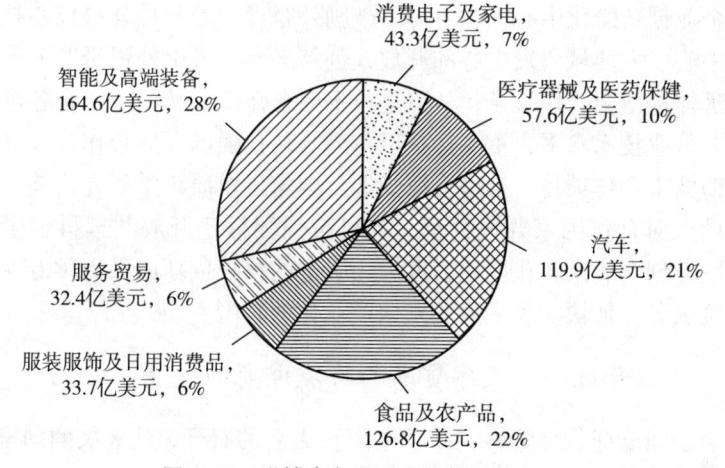

- 消费电子及家电，43.3亿美元，7%
- 医疗器械及医药保健，57.6亿美元，10%
- 汽车，119.9亿美元，21%
- 食品及农产品，126.8亿美元，22%
- 服装服饰及日用消费品，33.7亿美元，6%
- 服务贸易，32.4亿美元，6%
- 智能及高端装备，164.6亿美元，28%

图 4-8　进博会各展区交易额及其占比

资料来源：中国国际进口博览会，https：//www.ciie.org/zbh/index.htmlhttp：//www.doc88.com/p-6773812322627.html。

图 4-9 中各部分数据：

- 肉制品，18.5亿美元，13%
- 信息通信技术装备，26.7亿美元，19%
- 工业自动化与机器人，12.7亿美元，9%
- 材料加工及成型装备，12.5亿美元，9%
- 医疗器械，40.9亿美元，28%
- 乳制品，31亿美元，22%

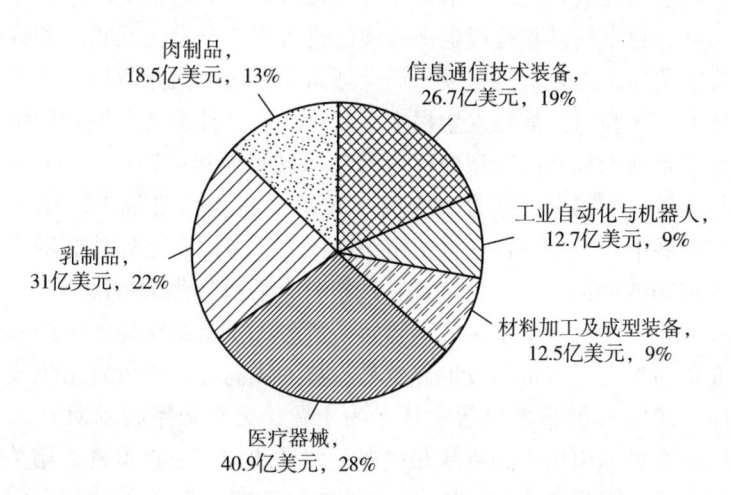

图 4-9　进博会意向成交主要产品金额及其占比

资料来源：中国国际进口博览会，https：//www.ciie.org/zbh/index.htmlhttp：//www.doc88.com/p-6773812322627.html。

我们应该抓住进博会汇聚全球创新产品和技术的机遇，引进更多全球高端创新技术和设备，尤其是引进生物医药、集成电路、再制造等上海重点产业发展急需的产品，并加以消化吸收，加快提升产业核心竞争力。同时，充分利用进博会这一窗口，加强与国际创新创业平台的合作，吸引国际知名孵化器、孵化团队和国际知名企业创新孵化中心入驻上海，鼓励外企设立参与母公司核心技术研发的全球研发中心、大区域研发中心和开放式创新平台，吸引外资研发平台集聚。

积极延伸进博会合作链条，从引进技术向合作研发转变。结合各国科技创新能力和相关行业技术水平，重点选择以色列等科技强国开展合作，设立联合实验室共同资助技术合作项目，推进上海光源、国家蛋白质科学研究设施、超级计算等大科学设施向合作国家开放共享，与科技强国搭建开放共享科创生态圈。同时，加大境外创新成果转化应用力度，为引进的科技创新成果提供专业技术服务和市场对接服务，加快实现从实验室向产业化的转型。

（二）产业升级——数字贸易与跨境电商的发展

进博会期间全球数字贸易（跨境电商）大会的召开，让参展的国家和企业意识到数字贸易尤其是电子商务的发展已超越了时空限制，对促进全球贸易便利化发挥着不可替代的作用。2018年11月5日，习主席在出席虹桥论坛时也特别提到，支持跨境电商发展，将跨境电商作为促进贸易发展的重要途径。

同时，全球数字贸易和跨境电商发展已进入了快车道。互联网和数字技术不仅催生了数字贸易，更在悄然引发一场全球商业革命，国际贸易无论在业态、流程，还是技术、体验上，都在发生根本性变化。从某种意义上说，传统贸易体系正在向以数字贸易为代表的新型国际贸易体系转型升级。2018年11月5日，中国商务部与世贸组织秘书处联合举办的《2018年世界贸易报告》中文版发布会在上海国家会展中心举行。这是世贸组织在三大官方语言之外首次将"世界贸易报告"翻译成第四种语言，不仅如此，该报告今后每年都会被翻译成中文，并于进博会期间发布。面对复杂多变的世界贸易形势，世贸组织每年围绕一个特定主题发布年度贸易报告。年报已成世界贸易趋势的风向标，为世贸组织成员和国际社会所关注。2018年的报告以数字技术为主题，聚焦数字技术对全球贸易的影响，以及在这个过程中出现的挑战和机遇。贸易和技术一直是密切相关的，从车轮的发明到铁路，再到集装箱，技术一直在改变和革新我们的贸易方式。新技术的运用可以帮助降低贸易成本，渗透到我们生活和经济中的各个部分。如何应对新技术带来的改变，也是各国政府所面临的一个问题。

相比传统的进口贸易方式，跨境电商能在不受时空限制的前提条件下实现随时随地线上购买进口商品，首届进博会也让电商平台在进口贸易中的优势更为突出。京东集团作为进博会唯一一家民营企业配套专场活动的主办方，自2018年2月1日起便进入进博会筹备阶段，截至2018年6月底，短短数月时间，就已经吸引了成百上千的优质进口品牌的关注，收到近120家品牌商的报名意向函，其中很多品牌都是行业中的龙头企业，说明进口品牌对京东平台是非常信任，同时也肯定了京东跨境商品的优良品质，这在一定程度上可以避免跨境电商产品安全质量问题的发生。

相比较京东使用为B2C（企业到消费者）的线上运营模式，寺库采用了从O2O（线上到线下）的运营模式。第一届进博会期间，寺库与来自不同国家的100多个奢侈消费品牌正式达成合作，同时蒙古国家馆和菲律宾贸易投资中心也与寺库签署合作协议。经过统计，最终在进博会上与寺库公司达成的交易总金额超过1亿美元。此外，借助进博会的平台，寺库公司还与大约30个一线品牌展开合作。打开供应链，使消费者体验到在线订购和店内取货的乐趣，使消费者更加便利地享受线上和线下的双重体验。

从此次京东和寺库两个不同运营模式的电商平台在进博会的"精彩表现"可以看出，中国跨境电商规模快速扩大，释放市场消费潜力，推动快递等流通业发展，带动创新创业和大量就业。对于国外企业来说，跨境电商已经成为他们进入中国市场、享受中国消费升级红利的重要途径。相较于一般贸易模式，跨境电商模式具有交易流程扁平化、服务集约化的特点，而这些特点能够帮助外企把产品更快更好地销售给中国消费者。

二、投资溢出效应

（一）进博会拉动投资情况

举办中国国际进口博览会，是中国着眼于推动新一轮高水平对外开放，是中国主动向世界开放市场的重大举措。这体现了中国支持多边贸易体制、推动发展自由贸易的一贯立场，是中国推动建设开放型世界经济、支持经济全球化的实际行动。

进博会作为一个促进进口贸易的平台有助于提高实体经济的开放程度。随着进口规模的扩大，中国和全球其他国家之间的整体贸易数量和规模都将进一步发展。随着贸易繁荣带来的大量资金流、资本流，必然促进金融市场、金融机构的发展。事实上，进博会带给外资信心的影响已经显现。

由图4-10可知，近3年上海市投资情况总体良好，上海市投资型公司数量、落户上海的跨国公司总部数量、在上海投资的国家和地区数都在稳步增加，外商直接投资项目在2016~2017年之间呈下降之势，但到2018年有了大幅度的增加，不难猜测由于2018年上海市举办了第一届进博会，起到了一定的促进作用。从在上海投资和落户的跨国公司数量来看，701家跨国公司地区总部中，亚太地区总部达106家，这意味着上海不仅仅是众多跨国公司在中国的运营中心，也是整个亚太市场重要的企业运营中心。

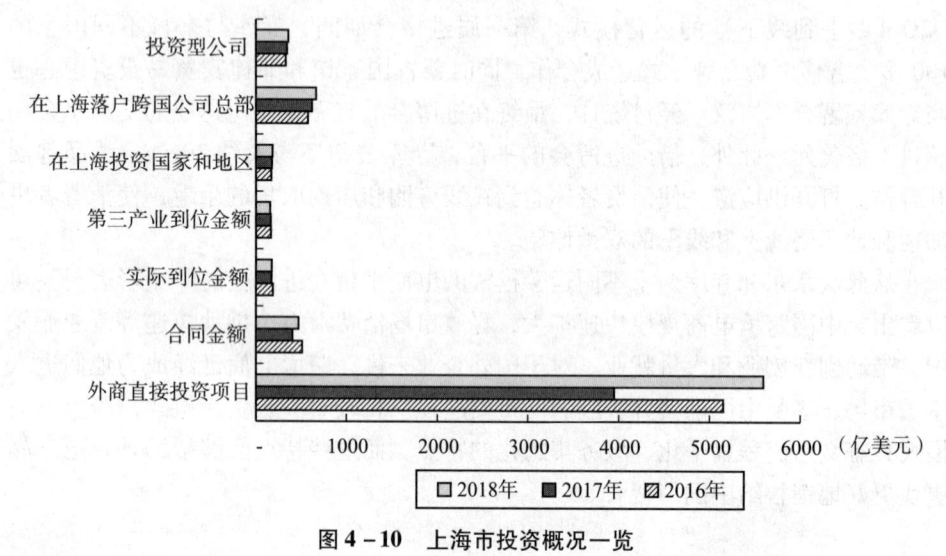

图4-10 上海市投资概况一览

资料来源：上海市统计局，http：//tjj.sh.gov.cn/html/sjfb/ydsj/。

由图4-11可以看出，在有进博会召开的2018年11月的外资投资合同数量明显增长多于2016年11月与2017年11月。

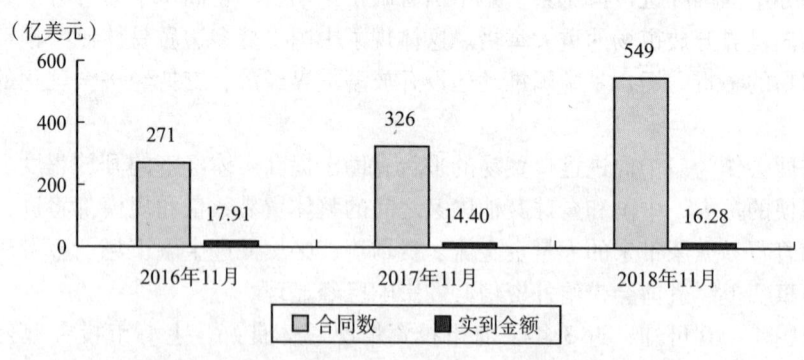

图4-11 2016~2018年上海市11月投资情况（FDI）

由图4-12可以看出，第一届进博会带来一定的引资效应，2018年第四季度吸收外商直接投资的合同数量相较 2018 年第三季度的签订合同数量增加了 366 项，增幅显著。而 2019 年第一季度的外资项目投资数量相比 2018 年最后一季度有所下降，减少了 482 项。2019 年第二季度和第三季度的投资合同数量有所上升。

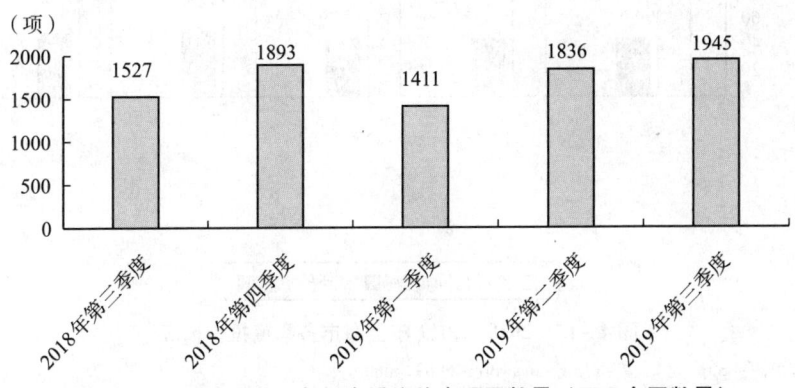

图 4 - 12　2018~2019 年四个季度外资项目数量（FDI 合同数量）

从上海市吸引外商直接投资的合同金额可以看出（见图 4 - 13），进博会带来的引资效果从第一届一直延续到第二届。第一届进博会召开期间及随后的三个季度到 2018 年第三、第四季度和 2019 年第一季度上海市外资项目签订金额从 121.19 亿美元一直增加到 140.97 亿美元。而随着第二届进博会的召开，2019 年的第三季度相较 2019 年的第二季度外资签订合同金额有显著的增加。由此可分析得出，进博会的召开增加了外商对于国内投资环境的信心，从而拉动了外商投资，体现出了进博会的投资溢出效应。

（二）促进投资举措

2019 年 9 月 12 日，在第二届进博会倒计时 50 天之际，上海市商务委员会在上海中心举办 2019 对接进博会上海投资促进交流会，全面推动和预热本市对接进博会招商引资工作，展示不断优化的上海营商环境。在这场对接会上，上海市外国投资促进中心首次发布《投资上海地图》，并推出 50 条经贸考察路线和 56 场投资促进活动，邀请进博会客商来到中国市场，走进上海找商机。《投资上海地图》通过 9 大类、50 条特色鲜明的参观路线，全方位呈现了上海发展的风貌、产业的布局，以及投资的机遇，主动推介了上海营商环境和投资政策，加大了招商引资力度，充分发挥了进博会溢出效应和辐射效应，有效吸引了进博会客商进一步了解上海、投资上海、落户上海。

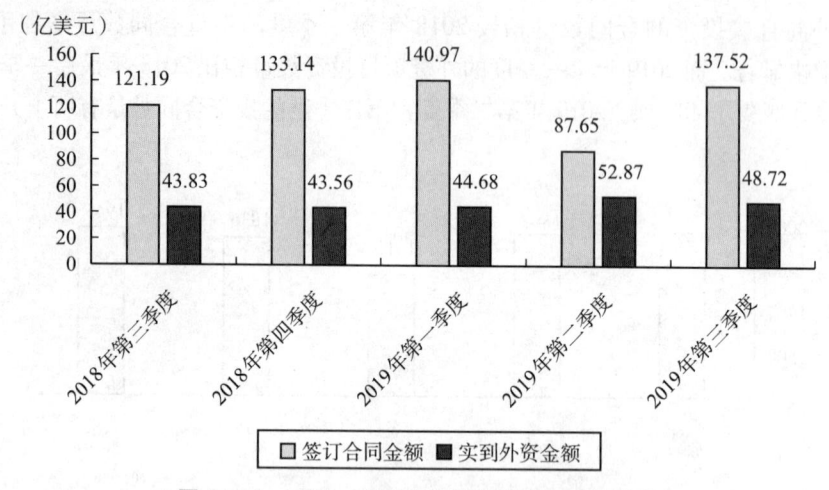

```
(亿美元)
160
140   121.19   133.14   140.97            137.52
120
100                              87.65
 80
 60       43.83    43.56    44.68  52.87    48.72
 40
 20
  0
    2018年第三季度 2018年第四季度 2019年第一季度 2019年第二季度 2019年第三季度

           □ 签订合同金额   ■ 实到外资金额
```

图 4-13　2018~2019 年上海市各季度投资情况

资料来源：http://sww.sh.gov.cn/swdt/246669.htm。

50条特色经贸考察路线主要分为九大类，包括金融服务之旅、科技创新之旅、智能制造之旅、经贸展示之旅、数据信息之旅、生命健康之旅、文化创意之旅、时尚休闲之旅、海派人文之旅，融合各区优势产业和人文历史，内容涵盖上海自由贸易试验区新片区临港、陆家嘴金融贸易区、外滩外国建筑博览群、张江国家自主创新示范区、徐汇西岸人工智能等上百个经典展示平台，展示上海风貌和发展机遇，凸显上海国际经济、金融、贸易、航运和科技创新"五个中心"建设取得的成果。

借由进博会的契机，中国进一步降低了关税，提升了通关便利化水平，削减进口环节制度性成本，加快跨境电子商务等新业态新模式的发展。在上海证券交易所设立科创板并试点注册制，支持上海国际金融中心和科技创新中心建设，不断完善资本市场基础制度。增设中国上海自由贸易试验区的新片区，鼓励和支持上海在推进投资和贸易自由化便利化方面大胆创新探索，为全国积累更多可复制可推广经验。将支持长江三角洲区域一体化发展并上升为国家战略，着力落实新发展理念，构建现代化经济体系，推进更高起点的深化改革和更高层次的对外开放，同"一带一路"建设、京津冀协同发展、长江经济带发展、粤港澳大湾区建设相互配合，完善中国改革开放空间布局。同时，中国已经进一步精简了外商投资准入负面清单，减少投资限制，提升投资自由化水平。中国正在稳步扩大金融业开放，持续推进服务业开放，深化农业、采矿业、制造业开放，加快电信、教育、医疗、文化等领域开放进程，特别是外国投资者关注、国内市场缺口较大的教育、医疗等领域也将放宽外资股比限制。预计未来 15 年，中国进口商品和服务将分别超过 30 万亿美元和 10 万亿美元。中国也将引入侵犯知识产权的惩罚性赔偿制度；加快出台外商投资法规，完善公开、透明的涉外法律体系，全面深入实施准入前国民待遇加负面清单管理制度。

在第二届进博会上，上海市、区商务部门也设计了一系列投资促进活动。

一是做好对接服务。浦东新区制订《放大进博会溢出带动效应推进浦东新区战略招商和精准招商工作方案》，围绕中国芯、蓝天梦、创新药、未来车、智能造、数据港六大硬核产业，争取吸引更多具有影响力和示范性的新技术、新产品、新服务。黄浦区积极排摸第二届进博会首发新品目录，推动进博会参展商与黄浦载体资源进一步有效对接。静安区率团赴米兰，围绕国际顶级商圈的合作与交流、意大利品牌的引进与落地，举行专场静安推介活动。长宁区为落户长宁的第二届进博会重点展客商专门建立了"进博会长宁企业服务群"。宝山区培训 14 名进博会外国政要团组联络官，讲好上海故事、宝山故事，向各团组宣传推介上海和宝山的营商环境。闵行区要求每个街镇、园区精准服务不少于 50 家第二届进博会参展企业，预计共将服务 600 多家参展企业。

二是酝酿配套活动。浦东新区 2019 年 10 月举办陆家嘴服务贸易板块供需对接会、张江上海集成电路设计产业园推介会、2019 年洋山服务进博会交易服务平台启用仪式以及临港跨境服务论坛活动、展商联盟成员看外高桥活动。杨浦区 10 月与上海现代服务业联合会联合举办 2019 年第十五届中国（上海）服务外包国际论坛。进博会前夕，奉贤区举办了 2019 年东方美谷国际化妆品大会，期间，将举办"东方美谷空间无限"上海奉贤城市与产业发展推介活动、"汽车未来空间"等专题推介活动。长宁区拟参与第二届"一带一路"服务贸易发展论坛，与东方国际集团合作，参与"新进口、新贸易、新经济"新品发布和贸易对接论坛。宝山区上报 2019 年亚太邮轮大会等 5 个投资促进活动对接进博会。金山区结合日本中小企业产业园二期开工建设，开展对日招商活动。青浦区已梳理上报进博会期间举办的 2019 年青浦区商务环境投资推介会等 5 场招商推介活动。杨浦区在主会场内举办杨浦国家创新型试点城区高层战略咨询会暨长三角与加州创新合作论坛。

三是打造投资线路。奉贤区精心设计集"文化 + 城市 + 产业"为一体的 2 条特色投资参观路线，涵盖吴房村、奉贤博物馆、东方美谷、奉贤综合保税区、海湾国家森林公园、九棵树未来艺术中心等各类产业创新高地以及如新（中国）等落户奉贤的代表性企业。静安区谋划了市北高新技术集聚区、大宁/苏河湾创意产业集聚区和南京西路高端商业集聚区 3 条投资促进参观线路。宝山区设计了魅力滨江生态之旅、城市更新穿梭之旅、智能制造创意之旅和幸福宝山浪漫之旅共4条特色参观线路。金山区以"智造金山和魅力金山"为主题，初定了两条线路。青浦区初步形成6条第二届进博会特色投资促进路线，串联起绿地全球贸易港、夏都小镇、西郊国际农产品交易中心、青浦工业园区、青浦综合保税区、青浦博物馆、朱家角古镇、青西郊野公园等产业高地和历史文化地标。徐汇区聚焦徐汇滨江和漕河泾开发区设计了参观路线。浦东新区形成了7条特色参观路线，组织进博会企业团组、政要团组走进浦东。

2019年，对接进博会上海投资促进交流会在上海中心大厦隆重举行。本次活动对外发布了50条特色经贸考察路线和56项投资促进活动，深度对接进博会资源，主动推介了上海营商环境和投资政策，加大了招商引资力度，充分发挥了进博会溢出效应和辐射效应，有效吸引了进博会客商进一步了解上海、投资上海、落户上海。

对于企业来说，在面对进博会这个大的挑战和机遇时，应当抓住进博会机遇开展精准招商和产业链招商。加强进博会数据的精准分析，重点针对需求量大、企业积极性高的"好项目"，推动参展企业从参展商转变为贸易商，从贸易商转变为投资商，实现本土生产、本土销售。

一是加大一流贸易企业吸引力度。与进博会反馈良好的参展企业积极对接，争取其在沪设立贸易分支机构、销售中心，构建面向中国市场的营销平台。二是加大跨国公司总部吸引力度。抓住进博会世界500强和龙头企业云集的机遇，推动跨国公司贸易型总部集聚，并鼓励其在沪设立资金管理、研发、结算平台，打造亚太区供应链管理中心、资金结算中心和研发中心。三是加大细分行业优秀企业引资力度。针对"隐形冠军"企业，成长爆发性强、技术和模式先进的独角兽企业，积极开展精准招商，鼓励其在上海发展壮大。四是加大创新型企业引资力度。聚焦高新技术参展企业，主动加强投资合作，通过并购等方式引进海外创新资源，提升国际化创新能力。

三、消费溢出效应

进博会的举办使我国进口消费规模大幅上升，据统计，2019年前三季度，中国自63个外国参展国进口消费品3205.2亿元，增幅高达25.5%，占比10.4%[①]。进博会的消费溢出效应主要体现在推动着消费升级。消费升级包括消

---

① 海关总署全球贸易监测分析中心（上海）和上海海关。

费种类的增加,从"买全国"到"买全球";消费品质的升级,从"能温饱"到"要吃好";消费行为的升级,从"标准化"到"个性化";消费形态的升级,从"买产品"到"买服务";消费方式的升级,从"线下买"到"线上买"。

(一) 消费水平得以提升

1. 消费种类增加

在企业商业展馆里,首届进博会有 3000 多家企业参展,第二届进博会则吸引了 3800 多家企业参展。"消费电子及家电、服装服饰及日用消费品、汽车、智能及高端装备、食品及农产品、医疗器械及医药保健品"六大主题展区陈设的商品横跨装备制造、汽车、医疗、食品、服装服饰、电子消费品等各个行业,大到汽车、机床小到电子产品,从日常的食品、化妆品、服装服饰到耐用的家电、家具……展出的产品数以万计,丰富的产品品种扩大了消费者的可选择性,极大程度地适应和满足了人民各方面生活所需,实现了"买全球",而消费品种的多元化又进一步提高了消费者福利。

2. 消费质量提升

首届进博会吸引了 220 多家世界 500 强和行业龙头企业,以及大量的"隐形冠军"企业等优质中小企业参展,参展企业基本都是来自全球各地的顶级一流企业;参展的产品都是世界一流精品,创新产品云集,首次亮相中国的世界级展品多达 5000 余件,集聚了世界各国优质"土特产",大量新产品、高科技全球首发,集中体现了国际最具代表性、最具前瞻性、最高科技含量的产品和服务趋势。而第二届进博会在参展企业规模、质量和参展品种类、质量、新颖度上都大大地高出首届。可见,进博会汇集的全球优质产品和高新技术产品为消费者的高质量生活提供了保障。

(二) 消费结构得以改善

1. 低端消费转向中高端消费

党的十九大报告指出:新时期中国社会主要矛盾已经转化为人民日益增长的美好生活需要和不平衡不充分的发展之间的矛盾。随着我国经济的快速发展,中国特色社会主义进入了新时代,我国老百姓的消费需求已从满足基本的日常生存需求转向了多方面、多样化、个性化、小众化、高品质化的消费需求。随着消费升级,人们从对价格的敏感转为对品质的追求,逐渐从低端消费开始转向中高端消费,更加讲究健康、更加注重品质、更追求享受。而进博会的举办正好顺应了我国消费升级的需要,积极引进了世界各国高品质的知名品牌和特色优质产品,为国内市场补上高品质消费品供给不足的短板，使人民对美好生活的向往不断得到实现。如进博会的汽车展区为了满足消费者需求，特展示了大量高端跑车；消费电子及家电展区展示的众多智能机器人也开始走进普通老百姓的家庭中；服装服饰及日用消费品展区的钻石与宝石精品馆，吸引了大量采购商，首届进博会上，萨弗莉钻石与来自以色列的永世钻石签订了3.5亿元的采购意向协议，一度成为大家关注的焦点，也反映了中国居民对高端奢侈品的需求也越来越大，消费正转向中高端。

2. 实物消费转向服务买卖

随着国内居民购买力增加，消费不再局限于有形的货物消费，开始转向医疗、教育、旅游、文化、养老等服务消费。进博会不仅为消费者提供了多样化的商品，还提供了多样化的进口服务，极大地满足了中国消费形态升级的需求和对美好生活的追求的需求。

以首届进博会为例，企业商业展中，服务贸易展区主要设有新兴技术、服务外包、创意设计、文化教育、旅游服务、物流服务、综合服务等展区。虽然货物贸易处于主场地位，但服务贸易作为单独一个展区也是吸引了多达90个国家和地区的450余家国际一流服务商参展，诸如旅游服务展区的澳大利亚航空、卡塔尔航空等近10家国际航空公司；综合服务展区的金融服务领域的来自英国汇丰银行、渣打银行、日本瑞穗银行、新加坡新展银行等近20家国际银行巨头；咨询服务领域的安永等国际咨询机构、伊藤忠等国际供应链管理企业、AECOM等国际建筑服务公司、索迪斯等高端餐饮服务商，同时也吸引了大量的采购商前来参观。首届进博会中服务贸易意向交易额达到了32.4亿美元，虽然远不及货物贸易意向成交额，但也是相当可观的数字，反映了在中国居民消费形态的升级，从"买产品"到"买服务"。

（三）消费方式便捷化

为更好地承接进博会的溢出效应，上海虹桥商务区积极探索保税展销加跨境电商、"前店后仓"模式，配套建设了保税物流中心和"6天+365天"功能辐射承接主平台——虹桥进口商品展示交易中心，努力打造集商品展示、商品交易、线上线下、技术服务为一体的长三角地区进口商品集散地和"上海购物"新地标。将结束6天进博会的展品、国际贸易企业请到该平台上来，让这些产品在该平台上继续延展，展示批发零售，变展品为商品，实现交易。亮点在于：普通市民也可直接参与其中，不用出国门，仅在该场所内就能直接消费来自全球的品类丰富、质优价廉的产品和享受配套的优质服务。

交易中心布局设置进口商品销售区、跨境电商区、功能服务区、配套服务区。其中,进口商品销售区产品覆盖领域广、种类丰富多样,主要有消费电子、家电、服饰、箱包、日用消费品、化妆品、保健品及医疗用品、汽车及零部件、食品及农产品等,极大程度地满足了消费者需求;商家则以专营店、品牌店、特卖店形式入驻展示销售,按照一楼一品类原则分区,极大地方便了消费购物。跨境电商区集聚了跨境电商企业,以新零售新业态扩展进口商品交易外延,跨境电商的发展将交易从线下转向了线上,进一步压缩了消费者的交通成本、时间成本,也让消费者摆脱了货币约束。功能服务区的信息平台让消费者可以快速地掌握企业和产品的相关信息。配套服务区则为消费者提供了餐饮、便利店、购物休闲的场所,极大地丰富了消费者一站式消费体检。

据统计,2019年上半年,上海无店铺零售额完成1173.24亿元,比上年同期增长20.4%,增速比一季度提高7.9个百分点。其中,网上商店零售额完成930.25亿元,增长25.3%,增速提高10.6个百分点,占社会消费品零售总额的比例达14.0%,同比提高2.6个百分点。目前,上海线上线下零售渠道并存、融合发展的趋势进一步形成[①]。

(四) 消费供给创新效应

进博会的举办,使来自世界各地的优质产品在沪汇集,国外高品质产品的进入在满足了消费者需求的同时也给国内消费供给方带来了巨大的竞争压力。一方面,进博会展示了一些来自国外价格更低的国内同类产品,这倒逼国内企业不断地改进生产技术、提高生产效率,不断地扩大生产规模以获得规模效应,从而降低生产成本,以应对国外产品的低价竞争,保住国内市场份额。另一方面,进博会展示的大量高质量、高技术水平产品和服务,甚至是国际前沿的新产品、新技术更能贴合当今的中国消费者需求,而国内产品越来越显得格格不入,这都迫使国内企业不断地进行研发创新,不断地学习海外先进的生产经营技术、服务管理理念,以提高产品质量、增加创新产品供给,更好地满足国内消费者的需求。

综上所述,进博会大量优质商品的进口有利于释放消费潜力,同时其带来的消费创新效应可以倒逼国内零售行业进一步推进供给侧结构性改革,进行产业转型升级,最终可以提升上海国际消费城市的吸引力和辐射力。长期来看,这种竞争效应可以使消费者以更低的价格购买到来自国内外更高质量的产品,这无疑大大地提高了消费者福利。

---

① 资料来源于商务部:http://www.mofcom.gov.cn/article/resume/n/201907/20190702884725.shtml。

四、贸易溢出效应

在当今世界,伴随着互联网技术的高速发展,获取商业信息变得越来越高效便捷,如何将无限的虚拟商机转化为现实的进出口贸易关系?这就迫切需要一个具体的场所或交易平台。进博会正好提供了这样的一个平台,使信息流和商品物流之间实现了有效匹配,为后续供求双方开展国际贸易打下了坚实基础①。进博会的贸易溢出效应主要体现在贸易规模扩大、贸易结构优化、贸易方式转型升级、贸易网络延伸四个方面。

(一)贸易规模扩大

一方面,进博会的举办吸引了世界多国参与,各国间通过沟通交流增强互信,有利于打破中国与他国间的贸易壁垒,从而有助于深化贸易投资合作,有助于开拓中国与全球供需的网络,扩大贸易规模,这一点从进博会的交易成果即可看出:首届进博会签约额578.3亿美元,经过一年来企业间的沟通交流,合同内容完成超90%,其中,上海交易团半年以内的意向订单履约率已达到99%以上,半年以上的意向订单履约率达到85%以上;第二届进博会累计意向成交711.3亿美元,比首届增长23%。另一方面,随着配套进博会顺利举办的一系列贸易便利化措施落地生根,进博会的贸易政策溢出效应不断扩大,这将有助于我国完善贸易便利化机制,进一步扩大我国的贸易规模,促进国民经济增长。

为服务保障首届进口博览会顺利进行,促进贸易便利化,海关总署特制定《2018年首届中国国际进口博览会海关通关须知》(以下简称《通关须知》)《海关支持2018年首届中国国际进口博览会便利措施》(以下简称《便利措施》)《2018年首届中国国际进口博览会检验检疫限制清单》(以下简称《限制清单》)《2018年首届中国国际进口博览会检验检疫禁止清单》(以下简称《禁止清单》)。《通关须知》对进口博览会备案、展览品审批和准入、物资申报、查检放行、展中监管、展览品处置、人员及个人物品、记者采访器材等进博会物资通关全流程规范性要求进行了详细阐述,为办展方、参展企业提供了详细的通关指引;《便利措施》是海关支持进博会的具体举措,充分体现了创新与便利;《限制清单》和《禁止清单》是海关总署为配合进博会招商、招展有关需求,依据

---

① 黄颖. 从进博会便利化措施看中国扩大进口的路径选择 [J]. 对外经贸实务, 2019 (1): 30-33.

国家有关法律法规研究提出的针对性清单①。在国家相关部门的支持下，海关总署针对首届进博会创造性地提出了一系列支持政策，量身定制了 20 多项便利举措：（1）允许展会展品提前备案；（2）设立通关专用通道；（3）对销售展品给予一次性税收优惠；（4）支持汽车展品国内留购；（5）提供海关预裁定服务；（6）简化出境手续，展品展后结转进入保税监管场所或特殊监管区域。创新性举措主要有：（1）提出了 ATA 单证册海关签注期限延长至 1 年；（2）实行保税展示展销交易常态化；（3）创新监管展览品核销的模式；（4）优化升级国际贸易"单一窗口"等管理系统，提供全流程服务；（5）积极运用风险的管理模式。这一系列的贸易便利化措施使上海海关高效完成了 1046 批展品的监管，总货值达 10 亿元，企业整体通关时间压缩 2/3，大大降低了通关交易成本，保证了海外参展商更加便利高效地参展，为首届进博会的成功举办提供了有力保障。为服务保障第二届中国国际进口博览会顺利进行，海关总署在总结固化首届中国国际进口博览会便利化措施的基础上，制定了《2019 年第二届中国国际进口博览会海关通关须知》《海关支持 2019 年第二届中国国际进口博览会便利措施》《2019 年第二届中国国际进口博览会检验检疫限制清单》和《2019 年第二届中国国际进口博览会检验检疫禁止清单》。与首届相比，便利举措更多，适用范围更广。此次发布《便利措施》和《通关须知》在延续首届进博会便利措施的基础上，把其中的延长 ATA 单证册有效期限、展品结转至特殊监管区这 2 项支持政策固化，将其适用范围扩大至今后各届进博会和其他展会；且新增了大数据管理平台应用、由办展方统一提供税款担保、食品注册审批手续简化、进境动植物及其产品的检验检疫手续简化等方面的便利措施，确保海关政策支持力度更加有力。另外，为了全面提升通关便利化水平，上海海关还设立了保障进博会的专门机构——上海会展中心海关，以统筹全部国际会展监管资源，做好进博会的监管服务保障工作。《禁止清单》则从 2018 年的 4 项缩减到仅 3 项。这一系列举措再度降低了通关成本，提高了通关效率和监管效益，从而减轻了境外参展商的企业负担，实现了最大限度的展品通关便利化。贸易便利化措施进一步推动着新一轮高水平对外开放。

目前，为延续固化首届进博会展品进出境贸易便利化支持措施，上海于 2019 年 8 月出台了《上海市新一轮服务业扩大开放若干措施》，其包括 7 大板块 40 项内容，旨在进一步扩大上海服务业开放水平，提升参与国际合作竞争力，打造上

---

① 资料来自中华人民共和国海关总署：http://www.customs.gov.cn/。

海更加全面、深入、多元化的开放新格局①。

2019年9月11日,上海浦东新区再度"加码"贸易便利化相关措施,明确提出要争取破解重点产业的通关自由化便利化"瓶颈",加快推进国际贸易中心核心承载区建设工作,加快承载中国国际进口博览会"溢出效应"。2019年1~8月,浦东海关进口整体通关时间58.14小时,比上年同期压缩35.4%,其中海关通关时间仅10.96小时。下一步,浦东海关将进一步优化口岸营商环境,扩大关税保证保险试点保险公司范围,持续推进现有贸易便利措施,结合企业需求研究服务新举②。

进博会的举办受到了国家的高度重视,为保证进博会发挥推动中国乃至世界经济发展的作用,由国务院领导牵头,涉及国家十多个部委共同致力于研究贸易便利化制度创新,这将有助于形成更优的贸易便利化机制。作为进博会举办地的上海由于自贸区的成立,在贸易监管制度探索方面积累了大量经验,有助于形成进博会贸易便利化机制,更加有助于为我国持续扩大进口提供更加有效的贸易便利化机制保障③。进博会相关贸易便利化制度一旦落实将提升上海贸易投资环境的开放度和便利度,从而进一步带动贸易投资规模的扩大。

(二)贸易结构优化

进博会的举办不仅扩大了贸易规模,更重要的是在结构上优化了我国的贸易结构。进博会带来的贸易结构优化主要体现在三个方面:进一步释放了服务贸易发展的潜能;推动了制造业贸易从低端转向中高端;推动了进出口贸易平衡发展。

1. 服务业贸易发展潜能得到进一步释放

当今世界,随着知识经济的发展,作为新兴产业的服务业在一国经济发展中的影响地位越来越大,服务业发展是未来经济发展的大势所趋。根据《2019年世界贸易报告》,预计未来在全球贸易当中,服务贸易的占比将会越来越高,2040年将会提高到50%。从全球价值链角度来看,服务业企业在全球价值链中地位越来越重要,服务贸易位于价值链的高端,能给一国带来更大的贸易创造和增值效应。目前我国服务业贸易发展还比较缓慢,远落后于西方发达国家,造成我们贸易大而不强,而进博会的举办则进一步释放了我国服务业贸易的发展

---

① 资料来自中国国际进口博览会官网: https://www.ciie.org/zbh/bqxwbd/20190814/17885.html。
② 资料来自新华社: http://www.xinhuanet.com/2019-09/11/c_1124988129.htm。
③ 张娟,沈玉良.发挥国际进口博览会效应,持续扩大我国进口 [J].国际贸易,2018 (10):45-51。

潜能。

（1）从供给方来看。首届进博会服务贸易板块展览面积达 30000 平方米，汇聚了 90 个国家和地区的 450 余家来自保税仓储、检测认证、会展物流、供应链服务、展示销售、商务咨询、专业金融等领域的国外优质服务提供商参展，设有新兴技术、服务外包、创意设计、文化教育、旅游服务、物流服务、综合服务等展区。其中，物流服务展区吸引了 FedEx、UPS、OCS、DHL、DB SCHENKER 等 12 席全球前 20 强物流服务企业参展，在船运、码头及铁路方面：法国达飞集团、中国台湾万海航运、香港东方海外 OOCL、OCEAN NETWORK EXPRESS、FESCO 等突出展示了集装箱海运新方案；希腊比雷埃夫斯港、迪拜世界港口等近 30 家境外港以及俄罗斯铁路、美国 BNSF 铁路等铁路公司展示了其多式联运全球服务能力。综合服务展区的金融服务领域有来自英国汇丰银行、渣打银行、日本瑞穗银行、新加坡新展银行等近 20 家国际银行巨头；认证及检验检测服务领域则有瑞士 SGS、法国 BV、挪威 DNV GL、德国莱茵 TUV 等国际一线标准认证机构参加；咨询服务领域吸引了安永等国际咨询机构、伊藤忠等国际供应链管理企业、AECOM 等国际建筑服务公司、索迪斯等高端餐饮服务商、WEWORK 等独立办公空间。文化教育展区则汇集了来自全球 5 大洲的 17 家机构，在数字人文领域，澳大利亚墨尔本博物馆等展示了其最新数字项目；在品牌与艺术科技方面，日本富士电视台、日本品牌株式会社展现了科技、商业和艺术的跨界合作。而旅游服务展区包含航空服务、旅游规划、文化旅游等全链条服务展示，澳大利亚航空、卡塔尔航空等近 10 家国际航空公司集体亮相；法国卢浮等全球知名酒店集团及意大利国际米兰足球俱乐部也参与到这一展区中来。第二届进博会服务贸易板块的参展国家、企业数进一步增加，参展的服务领域也进一步扩大。

（2）从需求方来看。首届进博会有 15 万国内外专业采购商到会积极参与采购交易，来自境外的采购商达 6200 多人；第二届进博会则有超过 50 万名境内外专业采购商到会洽谈采购，其中包括 7000 多位境外采购商，超过首届。以首届进博会为例，境外采购商来自农、林、牧、渔这些第一产业的仅占 4.1%，采购商主要来自制造业和服务业，其中制造业采购商约占 31.1%，包括房地产业、建筑业、交通运输、仓储和邮政业、金融业等行业在内的服务业采购商约占 52.6%，服务业中的批发和零售业占比最大，占比为 22.8%，其次是交通运输、仓储和邮政业以及租赁和商务服务业均约占 6%。从采购商所属行业的分布（见图 4-14）可以看出，服务业存在着旺盛的市场需求，服务贸易发展潜能巨大。

（3）从交易成果来看。首届进博会的重心主要集中在商品贸易，第二届进博会的交易重心除了商品贸易外，侧重点扩展至了技术贸易和服务贸易，技术贸易、服务贸易意向成交额大幅提升。这从一定程度上反映出服务贸易越来越受到重视，并且随着一系列服务贸易便利化措施的提出与落实，相信进博会服务贸易板块会越做越大，成交额会越来越高。未来，服务贸易发展潜能巨大，市场前景广阔，趋势大好。

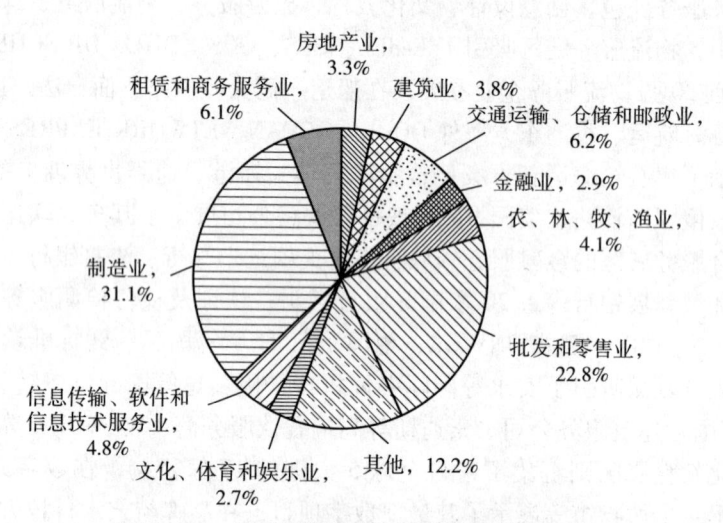

图 4－14　首届进博会境外采购商所属行业占比

资料来源：中国国际进口博览会，https://www.ciie.org/zbh/index.html。

进博会为中国服务贸易扩大进口提供了绝佳窗口，使我国可以从全球选择最优质的服务。此外，随着进博会的常年举办，一系列促进服务贸易便利化措施的落实以及对国际先进服务理念的学习，将进一步推动服务贸易发展，服务贸易与货物贸易占比会不断提升，贸易结构将会不断优化。

2. 制造业贸易转向中高端

我国制造业大而不强，在全球价值链分工中主要从事低技术低附加值的加工贸易环节，长期陷于"制造业低端锁定"困境。只有实现低端制造业贸易向中高端制造业贸易的转型，才能提升我国在全球价值链分工中的地位，从而获得更多的贸易增加值利益。

根据中国国际进口博览会官网发布的一系列大数据：采购商最感兴趣的三个展区，分别是智能及高端装备展区、消费电子及家电展区、服务贸易展区。采购商最感兴趣的前十类展品，包括人工智能、智能家居、移动设备、工业自动化与机器人、生活科技、智能家电、材料加工及成型装备、节能环保装备、健康运动产品、饮料及酒类。以首届进博会为例，制造业货物贸易意向成交额占据了整个展区成交额的半壁江山，共计 545.9 亿美元，占比 94.4%。其中食品及农产品和服装服饰及日用消费品这类低端制造业意向成交额分别为 126.8 亿美元、33.7 亿美元，占比分别为 23.2%、6.2%，共计 160.5 亿美元、占比 29.4%。其他 4 类中高端制造业意向成交额总值为 385.4 亿美元，总占比为 70.6%。其中智能及高端装备 164.6 亿美元，位居 7 大展区意向成交额的首位，占总成交额的 28.5%，占制造业成交额的 30.2%，其次是汽车展区，意向成交额为 119.9 亿美元，占总成交额的 20.7%，占制造业成交额的 22%。① 而第二届进博会进口商品实现了进一步向产业链、价值链中高端提升，进一步向高端智能装备、新技术、金融服务类等领域拓展。可以看出，进博会推动着我国商品贸易结构进一步优化，制造业贸易由低端的一般消费品买卖开始转向中高端的高新技术产品买卖。

3. 进出口贸易平衡发展

进出口贸易的平衡对于一国经济的长远平稳发展具有重要意义，贸易平衡有利于减小贸易摩擦，并且有利于减轻全球性经济危机对一国的影响，同时还有利于改善一国的对外贸易，优化外贸体制。我国长期处于贸易顺差状态，使国际金融危机对我国经济造成了较大冲击，近年来，也引发了中美贸易摩擦。在全球贸易保护主义抬头与中美贸易战不断升级背景下，推动我国贸易平衡发展显得愈发重要。

近年来，在"调结构、转方式"等政策的引导下，我国贸易顺差显著收窄，据海关统计，2018 年，我国外贸进出口总值 30.51 万亿元人民币，比 2017 年增长 9.7%。其中，出口 16.42 万亿元，增长 7.1%；进口 14.09 万亿元，增长 12.9%；贸易顺差 2.33 万亿元，收窄 18.3%②。随着经济步入高质量发展阶段，中国坚持对外开放战略，瞄准国内需求举办首届进博会，推出扩大进口系列举措。进博会的举办进一步扩大了中国进口市场，促进了进口贸易发展，推动着我国长期以来实行的出口导向型贸易模式向进出口平衡发展的贸易结构新模式转变，从之前只注重贸易量的扩大转变到对质的追求，不仅注重进口商品质量与市场需求，而且更追求出口商品质量与效益的提升。随着进博会的常年举办，预计中国贸易顺差将逐步收窄，贸易发展将更加趋于平衡化。

（三）贸易方式转型升级

1. 全球数字贸易的发展趋势

随着科学信息技术和网络技术的快速进步，全球数字经济发展之势迅猛，已

---

① 中国国际进口博览会，https://www.ciie.org/zbh/index.html。
② 资料来自中华人民共和国海关总署：http://www.customs.gov.cn/。

经成为全球经济增长的新引擎、驱动力。由图 4-15 可知，近年来，我国数字经济规模保持快速增长，从 2008 年的 4.81 万亿元上升到 2018 年的 31.3 万亿元，GDP 占比则从 15.2% 持续上升到 34.8%。2018 年数字经济发展对 GDP 增长的贡献率达到 67.9%，贡献率同比提升 12.9 个百分点，超越部分发达国家水平，成为带动我国国民经济发展的核心力量。而全球数字贸易和跨境电商产业作为数字经济的重要组成部分，相比于传统贸易方式，具有减少交易成本、提高工作效率、减少人力成本、打破贸易壁垒，帮助全球中小企业进入全球市场等众多优势，已成为一股不容忽视的先锋力量，正在成为推动传统贸易转型升级的核心力量和发展方向。目前，全球服务贸易中有一半以上已经实现数字化，超过 12% 的跨境实物贸易通过数字化平台实现。

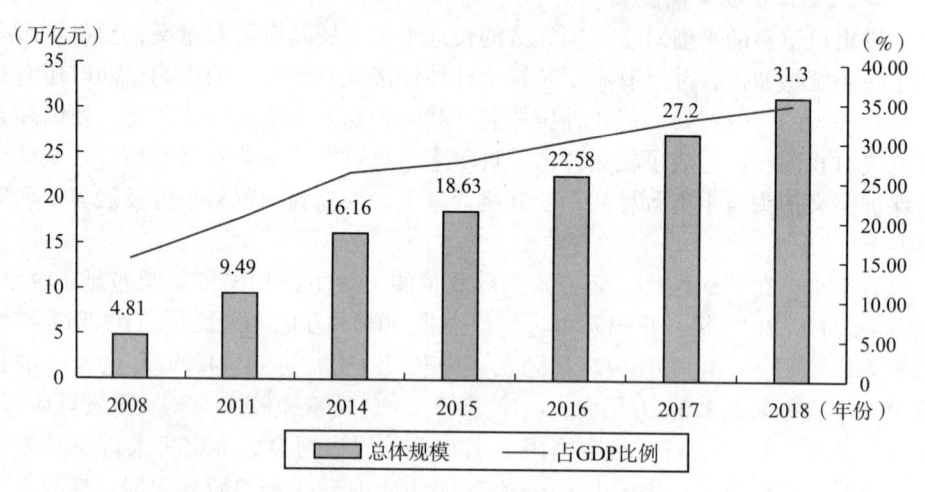

图 4-15 2008~2018 年中国数字经济总体规模及 GDP 占比

资料来源：根据中国信通院、中商产业研究院数据整理。

2. 上海数字贸易仍有很大发展空间

根据 2018 年发布《全球数字贸易促进指数报告》，中国在全球 74 个主要经济体中的数字贸易促进指数排名第 51 位，远落后于发达经济体。其中，在基础设施分指数方面，中国排名第 36 位；法律安全环境分指数方面，中国排名第 59 位；商业环境分指数方面，中国排名第 40 位。可以看出，中国目前仍处于数字贸易的发展阶段，与欧美等发达经济体间仍存在较大差距，仍存在较大的发展空间。在全球数字贸易急速发展、科学技术突飞猛进的当下，数字贸易作为新型国际贸易方式对一国经济发展起到关键性影响作用。上海作为中国经济和创新重地,一直致力于打造全球数字贸易的节点性城市,而进博会的举办则推动着上海贸易方式由传统贸易向数字贸易转型升级,给上海数字贸易的发展带来了良好契机。

3. 进博会溢出效应的体现

当今世界,数字企业已经成为全球贸易重塑的重要推手,而进博会的举办吸引了众多的贸易方式、管理理念、技术手段和服务模式创新等海外知名数字企业参展,同时也吸引了天猫国际、京东全球购、小红书、洋码头等中国跨境电商企业进驻展示、采购。通过此次进博会可以让中国的跨境电商企业更好地"引进来"和"走出去",进一步打通上下游供应链,降低各个流通环节的成本,在行业率先建立起完整的跨境电商供应链体系,在促进供给侧结构性改革、推动信息消费方面等方面抢占先机。"引进来"一方面体现在:进博会的举办给国内跨境电商企业提供了绝佳的采购国外优质产品、服务的机会与平台,同时通过与世界级跨境电商的交流合作,可以学习到海外先进的数字贸易发展经验;另一方面体现在:由于跨境电商能够让国外品牌和企业以更低风险和更低成本进入中国市场,众多国外企业将会以跨境电商为首选方式,以进博会为新跳板,进入中国市场。"走出去"体现在:进博会的举办给国内中小企业接触"一带一路"沿线国家提供了贸易交流机会,有助于它们通过线上数字营销走出国门,拓展国外市场。

除了会展期间吸引了海外大量知名的数字贸易企业参展,进博会打造的展后"6天+365天"一站式交易服务线上和线下两个平台使进口博览会对贸易规模的扩大效应不断放大:从6天拓展到了全年,从会场拓展到了全市,从线下拓展到了线上。

据统计,2019年前三季度,中国以一般贸易方式从63个境外参展国和地区进口2.17万亿元,同比增长8.7%,占同期相关进口总值的七成。其中,属于跨境电商新业态的网购保税贸易方式项下进口82.4亿元,同比大幅增长40.3%,说明我国消费者参与跨境网购的热情和能量在进博会的带动下正在不断释放①。

(四)贸易网络延伸

1. 外向贸易网络的延伸

首届进博会参展国别广泛,既有发达国家,也有发展中国家和不发达国家,共吸引了来自五大洲的156个国家、3个地区和13个国际组织参加,包括二十国集团成员、金砖国家、上合组织国家全部参展,58个"一带一路"沿线国家和

---

① 资料来自新华网: http://www.xinhuanet.com/。

35个不发达国家参展；第二届进博会参展国家、地区和国际组织则进一步上升到了181个。值得注意的是：展位展馆是免费提供给发展中国家的，主要是为了通过贸易带动投资、投资促进贸易来实现和"一带一路"沿线国家的共赢。除了国家展、企业展，城市贸易投资促进活动也是进博会的一个亮点，参展城市围绕进博会开展的活动，将进一步强化上海与全球城市之间的经贸网络关系。该活动的举办有利于将上海外向贸易网络拓展至全球贸易合作伙伴城市，与全球城市、国际贸易中心城市、港口城市等建立贸易合作伙伴关系，突出城市作为全球经济单元的作用，成为国际经贸新格局下贸易投资活动的新通道①。此外，虹桥国际经贸论坛吸引了来自世界各个国家和地区政府代表团、国际组织、参展商、采购商以及其他相关企业代表参与，首届虹桥国际经贸论坛以"激发全球贸易新活力，共创开放共赢新格局"为主题，分别以"贸易与开放""贸易与创新""贸易与投资"作为三场平行论坛议题，重点就推进贸易投资自由化便利化，构建开放型世界经济，通过发展服务贸易、数字经济、电子商务等推动贸易创新增长，挖掘增长新动力以及促进贸易投资互动和可持续发展等内容进行了讨论；第二届虹桥国际经济论坛吸引了4000多名来自全球政商学研各界嘉宾出席，主题议题范围较首届更为丰富，议题设置聚焦营商环境、人工智能、世贸组织改革、电子商务、共建人类命运共同体等前沿领域。虹桥国际经贸论坛为世界各国提供了一个包容开放交流合作的经贸对话新平台，有利于推动上海国际经贸合作的领域拓宽、层次加深。

进博会搭建了中国与世界在贸易领域的桥梁，使中国市场与全球市场更紧密地"融"在一起。非洲南部的农产品、欧洲腹地的高端装备、美洲东岸的金融服务在首届进博会期间大放光彩。进博会的举办为中国与世界各国进一步沟通交流提供了平台，增强了各国间的互信基础，同时也为各国间信息流和商品物流之间的匹配提供了可能，促进了国际贸易的发展，通过进博会的举办，上海外向贸易网络进一步向全球延伸开来。

目前，根据海关总署全球贸易监测分析中心和上海海关的统计数据，2019年前三季度，在中国进口总体微幅下降0.1%的背景下，中国从进博会国家展63个外国参展国进口整体逆势增长，实现了自48个国家进口增长，共计进口货值3.09万亿元，比2018年增长了8.8%，其中上海进口3732.9亿元，同比增长1.2%，占比12.1%②。

---

① 张娟. 进口博览会视角下上海国际贸易中心建设的内涵和路径 [J]. 国际贸易, 2019 (5)：38-46.
② 资料来源：海关总署全球贸易监测分析中心和上海海关官网。

2. 内向贸易网络的延伸

首届进博会的开幕式上，国家主席宣布支持长三角地区一体化发展并将其上升为国家战略。随着长三角地区一体化战略地位的进一步提升，可以预期长三角地区经济未来将会迎来无限的发展可能和机遇，区域协调发展在给我国经济高质量发展提供内生动力的同时也有利于上海国际贸易中心内向贸易网络的延伸。纵观伦敦、新加坡、纽约和香港等国际贸易中心城市贸易服务的范畴都不仅仅局限于城市自身，而是具有一定半径的周边城市群，上海要打造国际贸易中心也必定需要扩展其贸易网络半径，服务于长三角地区的贸易发展，建立内向的贸易网络。而此次进博会的举办使得长三角地区市场一体化上升为国家战略，这恰好给上海国际贸易中心内向贸易网络延伸带来了契机。

五、区域溢出效应

进博会带来的区域溢出效应主要体现在三个方面：一是进博会的举办宣告着"长三角区域一体化"发展上升到了国家发展战略；二是进博会的举办有利于拉动长三角地区消费、贸易、投资；三是进博会的举办有利于优化长三角区域产业价值链，推动产业转型升级。

（一）使"长三角区域一体化"发展上升到国家战略

长三角地区一直以来是我国经济增长的重要引擎，上海与江苏省的南京、无锡、常州、苏州，与浙江省的杭州、宁波、嘉兴、安徽省的合肥、芜湖、马鞍山等城市存在着天然的地理联系，这给它们之间的经济合作打下了良好基础。然而由于一系列问题造成上海与长三角地区市场分割问题突出，长三角地区至今还未形成统一的大市场，因此难以形成有效的区域集聚能力以参与全球贸易网络。针对这一问题，1982年我国政府提出了"以上海为中心建立长三角经济圈"，于2016年，发布"长江三角洲城市群发展规划"，最终在2018年11月5日的首届中国国际进口博览会上，长三角区域一体化被宣布上升为国家战略。"长三角区域经济一体化"从雏形到成形到最后一次升级经历了36年的漫长时间。此次，随着发展战略地位的提升，将会给长三角区域经济发展提供更多的政策支持和发展机遇，相信长三角地区未来发展前景一片光明。

目前，以进博会的举办为契机，借着"支持长江三角洲区域一体化发展并上升为国家战略"的"东风"，浙江嘉兴正着力建设进口商品城，而杭州正通过线上线下联动来扩大进口，吸引更多全球企业将核心生产基地、创新研发中心甚至全球总部落户杭州，通过招商引资来形成优势、主导产业的集群与全产业生态链发展，通过"引进来"帮助杭州企业更好地"走出去"。

（二）有利于拉动长三角区域消费、贸易、投资

1. 在消费方面

进博会的举办吸引了来自全球各地的参展商、采购商及相关人士的参与，大量的人流引致了对于餐饮、住宿、交通、商购、旅游、娱乐、医疗等的需求，有效地拉动了上海及其他长三角城市的消费，进一步刺激了长三角区域经济的增长。

2. 在贸易投资方面

（1）进博会有利于搭建区域贸易投资网络。

一方面，进博会的举办使来自全球的大量特色优质产品、服务在沪集聚并向长三角、长江经济带乃至全国扩散开来，这给上海及其他长三角城市的商品服务供给方带来了巨大的竞争压力，倒逼它们联合起来，加强贸易投资方面的合作，以共同应对外来冲击，保住国内市场份额。另一方面，上海和其他长三角城市由于地理的天然联系，凭借着各自的比较优势分工合作，早已初步形成了区域性产业价值链，而进博会的全局性关联效应加强了上海与长三角区域的市场关联度，带动着前向与后向关联产业协同发展，更进一步促进了长三角区域贸易投资合作。

（2）进博会搭建了高效对接的国际贸易投资促进平台。

一方面，进博会为世界各国搭建了良好的交流协作平台，方便了各国企业近距离沟通交流、加深了解、增强互信，有利于进一步促进长三角区域与国外尤其是"一带一路"沿线国家达成贸易投资合作协定。另一方面，进博会期间提出的一系列贸易投资便利化措施、贸易投资监管服务制度体系创新，随着这些政策效应向长三角区域溢出和扩散，长三角区域的营商环境将得到进一步优化，这将会吸引大量外商投资和促进达成国际贸易。目前，江苏省在南京建邺区搭建了上海之外大陆地区的首个365天全年无休全球商贸一站式交易服务——江苏国际商品博览会，由于采用了进博会"保税展示交易外借"的通关与交易模式，加上进关、报关等相关手续的简化，大大吸引了外商入境投资。

（三）有利于优化长三角区域产业价值链，推动产业转型升级

1. 从产业融合角度看

进口博览会带来了巨大的人流、物流、技术流、资金流和信息流。作为沟通

服务供给方，前向满足加工、制造、服务业各领域诸多产业寻求全球合作机遇的需要，提高三次产业全要素生产率；作为配套需求拉动方，后向拉动交通、通信、旅游、物流、商购、娱乐、酒店、餐饮、广告、设计、装修、搭建、安保、消防、海关、保险等相关服务业壮大，促进现代服务业全面繁荣①。进博会的举办有利于推动上海与长三角各省市乃至全国各地在贸易、物流、投资、旅游、金融、数据等领域的合作，带动前向与后向关联产业繁荣。其全局性关联效应实现了会展与长三角区域相关产业的联动发展，这将有利于带动相关产业发展，实现产业融合发展。

2. 从区域产业价值链角度看

"三省一市"中的上海具有制度规范、品牌知名、人才高地等优势；江苏制造业强，浙江信息产业活跃。安徽幅员辽阔，土地资源丰富，拥有丰富廉价的劳动力资源。进博会举办带来的引致需求，有利于各地按照自己的比较优势，进行分工协作，形成长三角区域产业梯度健康发展，而区域产业价值链的构建和优化又会进一步促进高质量的经济一体化。

3. 从产业转型升级角度看

进博会的举办有利于长三角区域从低技术含量低附加值的加工制造业向高技术含量高附加值、创新型产业转型升级，从而进一步提升"中国制造"的国际影响力和国际竞争力，进而走向"中国创造"。

进博会的举办集聚了各国特色优质商品、服务及高端创新要素和优质资源。大量优质商品和服务的进口，加大了长三角区域企业的竞争压力，倒逼长三角企业不断地改进生产技术，提高生产效率，降低生产成本，同时激励它们合理利用国外高端创新要素和优质资源，加大研发投入，提升创新发展能力，以实现产业的升级换代，更好地满足国内升级的消费需求。

进博会展示了大量来自全球的高、精、特、优、尖科技及"人工智能+"产品，由于地理位置的优势，长三角区域企业可以近距离地接触这些国际最尖端、最前沿的新产品、新技术；同时进博会吸引了大量国际一流企业参展，为长三角区域企业和国际先进企业搭建了交流协作平台。长三角区域企业一方面可以引进、消化吸收国外先进技术，借助技术溢出效应来改进自身的生产技术，提高生产效率，另一方面可以通过与国外企业交流，学习国外先进的管理经营理念，提高经营效率，最终提升整个产业的核心竞争力。

---

① 张敏，裘小婕. 承接放大进博会带动溢出效应［J］. 中国会展，2019（1）：120-124.

第四节　进博会的溢出效应与上海国际贸易中心联动发展

一、扩大进口规模，优化贸易结构，推动进出口平衡发展

通过进一步降低进口关税和进口非关税壁垒；优化进口通关流程、简化进口程序，提升通关便利化水平，降低进口环节制度性成本；培育进口促进平台等措施，扩大进口规模、促进进口贸易的优化增长，完善上海国际贸易中心进口贸易功能建设，推动进出口贸易平衡发展，实现国际收支平衡。

在扩大贸易规模的同时，更要注意贸易结构的优化。一方面，适度减少低端制造业商品的进口，增加中高端制造业商品进口。可以降低一些关系民生的重点消费品的进口关税，适度有序增加一般消费品进口；加大对先进适用技术、设备、仪器、材料等国内紧缺物资的进口力度。高端技术产品的进口和高端技术的直接引进带来的"技术溢出效应"和"倒逼机制效应"可以提升我国生产效率和推动消费供给创新。另一方面，新时代背景下，上海国际贸易中心建设要顺应全球贸易主体从制造向服务演变的趋势，突破服务贸易制度瓶颈，大力发展新兴服务贸易。要深化推进《上海市新一轮服务业扩大开放若干措施》中的政策落地实施，不断加快金融保险、通信、计算机信息、专业服务业、国际贸易结算和国际会展等知识密集型服务业领域的开放，提高服务贸易便利化程度。同时，上海可以依托自身优势，大力承接服务外包和大力发展电子商务、供应链管理、贸易中间商等新型服务贸易业态。通过推动服务贸易的发展，可以学习国外先进的服务理念，提高上海服务业竞争力，促进上海国际贸易中心贸易增长方式的转变。

此外，上海还可以依托口岸优势，大力发展离岸贸易和转口贸易，培育上海国际贸易中心具有国际竞争力的外向型功能。

二、加快制度创新，营造便利化、国际化、法制化的国际一流营商环境

首先，在营商环境便利化方面：要进一步巩固拓展上海自贸区和进博会在外商投资管理制度和贸易监管制度上的创新成果，使一系列投资贸易便利化措施落地生根，加快形成符合国际惯例的常态化投资贸易便利化制度，以实现上海国际

贸易中心营商环境的便利化。一方面，加快上海自贸区政策在全市的复制推广，如外商投资负面清单管理模式、市场准入"证照分离"、国际贸易"单一窗口"监管服务制度、适应金融开放创新的 FT 账户分账核算体系、服务业扩大开放、跨境电子商务公共服务平台、跨境股权投资及资本交易平台。此外，还应依托进博会期间成立的自贸区新片区，加快探索"境内关外"制度体系；在自贸区新片区对税制的改革完善进行先试先行，以提高公平性和竞争力。另一方面，加快推进进博会贸易便利化制度常态化。积极推动进博会允许展会展品提前备案、以担保方式放行展品、延长 ATA 单证册项下货物暂时进境有效期、展品展后进入保税监管场所或特殊监管区域视同离境予以核销等监管制度创新延伸至其他重点展会和展览场所[①]。此外，应该加大对进口保税展示交易的支持力度，实行保税展示展销交易常态化，并进一步扩大其适用范围，争取除进博会展会期间外，平时经海关批准的保税仓库也可以开展保税展示交易业务。

其次，在营商环境国际化方面：要加快对标国际营商环境指标，通过对标世界银行最新营商环境指标查找自身存在的短板，然后对照国际最高标准，努力改善提升营商环境水平，力争营造最高标准、最好水平的制度环境，实现上海国际贸易中心营商环境国际化。加快推进金融制度创新，推动进博会与上海国际金融中心建设联动，加快人民币国际化步伐，建立进口贸易人民币支付、跨境结算和投融资机制，提高跨境贸易结算和投融资效率。

最后，在营商环境法制化方面：加强知识产权保护与外贸信用体系建设，实现上海国际贸易中心营商环境法制化。健全知识产权执法与服务体系，建立打击知识产权违法常态化机制，实施惩罚性赔偿制度。加强跨区域市场监管和知识产权保护，完善进口消费品质量安全投诉平台，坚决打击仿冒侵权行为。强化知识产权服务能力，完善知识产权代理、评估、咨询服务体系，提升科技成果转移转化增值服务能力。加强信用体系建设，依托信用信息共享平台，加大信用信息共享和公开力度，完善信用法规体系和标准规范[②]。

三、搭建平台经济，转变贸易方式，聚焦数字贸易

(一) 数字贸易

目前全球互联网的使用人数已达 41.57 亿人，互联网普及率达 54.4%，互联

---

① 张娟，沈玉良. 发挥国际进口博览会效应，持续扩大我国进口 [J]. 国际贸易，2018 (10)：45-51.
② 李锋，陆丽萍. 努力打造新一轮高水平对外开放的标杆——2019 年上海开放新思路 [J]. 科学发展，2019 (3)：37-45.

网在促进知识信息沟通、加速商业交易、提高生活便利等方面发挥了重要作用。进入21世纪，云计算、大数据、人工智能等互联网技术日新月异，开辟了崭新的数字化时代，引领全球经济加速转型和变革。数字经济已爆炸性地渗透人类生产生活的各个领域，作为经济全球化和数字经济的必然产物，数字贸易这一新型贸易模式诞生了。随着大数据、人工智能、区块链、5G等技术的发展，全球已经进入数字经济时代。世界贸易组织《2019全球贸易报告》显示，超过一半的全球服务贸易已经实现数字化。数字贸易代表了数字化时代现代贸易的发展方向，体现了互联网技术、知识经济与现代贸易的深度融合，它以现代信息网络为载体，以数字技术创新为驱动力，以互联网为媒介实现产品和服务的传输及互易，在提高交易效率、降低交易成本和创新贸易模式等方面具有巨大优势。数字贸易极大改变了全球商业模式，不仅为一批新兴产业成长铺平了道路，也为传统制造业提升复原力提供了信心和动力。同时，数字贸易的发展降低了国际贸易的准入门槛，为中小企业进入国际市场提供了广阔的空间和机遇。可以说，数字贸易已成为驱动全球经济增长的新动力和新引擎。

互联网已对世界经济产生了深远的影响，数字经济渗透率不断提升，推动了全球数字贸易的高速发展。在国家与企业层面，全球数字贸易重塑着贸易和竞争格局，在平台及技术层面，全球数字贸易创新着产业与技术模式。

从国家层面来看，发达经济体领跑数字贸易，但新兴经济体成长潜力大。以美国为首的发达经济体仍是全球数字贸易的引领者，这主要得益于发达经济体强大的互联网基础和极富竞争力的数字技术、产品及服务。然而，从中长期来看，新兴经济体凭借庞大的市场空间和不断缩小的技术差距，具有发展数字贸易的巨大潜力。特别是在跨境电商领域，以中国为代表的新兴经济体已经跃居世界前列，有望通过全球数字贸易实现产业转型升级和"弯道超车"。

从企业层面看，互联网巨头主导数字贸易，但中小企业机遇广阔。当前，互联网巨头公司仍掌控着全球数字贸易的话语权，这些互联网巨头公司主要分布在美国和中国。尽管互联网巨头的地位暂时难以撼动，但数字贸易凭借其开放、共享和包容的模式，为一大批中小企业快速融入全球价值链提供了良好的平台。在传统对外贸易时代，中小企业参与全球贸易面临较高的壁垒，而在数字贸易时代，中小企业能与境外企业及消费者直接对接，极大减少了进入全球贸易的壁垒。

从平台层面看，跨境电商领军数字贸易且产业互联趋势明显。新一代信息技术的进步及应用推动了跨境电子商务的高速发展，正主导着新一代数字贸易体系的演化形成，并推动着与之配套的全球采购体系、生产体系、支付体系和物流体系的转型发展。消费互联网时代强调营销和流量，而产业互联网时代强调以数据和信息为纽带，注重产业间和产业内部的整合、协同与融合，强调服务至上。以数字贸易平台为核心，通过整合贸易链上的各个环节，构建起包括商家、政府、海关、金融机构、服务商、产业带、买家、海外渠道、行业联盟等在内的庞大数字贸易生态圈。

从技术层面看，云服务及联网设备的快速增长打开了数字贸易的新空间。云平台的分布式数据存储网络极大降低了成本且大幅提高了海量数据的存储和处理能力。云服务不仅促进了数字贸易的快速发展，而且其本身也是数字贸易的一个重要来源。在数字化的智能时代，越来越多的消费者使用基于云服务的应用程序，通过语音、文本或视频进行通信。除了计算机以外的各种设备也更多地参与互联网交互活动中，智能手机、平板电脑、智能汽车、智能家居等联网设备数量的快速增长，为交易、通信及数据收集开辟了新的路径。

（二）进博会数字贸易

数字贸易塑造了世界贸易新形态。在首届中国国际进口博览会上，阿里巴巴集团CEO张勇宣布了阿里的"大进口计划"——未来5年实现全球2000亿美元的进口额，这一计划将涉及120多个国家和地区多个特色进口品类。2018年11月5日，国家主席习近平在出席虹桥论坛上特别提到，支持跨境电商发展，将跨境电商作为促进贸易发展的重要途径。

第二届中国国际进口博览会，正在成为世界经济包容性增长和可持续发展的新引擎，也应当且能够发展为一个集货物贸易、服务贸易、技术贸易、文化贸易等为一体的全球数字贸易平台，实现数字品牌展示、数字产品交易、数字贸易服务等多种功能，拓展出全球贸易新形态、全球数字贸易平台新格局。

数字化赋能贸易，将深度重构交易的标的、方式、规则和地位。以进博会为契机，依托大数据、区块链、人工智能等科学技术，实现全球数字贸易间互联互通，形成全球数据贸易中心数据库，对数字贸易业务进行分析、挖掘和支持，完成合同交易的自动化。必须保障平台的安全可控，探索适应数字贸易创新发展的体制机制、政策措施和操作路径，加快优化营商环境，最大限度激发市场活力，构筑全球数字贸易优势，推动消费互联网向产业互联网转型。

在2019年11月19日举行的首届浦东国际数字商务大会暨第五届"互联网＋"国际贸易新发展、新平台、新服务峰会上，20家电商跨境服务机构和浦东电商跨境服务基地签署了战略合作计划，将形成合力、全面助推新型数字贸易主体的集聚，做强数字商务功能。本次大会聚焦"国际数字商务"，围绕"国际贸易新发展、新平台、新服务"深入研讨和实践培训,为企业对接新资源、研究新趋势、挖掘新亮点、探索新模式带来新的机遇,吸引了包括亚马逊、阿里巴巴、WISH、eBay、Shopee 等共同参与。通过这一服务上海、辐射长三角、面向国际市场的行业性会议,帮助企业利用互联网平台及智能化营销等新技术、新服务进一步开拓国际市场,促进企业品牌出海。

(三)跨境电商

第二届中国国际进口博览会刚刚落下帷幕,吸引了全球目光。事实上,中国电商把在国内市场积累的丰富经验投向了跨境电商这片新蓝海,已然搭建起了线上永不落幕"进博会"。通过这一发展最快、独创性最强的领域,中国电商正在成长为国际贸易的重要力量,深远影响着世界贸易格局。

从图 4-16 中可看出,2018 年中国跨境电商交易规模达 9 万亿元,同比增长 11.6%。2018 年中国跨境电商依然保持持续增长,得益于一系列制度支持和改革创新,以及互联网基础设施的完善和全球性物流网络的构建交易规模日益扩大,跨境电商正成长为推动中国外贸增长的新动能。为了加快跨境电商发展,国务院再设 22 个跨境电商综试区。作为新兴业态,跨境电商正是在政策的扶持下得以快速发展。同时,云计算、大数据、人工智能等数字技术被广泛运用于跨境贸易生产、物流和支付等环节,提高了行业效率,加之像卓志等服务商群体的不断助推,各方皆推动跨境电商呈现蓬勃的发展态势。

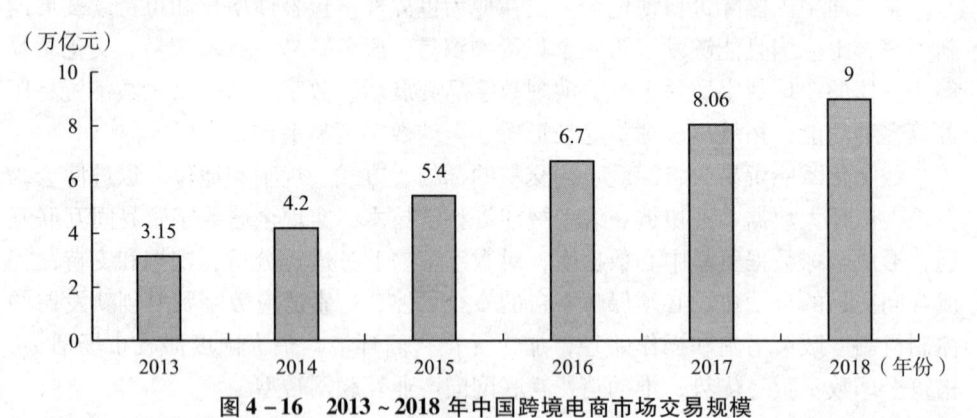

图 4-16 2013~2018 年中国跨境电商市场交易规模

资料来源:《2018 年度中国电子商务市场数据监测报告》,http://www.100ec.cn/zt/2018dsscbg/。

从图 4-17 可以看出,2018 年中国跨境电商的进出口结构中出口占比达到 78.9%,进口比例 21.1%。跨境电商交易结构中,出口依然占据主导地位,品牌

"出海"成为近年来发展的主流趋势。在出口电商中,庞大的海外市场需求及外贸企业转型升级的发展等因素都助推行业快速发展。进口电商方面,消费升级和扩大进口的政策都使该市场有巨大的发展空间。国外零售商品目前借助两条路径进入中国,即一般贸易模式和跨境电商模式。在更积极开放的政策支持下,跨境电商模式交易流程扁平化、服务集约化。

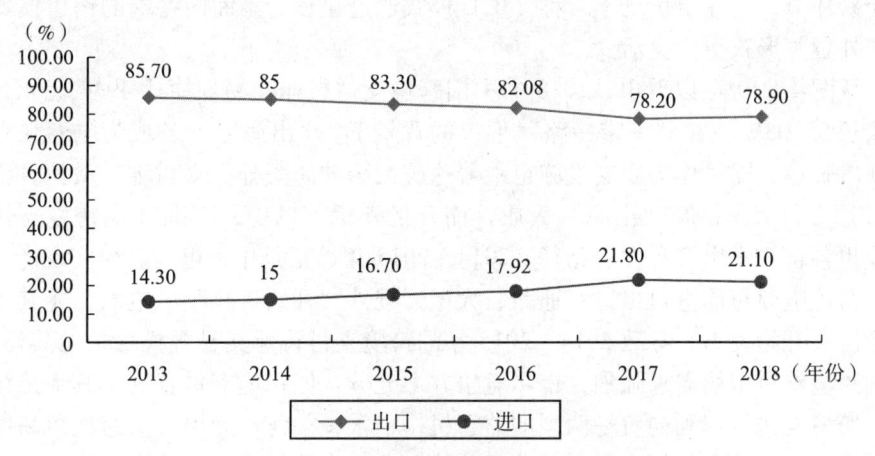

图4–17 2013~2018年中国跨境电商交易规模进出口结构

资料来源:《2018年度中国电子商务市场数据监测报告》,http://www.100ec.cn/zt/2018dsscbg/。

从图4–18可以看出2018年中国跨境电商B2B交易占比达83.2%,跨境电

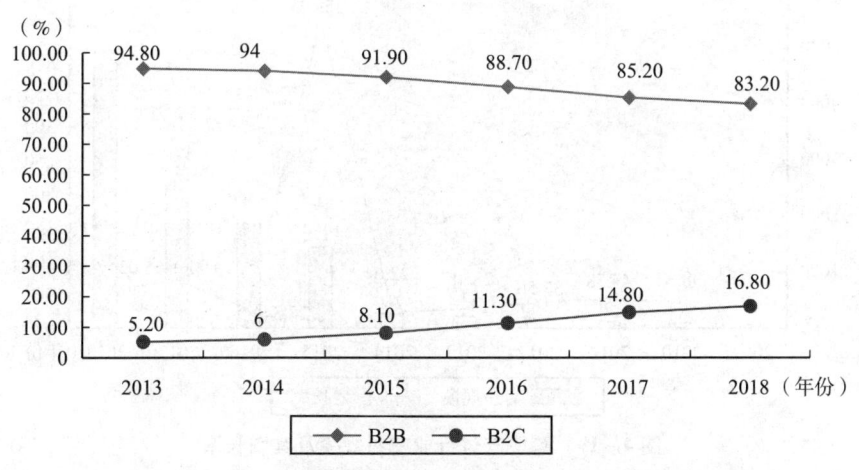

图4–18 2013~2018年中国跨境电商B2B与B2C交易规模

资料来源:《2018年度中国电子商务市场数据监测报告》,http://www.100ec.cn/zt/2018dsscbg/。

商 B2C 交易占比 16.8%。B2B 模式在跨境电商模式占比超八成，多年来一直占主导地位。跨境电商 B2B 的商业模式在于去中间化，即过滤掉过多的销售环节，让品牌商和产品直接接触，通过用户来反作用于生产方和品牌方。当前包括阿里巴巴、亚马逊等各大平台也在加速布局该领域。越来越多的 B2C 跨境电商平台建立起来，跨过众多的中间环节直接连接工厂与消费者，以 B2B2C 的形式减少了交易环节，消除了信息不对称。B2C 模式通过化整为零面向终端的销售模式比传统外贸等形式更为灵活。

从图 4-19 可以看出，2018 年中国跨境支付行业交易规模达 4944 亿元，同比增长 55.03%。在"一带一路"倡议的背景下，"出海"业务成为电商强有力的新增长点，支付作为底层设施也乘着这艘大船驶向海外。支付宝、微信、银联等 C 端支付率先扛起"出海"大旗，而万亿外贸市场中，瞄准 B 端跨境支付的企业也各自摸索出多种发展路径。2014~2015 年，正是中国电商开始实现产品转型、跨境电商布局进口出口双通路、大量传统外贸开始接触跨境电商，尤其一些电商巨头开始发力，导致 2014~2015 年的跨境支付行业交易规模增长尤其显著。目前跨境支付市场需求强烈，市场竞争并不充分，但跨境支付有别于其他传统支付，跨境支付过程须向贸易两国的监管机构申报，如何设计出解决跨境贸易细分市场痛点的跨境支付解决方案并获得监管机构的支持，改变贸易双方的习惯，是跨境支付企业需要解决的难题。

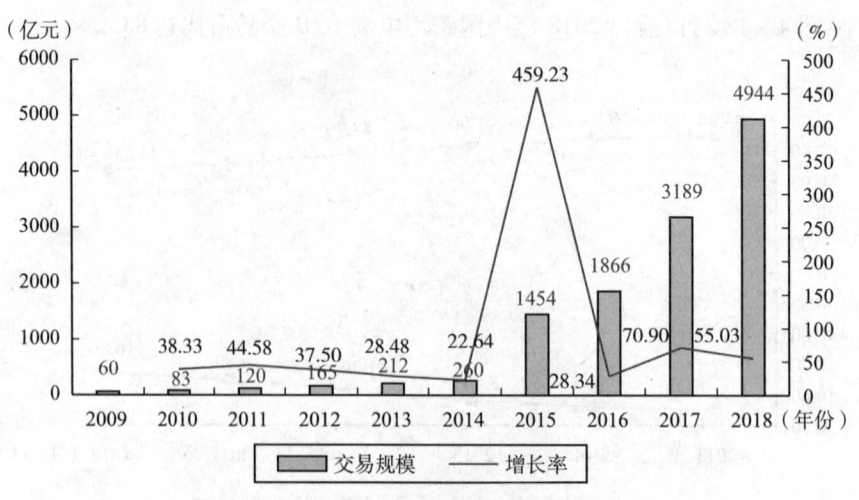

图 4-19 跨境支付行业交易规模及其增长率

资料来源：《2018 年度中国电子商务市场数据监测报告》，http://www.100ec.cn/zt/2018dsscbg/。

跨境电商已成为我国外贸发展强有力的增长点，众多国际品牌纷纷把中国跨境电商企业作为入华首选贸易伙伴。如何强化国际资源合作，发挥地方产业集群优势，抓住进博会带来的巨大商机也成为当下热门话题。2019年11月6日，在第二届进博会期间，作为官方配套活动的"2019中国国际跨境电商发展高峰论坛""2019跨境电商促进贸易发展论坛"等系列跨境电商国际论坛如期举办，论坛以"放眼全球新格局新模式，聚焦转型与升级"为主题，以高规格、高水准、高质量的内容呈献给全球来华访客。

"2019中国国际跨境电商发展高峰论坛"（主论坛）由联合国国际贸易中心、中国电子商会主办，上海虹桥商务区管理委员会、上海闵行区人民政府联合主办，2019年11月6日在上海虹桥举办，超过1000多名跨境电商企业代表出席会议，联合国国际贸易中心、国家市场监督管理总局、商务部、中国电子商会、上海市政府、上海虹桥商务区管理委员会、上海闵行区人民政府等领导嘉宾受邀出席并现场解读宏观政策，剖析国际贸易形势，来自欧洲、韩国、非洲、泰国、新加坡、马来西亚等多国商协会、企业共聚一堂，与洋码头、拼多多、考拉海购、Shopee、Jumia、唯品会等电商企业共同商讨合作新机遇。

四、完善贸易网络，加强区域间和国际间合作，实现合作共赢

中国国际进口博览会的举办，进一步凸显了上海国际贸易中心在全球贸易中的枢纽地位和长三角区域贸易龙头地位。上海国际贸易中心要想打造成国际一流的贸易中心，就必须完善其贸易网络，一方面，构建覆盖至长三角区域、辐射全国的内向贸易网络；另一方面，构建以"一带一路"沿线国家为重点、面向全球的外向贸易网络。

一方面，要完善基础设施建设，实现互联互通。上海要拓展其贸易网络，就必须要有四通八达的交通网，上海可以利用经济优势，构建海、陆、空立体式交通网络，提高运作效率。确立以浦东国际机场为主的组合型亚太地区航空枢纽港地位，推进跨境基础设施互联互通，建设国际大通道和国际经济合作走廊；完善城市之间公路、铁路建设，推动构建以上海为中心的长三角大都市圈[①]；以进口博览会举办为抓手，重点加强网络通道建设，加快5G网络建设，实施贸易数据协同、简化和标准化，推动数字网络连通。最终形成与贸易合作伙伴间的空中、海上、陆上、网上"四位一体"的贸易通道体系。

---

① 王茜. 上海国际贸易中心建设还需努力［N］. 国际商报，2018-03-07（007）.

另一方面，要深化合作领域，实现合作共赢。在城市作为全球贸易投资活动主要载体的今天，上海要借助进博会举办的平台效应，加强国内省市与国外贸易城市、港口城市、物流城市、金融城市等建立合作伙伴关系，打造国际经贸新形势下贸易投资合作的新通道。合作的领域可以进一步扩大，不局限于贸易投资领域，可以更多地开展物流、金融、服务、技术、数据等领域的合作。在贸易合作方面，要减少合作伙伴间的贸易壁垒，实施贸易便利化措施；在投资合作方面，要加强双向投资力度，以投资夯实贸易的产业基础，并通过优化产业投资结构，推动形成资源能源、制造中间品和最终消费品共同组成的货物进口贸易格局，以及劳动、资本和知识共同构成的服务进口贸易格局；在物流合作方面，可以依据长三角区域城市的各自地理优势，开展物流合作，以推进国内贸易发展；在服务合作方面，通过服务买卖以及借助进博会平台与国际一流服务提供商交流，学习国外先进服务理念，加快建设上海在会计、金融、法律、咨询等领域的专业化贸易服务网络，同时，上海要面向长三角区域打开服务业空间格局，加强科技、养老、文化、体育、旅游休闲等产业区域协同发展；在技术合作方面，可以积极延伸进博会合作链条，从引进技术向合作研发转变，在上海建设国际技术交易市场，构建国际技术转移网络，进一步加强与发达国家和地区的创新企业的高端技术合作；在数据合作方面，建设信息平台，推动包括参展商、采购商、服务商的深度信息在长三角区域城市的共享，促进交流，从而形成一定的"抱团"效应。

第五章

粤港澳大湾区与自贸试验区互动发展研究

第一节 研究背景与意义

我国改革开放40多年的实践证明，区域开放与区域发展直接相关。区域开放是促进区域发展的重要动力之一。当前，在我国推动形成全方位对外开放新格局的趋势下，区域开放与区域发展面临新形势、新挑战。如何在对外开放新格局中优化区域开放布局，提升区域发展水平和质量，发挥不同区域在开放中的不同角色，既是我国扩大开放的现实需求，又是推动区域协调发展的内在要求。粤港澳大湾区受到高度关注，正迎来新的发展机遇。湾区经济不仅是新的开放模式和发展理念，也是继特区、自贸区后新一轮对外开放的引擎，大湾区的发展也将为国家发展注入新的活力，而自贸区正是粤港澳大湾区的引爆点。如何实现互动发展，无论是对深化自贸区改革，还是深化粤港澳合作，都具有重要指导意义。

粤港澳大湾区是由珠三角区域九市（广州、佛山、肇庆、深圳、东莞、惠州、珠海、中山、江门）、香港和澳门两个特别行政区构成的城市群，是以"9+2"珠三角区域合作为基础，国家打造世界级城市群参与全球竞争的重要战略。

粤港澳大湾区总面积5.6万平方千米，2018年末总人口已达7000万人，是中国开放程度最高、经济活力最强的区域之一，据2019年初大湾区9城市公布的GDP数据，2018年大湾区GDP总量约为10.87万亿元。

纽约湾区以金融为特征，东京湾区以制造业中心为特征，旧金山湾区以创新、研发为特征，粤港澳大湾区集合了金融、科技、产业三大优势。"赋予自由贸易试验区更大改革自主权，探索建设自由贸易港"这一提法，为自贸试验区带来了新的利好。

2018年4月13日，习近平在庆祝海南建省办经济特区30周年大会上郑重宣布设立海南自由贸易港。成熟的区域联动经济需要基础设施互联互通、区域创新共同体、地区间有共同的利益链条、区域间有完善的合作机制、发达的金融业支撑，海南自由贸易港处于粤港澳大湾区和东盟的中间地带，其建设既需要先天的地理环境以形成临港产业群，也需要后天开放的经济结构、高效的资源配置能力。

粤港澳大湾区与其他自贸区/港如何联动发展？区域共同体需要每一个成员都认同的规则来约束，只有这样才能降低合作成本，提高合作效益，达到共同的目标。除了中央的顶层设计，还需要地方政府有胆识有智慧地实施新的制度安排，创造性地提供准公共物品。粤港澳大湾区应该站在国家战略的高度，真正用好香港的地缘优势，进一步从制度上解决目前的市场开放度大于社会开放度的问题，进一步从机制上解决人才国际化问题。

第二节 粤港澳大湾区的发展机遇及问题

"湾区"一般指由港湾及周边城市区域共同组成的特殊城市群，其特殊的地理位置、交通条件和环境，使湾区具有较好的发展基础及前景。湾区产业以港口中心城市主导产业为核心，以腹地内各级次中心城市配套产业为支撑，以综合运输体系为联络动脉，形成具有合理职能分工和协作的大都市圈产业集群。国际知名湾区如纽约湾区、旧金山湾区、东京湾区等，以开放性、创新性、宜居性和国际化为其最重要特征，具有开放的经济结构、高效的资源配置能力、强大的集聚外溢功能和发达的国际交往网络，发挥着引领创新、聚合资源的核心功能。《珠江三角洲城镇群协调发展规划（2004－2020）》《广东省国民经济和社会发展第十三个五年规划纲要》中陆续提出环珠江口湾区及粤港澳湾区的建设设想。

一、国外湾区比较

（一）旧金山湾区

旧金山湾区位于美国西海岸加利福尼亚州北部，陆地面积1.8万平方千米，是加州第二大都会区，人口超过760万，仅次于大洛杉矶地区，共有9个县，城镇多达 101 个。其主要城市包括旧金山半岛上的旧金山、东部的奥克兰和南部的圣荷西等，世界著名的高科技研发基地硅谷位于湾区南部。湾区是世界上重要的高新技术研发中心之一和美国西海岸最重要的金融中心。

旧金山湾区是世界最重要的科教文化中心之一，拥有多所世界著名高等学府，包括：公立型的加州大学伯克利分校、私立型的斯坦福大学、加州大学戴维斯分校，以及世界顶级医学中心加州大学旧金山分校等。湾区内有五个国家级研究实验室，包括：劳伦斯伯克利国家实验室、劳伦斯利弗莫尔国家实验室、航空航天局艾姆斯研究中心、农业部西部地区研究中心、斯坦福直线加速器中心等。

以硅谷为中心，旧金山湾区曾经是军事电子产品的生产基地，随着半导体、微处理器和基因技术的出现，湾区高技术企业主要是信息技术和生物技术。包括计算机和电子产品、通信、多媒体、生物科技、环境技术，以及银行金融业和服务业。著名的电脑公司如苹果、惠普、升阳、英特尔和 IBM 等都位于硅谷。

（二）纽约湾区

纽约湾区以金融产业为主，是世界著名金融中心及航运中心，总面积达到 33484 平方千米，人口达到 6500 万。2016 年其 GDP 总量达 1.66 万亿美元，与北京上海广州深圳四城市 GDP 总和相当，其中金融保险类产业产值占总 GDP 的 30% 以上，可以说金融业是纽约湾区的主导产业，同时制造业、服装、印刷、化妆品等产业同样居世界领先地位。纽约湾区的成功主要有以下因素：一是拥有大量高校，包括两所世界著名高校，具有强大的科技研究基础；二是拥有优越的地理条件，纽约市港口是东海岸唯一联通五大湖区及内地航运的港口；三是形成以曼哈顿为中心的世界金融及商业中心，为纽约湾区的发展注入巨大活力。四是纽约港自由贸易区采取关税减免及优惠政策，对大企业集聚产生促进作用。

（三）东京湾区

东京湾区内部产业集聚明显，形成了世界著名的经济中心。东京湾区位于日本本州岛中部太平洋海岸，由东京、横滨、川崎、船桥、千叶五大城市共同组成，六大港口首尾相连，面积达 9760.18 平方千米，湾区总体吞吐量超过五亿吨。东京湾区经济总量占日本全国的 2/3、人口占 1/3、工业 GDP 占 3/4，形成了金融中心、商业中心、交通中心，湾区内部产业分工明确，具体产业包括钢铁、石油化工、有色冶金、现代物流、高新技术、装备制造及游戏动漫等，其经济水平和城市化发展程度在世界上居领先地位。

(四)鹿特丹港

鹿特丹港逐渐从渔港码头发展为商业码头,再到吞吐量达世界第三、欧洲第一的"欧洲门户",形成了完善的港区产业集群。鹿特丹港自建港以来不断向莱茵河下游迁移,不断趋向深水航道。鹿特丹港形成临港工业区,其石油化工、装备制造、高新技术等产业达到鹿特丹港整体 GDP 的 1/2 以上。美日等国的欧洲物流中心均坐落在鹿特丹港,随着港口的不断拓展,鹿特丹港形成了交通物流、装备制造、石油化工、金融保险等产业集聚的湾区。

二、粤港澳大湾区的发展机遇

(一)粤港澳大湾区的发展规划

2019 年 2 月 18 日,中共中央、国务院印发了《粤港澳大湾区发展规划纲要》(以下简称《规划纲要》),并要求各地区各部门结合实际认真贯彻落实。建设粤港澳大湾区,既是新时代推动形成全面开放新格局的新尝试,也是推动"一国两制"事业发展的新实践。《规划纲要》是指导粤港澳大湾区当前和今后一个时期合作发展的纲领性文件。规划近期至 2022 年,远期展望到 2035 年。

《规划纲要》对大湾区的战略定位是充满活力的世界级城市群。依托香港、澳门作为自由开放经济体和广东作为改革开放排头兵的优势,继续深化改革、扩大开放,在构建经济高质量发展的体制机制方面走在全国前列、发挥示范引领作用,加快制度创新和先行先试,建设现代化经济体系,更好融入全球市场体系,建成世界新兴产业、先进制造业和现代服务业基地,建设世界级城市群、具有全球影响力的国际科技创新中心。瞄准世界科技和产业发展前沿,加强创新平台建设,大力发展新技术、新产业、新业态、新模式,加快形成以创新为主要动力和支撑的经济体系;扎实推进全面创新改革试验,充分发挥粤港澳科技研发与产业创新优势,破除影响创新要素自由流动的"瓶颈"和制约,进一步激发各类创新主体活力,建成全球科技创新高地和新兴产业重要策源地。

第一,粤港澳大湾区"一带一路"建设的重要支撑。更好发挥港澳在国家对外开放中的功能和作用,提高珠三角九市开放型经济发展水平,促进国际国内两个市场、两种资源有效对接,在更高层次参与国际经济合作和竞争,建设具有重要影响力的国际交通物流枢纽和国际文化交往中心。第二,粤港澳大湾区是内地与港澳深度合作示范区。依托粤港澳良好合作基础,充分发挥深圳前海、广州南沙、珠海横琴等重大合作平台作用，探索协调协同发展新模式，深化珠三角九市与港澳全面务实合作，促进人员、物资、资金、信息便捷有序流动，为粤港澳发展提供新动能，为内地与港澳更紧密合作提供示范。第三，粤港澳大湾区是宜居宜业宜游的优质生活圈。坚持以人民为中心的发展思想，践行生态文明理念，充分利用现代信息技术，实现城市群智能管理，优先发展民生工程，提高大湾区民众生活便利水平，提升居民生活质量，为港澳居民在内地学习、就业、创业、生活提供更加便利的条件，加强多元文化交流融合，建设生态安全、环境优美、社会安定、文化繁荣的美丽湾区。

《规划纲要》中明确了香港、澳门、广州、深圳四大中心城市作为区域发展的核心引擎，继续发挥比较优势做优做强，增强对周边区域发展的辐射带动作用。根据四大中心城市的发展，城市发展定位也各不相同。

香港：巩固和提升国际金融、航运、贸易中心和国际航空枢纽地位，强化全球离岸人民币业务枢纽地位、国际资产管理中心及风险管理中心功能，推动金融、商贸、物流、专业服务等向高端高增值方向发展，大力发展创新及科技事业，培育新兴产业，建设亚太区国际法律及争议解决服务中心，打造更具竞争力的国际大都会。

澳门：建设世界旅游休闲中心、中国与葡语国家商贸合作服务平台，促进经济适度多元发展，打造以中华文化为主流、多元文化共存的交流合作基地。

广州：充分发挥国家中心城市和综合性门户城市引领作用，全面增强国际商贸中心、综合交通枢纽功能，培育提升科技教育文化中心功能，着力建设国际大都市。

深圳：发挥作为经济特区、全国性经济中心城市和国家创新型城市的引领作用，加快建成现代化国际化城市，努力成为具有世界影响力的创新创意之都。

建设粤港澳大湾区是习近平总书记亲自谋划、亲自部署、亲自推动的国家战略，是新时代推动形成全面开放新格局的新举措，也是推动"一国两制"事业发展的新实践。《粤港澳大湾区发展规划纲要》这份纲领性文件对粤港澳大湾区的战略定位、发展目标、空间布局等方面做了全面规划，一个富有活力和国际竞争力的一流湾区和世界级城市群将在不懈奋斗中一步步化为现实。

建设粤港澳大湾区是立足全局和长远发展作出的重大谋划。作为我国开放程度最高、经济活力最强的区域之一，粤港澳大湾区在国家发展大局中具有重要战略地位。改革开放40年来，粤港澳大湾区经济实力、区域竞争力显著增强，已具备建成国际一流湾区和世界级城市群的基础条件。按照规划纲要，粤港澳大湾区不仅要建成充满活力的世界级城市群、国际科技创新中心、"一带一路"建设的重要支撑、内地与港澳深度合作示范区,还要打造成宜居宜业宜游的优质生活圈,成为高质量发展的典范。推动粤港澳大湾区建设,有利于贯彻落实新发展理念,为我国经济创新力和竞争力不断增强提供支撑;有利于进一步深化改革、扩大开放,建立与国际接轨的开放型经济新体制,建设高水平参与国际经济合作新平台。

建设粤港澳大湾区是保持香港、澳门长期繁荣稳定的重大决策。40年改革开放是香港、澳门同内地优势互补、一起发展的历程,也是香港、澳门日益融入国家发展大局、共享祖国繁荣富强伟大荣光的历程。香港、澳门融入国家发展大局是"一国两制"的应有之义,是改革开放的时代要求,也是香港、澳门探索发展新路向、开拓发展新空间、增添发展新动力的客观要求。打造粤港澳大湾区,将进一步丰富"一国两制"实践内涵,为港澳经济社会发展以及港澳同胞到内地发展提供更多机会,保持港澳长期繁荣稳定。大湾区建设要在"一国两制"框架内严格依照宪法和基本法办事,坚守"一国"之本,善用"两制"之利,进一步建立互利共赢的区域合作关系,为港澳发展注入新动能,拓展新空间。

建设好粤港澳大湾区,关键在创新。大湾区是在一个国家、两种制度、三个关税区、三种货币的条件下建设的,国际上没有先例。要从实现中华民族伟大复兴的战略高度、新时代推动全面开放新格局的战略高度深刻认识大湾区建设的重大意义,解放思想、积极探索、大胆尝试,发挥先行先试作用,勇于解决与发展不适应的体制机制障碍和法规制度束缚。在"一国两制"框架下,发挥粤港澳综合优势,创新体制机制,促进要素流通,推动大湾区内各城市合理分工、功能互补,提高区域发展协调性,促进城乡融合发展。注重用法治化市场化方式协调解决大湾区合作发展中的问题,让创新的动力充分涌流,让市场主体活力充分展现。

(二)相关研究回顾

关于区域一体化与区域协同发展互动关系的研究,国内外研究主要关注了两者分别作为单个区域合作模式的内涵、作用机理和产生效果,更多地考虑两者间的相似性,将两者作为并列或相同的概念进行分析研究。

现有的研究成果主要集中在以下几个层面:

第一,区域一体化与区域协同发展的概念与内涵。从现有文献来看,区域一体化是由单独的经济体整合为较大的经济体的一种状态或过程。强调的是将原本相对独立的部分通过一体化的过程进行整合,即逐渐将彼此不同的独立经济个体整合为一个经济整体的过程。而区域协同发展,则是两个或两个以上的不同个体，相互协作完成某一目标，达到共同发展的双赢效果，强调在协作完成统一目标的过程中得到双赢。从定义的角度来看，区域一体化与区域协同发展具有一定的相似之处，但其中也展现了很多的差异，虽然共同之处在于区域一体化和区域协同发展使区域合作的各部分均得到了提升和更紧密的联系，但两种模式的作用路径、关系和作用结果均存在一定的差异。

第二，区域一体化与区域协同发展对区域经济社会发展的促进作用。区域一体化与区域协同发展由于存在诸多的相似之处，因此在推动经济社会各个方面共同发展融合的过程，均会对基础设施、产业发展、科技创新、信息传递、人才流动、资源配置等诸多方面产生积极的影响。除此之外，两者在不同区域内的发展还会呈现出一种角力状态，胜出的一种区域合作模式表现为区域合作的主导模式，如京津冀地区表现为协同发展，长三角地区表现为一体化发展。

第三，一体化与协同发展之间的关系。一体化与协同发展其实是一种"你中有我、我中有你"的关系，在一体化发展过程中，往往不断闪现协同发展的身影，如区域一体化过程中利益协同与共享效应，区域一体化背景下的经济协同发展等；协同发展过程中时常以一体化的不同阶段为共同目标，如协同发展开启经济一体化新路径，基于区域一体化视角的区域协同发展路径分析等。区域在合作模式的选择方面，往往以区域合作的主导模式来命名。但在合作区域内，常常不止一种合作模式在发挥作用，而是多种合作模式共同作用。这其中，不同区域合作模式间的互动关系如何，以及这种互动关系靠什么来维系，成为关注的焦点。

就区域合作模式间互动关系的内在传导机制而言，当前的研究成果主要集中在以下几个方面：

一是基础设施关联。根据国际贸易理论来看，基础设施关联是实现区域合作发展的基石，在区域一体化和区域协同发展两种区域合作模式下，随着基础设施关联程度的不断提升，有效加快合作区域内部子区域间的资源要素快速流动，加快各子区域间的相互协作以实现共同发展。同时，由于基础设施关联水平的提升，也增进了区域内部不同地区的整合融合，从原有的相对分散成为统一的整体。可以看出，基础设施关联能够对区域一体化与区域协同发展及它们之间的互动作用产生积极影响。

二是产业结构。在区域一体化和区域协同发展的过程中，产业结构的调整和升级起到了重要的推动作用。随着区域社会的不断发展，合作区域内部的不同组成部分之间资源禀赋、科技水平、区位条件等因素不断变化，产业发展条件也不断改变。顺应区域合作发展要求而进行的产业结构调整和升级，一方面能够在合作区域内实现资源的优化配置，另一方面也有利于推动区域间因产业结构而产生更为紧密的联系。产业结构的调整升级对于合作区域内部而言，能够进一步推进一体化，也能够推动不同子区域之间为实现共赢进而协作发展，从这个意义上来看，产业结构是区域一体化与区域协同发展互动关系的桥梁。

三是科技创新。区域合作的可持续发展离不开科技创新，在基础设施关联、产业结构转型升级均达到一定水平时，科技创新就成了区域合作发展重要的助推剂和黏合剂。科技创新首先在区域内的小部分地区产生，然后通过信息基础设施的关联、产业关联、人才流动等方式逐渐梯度推移至区域内的其他地区，以形成局部带动、整体提升的区域合作发展状态。在此过程中，内部不同区域间通过科技创新与实体经济的结合以实现成果转化为商品的合作，为不同区域的发展壮大提供了条件。此外，通过科技创新的梯度推移，加速了合作区域内不同地区的沟通联系，推动了不同地区融合为统一整体。区域一体化与区域协同发展通过科技创新产生互动的过程由此呈现。

三、粤港澳大湾区面临的问题

粤港澳大湾区经济基础厚实，区位优势明显，大湾区内经济交往和经济联系紧密。在国家发展战略的推动下，粤港澳大湾区经济联动发展效应逐渐显现。但相对于世界其他湾区，粤港澳大湾区存在产业结构不够优化、大湾区内政治文化存在地区差异、经济依存空间分布不平衡、经济发展基础和发展阶段存在地区差异等问题，这在一定程度上影响了粤港澳大湾区经济联动发展。为此，各地区应积极发挥各自禀赋优势，夯实经济联动发展基础，加快大湾区资源要素跨地区流动，以推进粤港澳大湾区经济联动发展。

（一）产业结构不合理和区域分工不明确

粤港澳大湾区产业分工存在产业结构不合理和区域分工不明确的问题。广东省产业结构不尽合理，分工水平有待提高。珠三角地区各市工业结构相似程度高，产业结构雷同现象存在，辐射能力有限。粤港澳大湾区尚未形成科学合理的区域分工格局，区域经济发展活力缺失，同属一个经济圈的粤港澳三地间的产业结构趋同。随着港珠澳大桥的建成，粤港澳大湾区面临"空间一体化"的发展趋势，对粤港澳地区空间整合产生巨大影响，需要对粤港澳大湾区进行空间一体化布局。在全球化经济发展形势下，粤港澳大湾区合作模式逐渐从初期的前店后厂模式向产业结构优化转移，真正实现互利共赢。粤港澳大湾区需要明确区域内各主要城市的发展方向和功能定位，建立完善的利益诉求与分配机制，避免区域内各城市间因缺乏合理的分工协作而导致无序合作、恶性竞争。

（二）产城错位问题

粤港澳大湾区"产城错位"的问题制约了湾区整体的协调发展。积极促进产城融合，顺应经济发展趋势对湾区发展具有巨大的推动作用，在区域经济合作和一体化进程中，这一作用尤显关键。现在，粤港澳区域合作模式逐渐发展与改变，由市场引导的企业自主合作向政府支持、市场主导、企业自觉相结合的模式转型，为各地深度合作带来了重大机遇，有利于促进区域合作制度的创新升级。然而，粤港澳大湾区内部合作仍需要继续加大深度和广度。要真正突破合作壁垒，必须尊重客观经济规律，充分整合和优化利用各地资源的比较优势，形成新区域的竞争优势。

（三）人才发展水平不高

人才资源是粤港澳大湾区发展的重要资源。当前，世界新一轮科技革命和产业变革深入发展，对世界各国既是巨大机遇又是严峻挑战。抓住机遇、乘势而上的国家，将在国际竞争中取得领先优势，否则将被时代淘汰。在这一背景下，人才资源是经济社会发展第一资源的特征更加显著，人才强国战略是实现国家强盛的第一战略的重要性更加突出。对于粤港澳大湾区而言，更是如此。无论是面对"金融湾区"纽约湾区、"产业湾区"东京湾区还是"科技湾区"旧金山湾区，粤港澳大湾区在产业发展层次、金融综合实力、科技创新水平等方面还存在明显短板。只有引进大批熟悉国际竞争规则、立足世界科技创新前沿、掌握先进产业技术、具有丰富金融经验的高端人才，才能为湾区建设提供坚实的人才支撑。

第三节 粤港澳大湾区与其他自贸区（港）的联动发展

一、区域经济发展和产业升级的互动作用

（一）区域经济发展拉动产业升级

第一，区域经济的发展需要提升生产效率，这就需要产业部门通过合理配置

各方面要素提高产业水平,要求目前的产业部门用更少的能源、土地、资本、劳动力创造出更多的产品,进而提升经济效益。为了实现这样的理想就需要对产业结构进行优化以及调整,提高营销、管理及生产水平,同时增强产业自身内在素质,要求投入产出比得到增长。

第二,区域经济的发展进一步拉动产业升级,例如区域经济发展最显著标志就是产业具备了较强的自主创新能力,产业部门需要通过采取模仿以及引进等多种方式提升自身营销水平、管理水平,还应当提高自主创新能力,只有这样才能够逐步生产附加值较高以及科学技术含量较高的产品,进而促进产业走向高端,实现产业的升级和转型。

第三,区域经济的发展还能够促使社会福利分配模式更加趋于合理化,进一步拉动居民的生活水平和生活质量,增加居民消费的能力,进而促使行业逐渐走向高端水平。另外,区域经济的进一步发展能够促使社会就业岗位逐渐增加,进一步扩大社会就业量。一方面缓解社会就业压力,另一方面促使就业收入水平得到提升,进一步带动就业人员的消费能力,还可以对产品的结构加以优化。

第四,区域经济的协同效应主要体现在经济合作与经济竞争两个方面。在经济竞争方面,地方政府为了完成上级的考核就需要提升社会居民的福利,只有这样才能够促使自身政绩良好。另外,区域经济发展的过程中要引进高新技术以及新型的生产方式,促进产业结构升级。在经济合作方面,地方政府为了有效避免产业升级所带来的风险性因素以及不确定性因素就需要采取和其他政府相互合作的方式,进而有效地节约产业技术推广以及研发的成本促使产业发展和升级。

产业结构调整是产业升级的重要形式,产业结构调整是促进经济发展的关键性要素,根据相关研究表明产业结构和产业经济之间发展存在着一定协调整合关系。在产业结构调整的过程当中,经济必然会由此得到一定的发展。从产业结构动态演化情况进行分析,产业结构调整促进产业结构合理化,产业之间关系更加趋于和谐,这对于促进经济发展具有重要价值和意义。产业结构合理化不仅能促使产业之间规模、比例实现相互协调,还能促进产业规模与技术协调。通过实现产业升级和转型,进而促进产业走向产业链整体化、高端化,区域经济得到健康稳定可持续的发展。

(二) 产业升级推动区域经济发展

产业结构调整是指在产业部门、产品用途等方面对产业做出结构性的调整。随着新型生产技术的不断应用,产业逐渐向技术知识密集型转化,使产业的各类产品生产、创新、优化等过程更加高效。产业升级在促进区域经济发展中,必须重视产业结构的重要作用。现阶段，产业发展中的主导产业、辅助产业、基础产业等保障了产业的优化发展，要想继续推动区域经济的发展，应该积极发展高层次的主导产业，从技术、生产、管理等层面提高主导产业的活性。另外，还需发展辅助产业，夯实基础产业，发挥三种产业的合作能力，促进区域经济朝着更好的方向发展。

从产业部门的结构优化层面来看，主导产业在区域经济发展中占据重要的位置，对区域经济的影响最大，主导产业在技术层面进行创新与优化，通过提升生产要素效率的方式促进生产效率与生产质量不断提升，进而促进区域经济的发展，但主导产业在区域经济发展中对劳动者收入水平提升的作用不大。辅助产业作为区域经济发展中的重要比例之一，在推动产业生产效率、提高资本者利润效益、提升劳动者差异方面皆具有重要作用。基础产业在区域经济发展中是提升劳动者边际收益的主要形式，为了推动区域经济的平衡、稳定、可持续发展，必须充分发挥基础产业的有效性，基础产业的大力发展可抑制资本的经济规模增长，降低资本收益与劳动收益之间的差距，对区域经济发展具有协调与耦合作用。

产业素质主要表现在产业的技术水平、组织效率、经营管理力度等层面的创新与优化，由此，产业素质的提升也代表着产业整体技术水平的提升。与此同时，产业素质带动着产业生产、发展等层面速度与质量的提升，最终推动区域经济的发展。产业素质的提升对区域经济的结构发展产生着重要影响，以产业技术为例，产业技术在创新与优化的同时，大大提升了生产产品的数量、速度与质量，为了更好地利用该优势，在需求层面加大了市场需求总量，在结构层面市场的供给侧结构更加稳定，在市场层面强化了产业的竞争力。从各个层面影响着区域市场经济，此时区域市场经济也必须做出适当的调整，以适应产业素质发展推动的整体市场产业素质的提升情况。

产业价值转换是指产业的技术密集化发展与产业附加值等提升，在产业的技术密集化层面，产业技术是产业技术密集化发展的核心内容。随着各类科学技术的快速发展，产业技术发展实现了自动化、信息化，近年来更是朝着智能化的方向不断努力，积极推动着区域经济的增长。在产业的附加值层面，主要从产品研发设计与产品品牌效应角度出发，加强对产品的功能性研发，不断提升产品的质量与应用效率，根据当前市场对该项产品的具体需求，合理地研发、设计升级型产品，促进产品的产业附加值不断提升。在产品的品牌效应层面，主要通过市场营销手段提高产品购买、产品应用的服务性，拓宽产业的服务领域，以此提升产业的竞争力，促使产业价值得到有效的提升。

总而言之，产业升级与区域经济发展的互动机制可分为产业升级作用于区域经济发展、区域经济发展作用于产业升级两大结构，通过产业升级推动区域经济发展、区域经济发展促进产业升级、产业升级与区域经济发展相融合等互动关系的开展，形成可持续的产业与区域经济发展。

二、港产城协同发展

（一）港产城发展经历

随着中国经济由高速增长转向高质量发展，我国港口加快转型，需要从区域一体化发展角度，认识和把握新形势下的港产城协同发展关系。通过对粤港澳大湾区港产城发展的历程和特征分析，从区域一体化发展角度，对新形势下区域内港产城加快转型升级、提升发展质量提出策略。

粤港澳大湾区是我国经济活跃、城镇化程度很高、港口规模很大的区域之一。从区域港口规模、产业结构和城市格局来看，港产城发展大致经历以下几个阶段。

第一阶段为发展酝酿期（1949~1978年）。珠三角地区城镇空间格局以广州为中心，分布较为稀落，相互之间联系不紧密，珠三角地区城镇化水平由1949年的15.72%上升到1977年的16.26%，工业化、城镇化发展较为缓慢，港口发展滞后，工业体系尚不完备。香港依托转口贸易优势发展轻工制造业，并在20世纪70年代启动专业化集装箱码头建设，迅速发展成为区域航运中心。

第二阶段为起步发展期（1978~1991年）。改革开放全面激发沿海地区经济活力，珠三角地区土地、劳动力优势与香港资本、技术和管理优势互补，形成"前店后厂"模式，区域产业以"贴牌"加工贸易、劳动密集型制造业为主。区域内经济联系加强，港口快速发展，香港与珠三角地区之间的驳船运输快速发展。城市在空间上呈现港城一体化特点，产业沿港口和珠江沿岸加快布局。

第三阶段为快速成长期（1992~2002年）。珠三角区域进一步扩大对外开放，承接新一轮国际产业转移，电子信息、电气机械、石油化工、汽车等支柱产业加快发展；香港加快制造业向服务业转型发展。以广州、深圳、香港、澳门为核心的网络化城市布局基本形成。粤港澳大湾区内一批集装箱、煤炭、粮食专业化码头投产，适应了产业和社会经济发展需要。

第四阶段为发展成熟期（2003~2011年）。区域产业结构进一步升级，先进制造业和现代服务业"双轮驱动"，珠江口东岸以电子信息为主导的高新技术产业、西岸以重型化为特征的装备制造业发展格局基本形成。广州港南沙港区、珠海港高栏港区、东莞港沙田港区等新港区相继加快建设，临港企业、航运物流企业参与港口开发建设，港口量级实现跨越式增长。大型专业化码头后方物流园、工业园和城市综合功能区加快建设，港口、产业、城市在空间分布上基本成型。

第五阶段为转型升级期（2012年至今）。我国经济发展进入新常态，供给侧结构性改革深入推进，高新技术产业与传统制造业融合。《粤港澳大湾区发展规划纲要》正式出台，珠三角与港澳合作进一步深化，粤港澳大湾区内部互联互通条件显著改善，珠三角地区和港澳共同打造世界级城市群、港口群。港口吞吐量增速放缓，港口进一步朝智能化、自动化、绿色化方向发展。港城融合进一步加强，邮轮母港建设加快。区域港口之间资本、业务合作进一步增强，港港合作、港航合作、港产合作全面深化。港口运输结构加快调整，区域内江海联运、海铁联运集装箱量不断增长。

根据港城生命周期理论，将港口与城市发展关系划分为港城发展生长期、港城发展期、港城发展成熟期和港城发展停滞期4个阶段。目前，世界上发达国家港城关系大体上进入发展停滞期，发展中国家多处于发展期和成熟期。从发达国家发展经验来看，大部分发达国家的港城关系都不可能持续保持在成熟期。随着区域经济发展，城市经济结构多元化，尤其是经济发达地区利用其技术知识优势，发展服务贸易，进出口贸易中服务贸易比例上升，货物贸易比例下降，城市对港口直接依赖度下降。

目前，粤港澳大湾区经济发展水平和港口规模全国领先，已形成比较完备的产业体系。粤港澳大湾区人均GDP已经接近发达国家水平。在2010年前，粤港澳大湾区港口集装箱吞吐量和GDP增速基本保持10%以上，2010年后，港口集装箱吞吐量和GDP增速明显放缓，增速降至10%以下，同时集装箱吞吐量增速低于GDP增速，区域经济对港口的依赖度下降，港产城发展进入成熟期末期，向停滞期过度。

虽然粤港澳大湾区港产城发展逐步进入停滞期，但不能根据发达国家发展经验简单理解为"城兴港衰"。从粤港澳大湾区经济发展定位和发展历程来看，制造业仍是粤港澳大湾区经济的根基和核心竞争力，货物贸易在进出口贸易中占主要地位。同时，随着工业产品高附加值化，产业对港口物流服务个性化、柔性化的需求在增加，对港口空间分布、集疏运通道、货物结构等提出新的要求。此外，地价提升和优质岸线的稀缺迫使港口需要更加注重挖掘附加值和提升发展质量。总体而言，粤港澳大湾区港口进入成熟期末期，具体表现为区域经济和港口发展质量提升、结构优化、增速放缓，但港城仍保持高度相关性，传统"前港后厂"的模式转变为港产城综合联动发展模式。

(二) 港产城发展条件

第一，市场驱动是港产城一体化发展的重要动力。

与长三角、京津冀地区相比，在"一国两制"原则下，粤港澳大湾区因社会制度、法律制度不同，分属不同关税区，沟通成本相对较高。粤港澳大湾区之所以能够快速实现城市和产业快速发展并形成世界级的港口群，市场发挥了重要作用。

改革开放以来，香港的资金、技术优势与珠三角地区的土地、劳动力成本优势形成很好的互补，在市场推动下，外资、港资迅速进入珠三角地区，推动区域内中心城市港口和产业快速发展。同时，随着区域中心城市生产要素成本的上升，市场机制进一步推动部分要素向中心城市周边区域扩散转移。在从集聚到扩散的这一过程中，市场始终是港口和临港产业发展的主要驱动力。在港口和临港产业发展的同时，城市空间也呈现向珠江口沿岸中心城市集聚再向中心城市区域延伸的特点。由于市场发挥对资源配置的主要作用，同时也凭借粤港澳大湾区独特的区位条件，港口、产业、城市协同发展，在粤港澳大湾区内形成"大城市大港口、小城市小港口"的格局。

第二，政府推动是粤港澳大湾区港产城一体化发展的重要保障。

城市群是由多个城市构成的城市共同体和复杂系统，各个城市之间既相互联系又相对独立，因此区域内城市之间必然在港口、产业和城市功能上存在一定交叉。这在一定程度上有助于激发各个城市的发展活力，形成适度竞争和互补的格局。目前，世界上任何一个城市群都不可能做到产业的完全差异，或多或少存在交叉，但完全任由市场化发展，则可能形成过度竞争和重复建设，虽然市场会修正过度竞争，但代价较大，并且容易形成垄断。在以市场化手段作为资源配置主要手段加快粤港澳大湾区经济发展的同时，政府应发挥宏观调控的重要作用。2004年，《关于建立更紧密经贸关系的安排》（CEPA）协议生效，香港与内地在贸易、金融、投资等领域全面深化合作，珠三角地区凭借毗邻优势进一步密切与香港的合作关系。2008年，国家出台《珠江三角洲地区发展改革规划纲要（2008—2020年）》，提出珠江口和珠江东西两岸港口、产业和城市发展定位，并且明确了与香港的分工。2019年，《粤港澳大湾区发展规划纲要》正式发布，提出打造世界级城市群、港口群和具有国际竞争力的现代产业体系，加强粤港澳在科技创新、基础设施建设、产业发展等领域的规划协同，粤港澳大湾区港产城发展进入全面深化合作期。

第三，互联互通是粤港澳大湾区港产城一体化发展的重要抓手。

要素高效流动是区域一体化发展的重要特征。近年来，粤港澳大湾区加快基础设施互联互通：建成港珠澳大桥、虎门二桥、广深港高铁，规划建设深中通道等过江通道，粤港澳大湾区"1小时"交通圈已基本形成；完成珠海高栏疏港铁路，建设南沙港铁路，推动珠江—西江流域航道升级，粤港澳大湾区港口集疏运网络正进一步完善中。

通过互联互通条件的改善，进一步优化港口与后方产业和城市之间的物流路径。港口在服务所在城市产业和经济发展的同时，增强与周边邻近城市经济的联系，促进广州、东莞、深圳、香港产业带相关要素向珠江西岸扩散，使粤港澳大湾区要素集聚效应进一步凸显，粤港澳大湾区内生产要素齐全的优势进一步发挥，并依托港口、临港产业和集疏运通道，发展汽车物流、冷链物流、全程物流等专业物流，使现代物流成为港口新的经济增长点。

第四，集约化发展成为粤港澳大湾区港产城一体化发展的方向。

港口专业化、智能化水平进一步提升。广州南沙四期全自动化码头、深圳海星码头自动化改造项目加快推进；智能识别、远程操控等技术在港口广泛应用；港口后方多层仓库、智能仓库、临港商务区加快发展；港口与口岸、铁路等各方的信息互联互通进一步加强；"岸电"、新能源动力车船等在港口广泛应用；邮轮母港加快发展。粤港澳大湾区宜居宜业宜游的优质生活圈正加快建设，港产城集约化协同发展不断深化。

第四节 粤港澳大湾区协同发展政策建议

一、资源的优化配置

要推动区域间经济规模化增长，应发挥区域间的规模经济效应，需要发挥产业集群效应。一般认为，产业集群是推动小范围内经济发展的重要驱动力，其不仅有助于弥补上下游产业之间的资源劣势，而且对于资源的优化配置、产业发展质量提升均具有重要意义。

首先，要基于全局观念，对区域内产业布局、集群发展进行长远规划，提高产业集群内部布局合理性，避免出现同一集群内部恶性竞争的现象。合理规划集群内的产业布局，需要政府有关部门在招商引资环节充分重视区域经济布局与产业集群规划的协调性，以健全产业链为目标实现产业内部企业的引资。在此基础上，还应注重产业集群内部相关配套设施的建设，补充完善产业链结构，为其总体竞争力的提高提供良好环境。

其次,要致力于促成集群内部不同类型企业协作关系的构建,在产业链基础上形成良性互动的博弈竞争机制。例如,打破龙头企业、中小企业的固有界限,促使龙头企业之间红利共享,以及形成中小企业之间优势互补的模式。另外,在经济转型的攻坚期,产业集群效应的发挥也应始终以产业内部的转型升级为核心,地方政府首先需要准确把握本地区经济发展的具体态势,实事求是地对本区域产业布局进行合理规划,提高下游产业的优质产能以及附加值,及时淘汰落后产能企业,或者以重组并购等方式实现企业的转型升级。与此同时,对于中上游产业,地方政府更要鼓励其基于现有优势及时把握转型升级机遇,与新兴产业对接,实现资源的进一步优化配置,促进区域内同类行业的转型升级。

最后,形成区域经济的产业集群效应推动区域经济规模化增长,还应致力于推进技术创新,增强区域内产业的长久竞争力水平。一般来说,技术创新所形成的竞争机制归根结底是人才与企业研发投资的竞争机制。因此,促进产业集群,一方面,要加大对高素质人才的吸引留置力度。政府要着重完善人才培养机制,制定人才引进优惠政策,以产业规划为基础完成人才的精准引进。另一方面,对于高新技术企业,政府应给予相应的政策补贴,通过税收红利等政策途径鼓励企业研发创新,从而为区域经济发展提供充足的智力与技术支持。

二、实施区域协调发展

区域协调发展战略是新时代国家重大战略之一。加强区域内港产城一体化发展,对于优化区域资源配置、推动港口经济高质量发展具有重要意义。根据粤港澳大湾区港产城发展历程和特征,结合当前区域协调发展战略部署,对区域港产城协同发展提出相关策略。

第一,发挥市场主导和政府引导作用继续发挥市场对资源配置的基础性和决定性作用,优化营商环境,消除隐蔽性的市场准入限制和退出障碍,简化企业商事管理,为区域内资本流动提供便利。消除区域市场壁垒,激发市场活力,进一步发挥市场对资源配置的决定性作用,鼓励产业链、物流链在区域内自由配置,提升区域产业竞争力和比较优势。鼓励区域内港航业、物流服务业、制造业、高新技术产业等领域经营主体以资本、业务为纽带,加强行业之间和上下游产业之间的业务联系,培育具有国际竞争力的市场主体和产业链。充分发挥政府的引导作用,按照区域发展的顶层设计,根据港口代际功能和区域经济发展规律,引导区域内港口和产业加强分工协作,形成层级分工明确、功能错位发展、规模发展合理、相互联系紧密的港口和产业布局体系。

第二，深化区域协同发展，进一步完善区域一体化发展协商机制，建立多层次沟通协商平台，加强区域内城市之间的规划衔接，促进在城市发展、产业布局、港口重大项目建设等方面优势互补、错位发展。创新同城化体制机制，鼓励区域内城市之间同城化发展，促进港口、临港产业、物流通道一体化建设。推动区域内城市之间通过合作共建等模式开发港口和产业园区项目。建立区域港口城市群与周边区域、内陆省份之间的会商机制，成立区域性航运产业联盟和协会，积极发挥社会组织桥梁纽带作用。发挥港口城市群作为"一带一路"建设桥头堡作用，探索建立港口科技·港口管理国际间合作机制，积极开展国际间区域合作。

第三，优化区域综合交通运输结构，构建现代化综合交通运输体系，发挥交通基础设施作为区域经济产业协同发展的基础性、保障性作用，形成布局合理、衔接顺畅、功能完善、运作高效的交通基础设施网络。构筑区域内快速交通网络，构建连接区域内各港口和产业集聚区的城际快速交通网络，实现区域内生产要素的快速流通，提高区域内各城市之间的经济联系强度。加快区域港口疏港铁路专用线建设，推动铁路专用线直达港口和物流中心；完善江海联运码头建设，进一步构建内通外联的海铁联运、江海联运网络，并加强与内河码头、内陆无水场站对接，优化运输结构，降低公路集疏运比例。加强产学研合作，完善多式联运技术标准体系，发展多式联运先进技术装备，研究推动多式联运信息、工艺、服务标准化建设，提高港口物流供应链协同水平。

第四，推动港口物流产业转型升级。推动港口增长方式由传统数量式增长向高增值、精细化、服务型方式转变。引导现代物流战略性产业发展，通过政府和市场手段，在现代港口物流基础设施建设、综合物流运输组织、现代物流服务规范等方面给予政策引导和支持，鼓励区域内港口经营主体向综合物流经营人发展。推动港口物流链与产业链相融合，开展港口保税物流、专业物流等高附加值供应链服务，提高港口产业链附加值和核心竞争力。利用区域内中心城市金融、服务业发展优势，促进区域航运金融、贸易、航运服务业发展，逐步形成区域航运物流中心、航运金融中心、航运贸易中心、航运结算中心、航运服务中心。

第五，加快区域港产城绿色智慧发展。推动智慧港口建设，鼓励、引导和推动市场主体、城市管理者运用5G通信、云计算存储等技术，加快港口、产业、城市相关信息的联动和整合，通过信息互联，促进港口、航运、物流、临港产业、贸易、金融、旅游休闲等资源的协同和集成。鼓励港口、航运、铁路、公路等领域龙头企业深化合作，提高供应链物流智能化、自动化水平，形成港口与产业、城市互联的有机整体，为区域产业发展提供个性化、一站式综合物流服务。

推动港产城协同发展，实施区域碳排放控制区示范工程，鼓励新能源车船、船舶岸基供电、能耗排放在线监测等技术的推广应用，统一节能环保技术标准，实现区域内环保设备技术兼容对接。统筹、集约使用区域内的岸线资源，推动沿岸高能耗、高污染产业转移，构建宜居宜业的港口城市圈。

三、加快粤港澳大湾区经济联动发展

第一，深化粤港澳合作，实现大湾区联动发展粤港澳大湾区享有明显区位优势，湾区内各城市之间经济依存关系日趋紧密，大湾区的崛起势必带动周边地区经济发展。为此，粤港澳地区应该深化合作，根据其自身区位优势、历史文化背景和产业发展基础，积极融入，以增强区域聚集和经济辐射功能，形成大湾区联动发展的新局面。首先，港澳地区应抓住内地发展机遇和国家给予的政策优势，加强和推动粤港澳大湾区内经济合作。当前，粤港澳地区应以粤港澳大湾区联动发展为契机，积极响应国家"一带一路"倡议，将港澳两地更深层次地与内地经济融为一体，解决港澳城市超负荷发展问题，同时通过开展多元经济合作，推动大湾区经济一体化，以促进粤港澳经济深度融合。其次，建立以港澳广深四个城市为中心的经济中心圈，借助大湾区支点向周边地区辐射扩散。发挥大湾区各城市比较优势，加强地区合作，努力形成资源共享、取长补短、合作密切的经济共同体，努力构建以香港为经济支柱的融资平台、以深圳市为科技开发中心、以广州市为贸易物流中心、其他城市为辅助生产制造的经济发展格局，大力提升大湾区整体经济实力和辐射扩散能力。最后，实现粤港澳大湾区公共基础设施互联互通。加快公路、铁路、航运、空运等交通网络系统建设，促进商品和要素自由流通，促进大湾区经济优势互补和资源融合，夯实联动发展的基础。

第二，优化产业空间结构，推动粤港澳大湾区产业高度化转型。对比世界其他湾区，粤港澳大湾区第三产业占比明显偏低。为此，港澳地区应充分利用国家政策和区位优势，积极发挥自身第三产业比较优势，优化大湾区产业结构，通过产城联动、产融结合、产网融合等方式推动产业多元发展。一方面，推动广东省制造业与港澳地区现代服务业深度融合，利用制造业转型契机，加快产业向中高附加值产业转型发展。另一方面，优化产业空间布局，形成科学化、合理化和高效化产业发展新格局，聚焦大湾区主导产业、特色产业，加快推动产业向高科技、高附加值、深加工产业转型，通过产业集聚效应和规模效应提高大湾区产业整体实力和竞争力。

第三，完善创新体制机制，加快优质资源向粤港澳大湾区集聚。粤港澳大湾区经济开放程度高，产品市场、人才市场、资本市场体系已基本形成。在现行市场环境下，大湾区经济应以开放为前提，立足创新，利用市场机制凝聚粤港澳创新资源，增强大湾区创新活跃度，加快优质资源向大湾区集聚。一是实施创新驱动发展战略，通过整合创新资源，联手打造高新科技产业带，缩小大湾区创新差异，推进粤港澳大湾区创新体制机制的形成。二是优化跨区域创新合作模式，实现科技创新信息共享，加大科研经费的投入，不断提高区域创新能力和科技成果产出，促进大湾区创新协同发展。三是搭建人才交流平台，加强人才培养和吸引策略。利用粤港澳大湾区高校资源优势，培养创新型应用型人才，形成自发性人才聚集；完善高端人才市场，提高相应就业待遇和福利，优化人才落户政策，吸引国内外高端人才向大湾区聚集。

四、加强人才体制机制创新

目前，湾区人才制度体系的不完善与湾区互联互通、规则衔接的要求相比，形成强烈的反差，不利于集聚湾区发展合力。同时，人才作为经济社会发展最能动的要素，对人才的服务管理应当最大限度地融合发挥"一国两制""三法域""三种货币""四税区"的制度比较优势。应当加大湾区人才制度体系创新力度，完善人才市场化竞争环境，促进湾区互联互通和规则衔接。

（一）以"国际移民"对国际人才进行法律定位，推进湾区国际人才身份转换制度化

一是要深刻认识国际人才集聚对于粤港澳大湾区建设世界级城市群的重要意义，切实把国际人才的培育和引进作为湾区建设发展的重要组成部分来推进实施，面向全球着力构建环境友好型、服务便利型的国际人才制度体系。遵循国际人才全球流动规律，积极借鉴发达国家引进和使用国际人才的先进经验，尊重国际人才在长期生活工作地定居并享受国民待遇的正常需要，从移民视角对国际人才的发展和诉求进行重新认识，认真对待其希望转换身份的申请并提供明确的法律渠道。

二是要率先在湾区建设国际人才移民法律试验区，国际人才到珠三角地区九城市学习、交流和工作的，分情形实行限期免签、工作签证、永久居留、入籍归化。入境旅游、短期学术交流、开展创新创业合作的，只要有湾区内创新企业、学术机构、旅行社的正式邀请，可选择任一对外口岸免签入境并最多停留30天。入境受雇从事短期研发或学习交流的，可给予3个月至半年的工作签证，并给予

多次续签，其随行家属可获同等待遇。高端战略型人才、高层次管理人才、高科技领军人才、企业家人才和高技能人才，可办理5~10年的多次往返人才签证，并不受18~60周岁的工作许可年龄限制。已入境连续工作3年以上并在湾区作出一定行业贡献的，可申请永久居留。以永久居留身份入境居住满5年的，可申请成为中国公民。同时，实行需求和贡献导向的国际人才目录管理，综合运用劳动力市场测试、积分评估、移民配额、移民担保等弹性管理方式，对国际人才申请移民提供更加科学、更加可控、更加量化的评估体系，使国际人才准入与国内市场需求高度契合。

（二）建立粤港澳三地协同服务法律机制

《中华人民共和国香港特别行政区基本法》第18条规定："全国性法律除列于本法附件三者外，不在香港特别行政区实施。……任何列入附件三的法律，限于有关国防、外交和其他按本法规定不属于香港特别行政区自治范围的法律"。其第151条则规定："香港特别行政区可在经济、贸易、金融、航运、通信、旅游、文化、体育等领域以'中国香港'的名义，单独地同世界各国、各地区及有关国际组织保持和发展关系，签订和履行有关协议"。《中华人民共和国澳门特别行政区基本法》第18条、第136条也有类似规定。因此，建立粤港澳三地协同服务法律机制，应当通过对基本法进行解释，以及港澳行使基本法赋予的高度自治权特别是对外合作权力来实现，从而为消除法律差异和行政体制对人才流动的不当限制提供稳定的制度动力。

在这一法律框架下，广东应当率先在政务大数据共享领域开展试验性立法，与港澳共建出入境管理服务协同机制，通过联合建设出入境检查设备、嵌入共享数据归集平台、运用生物技术手段等方式，实现"一卡通关""双边互认"的出入境管理服务新模式；特别是粤港澳三地高端人才在湾区内流动的，探索实行自助"刷脸""无证化"通关，将技术壁垒和法律差异对创新创业的阻碍减少到最低限度。推动粤港澳三地社保、医保、教育资源互联互通，全面落实基本社会配套，支持港澳人才在珠三角享有社保、医保和子女教育服务，努力打造高水平、无差异的市民生活环境，夯实粤港澳居民自由流动的基本公共服务保障。减少税制差异对人才创新创业的制约，达成粤港澳避免双重征税合作协议，对企业在湾区内多地开展经营的，商定各地企业所得税征收和返还比例，避免企业承担多重税赋，让企业把更多财力投放到创新创业活动中去。在粤港澳大湾区建设领导小组的统筹协调下，加快建立湾区社保和医保基金分担机制，按照"谁使用、谁受益、谁支出、谁保障"的基本原则，协商分配粤港澳以及珠三角社保缴交和医保支付义务。主动适应湾区创新创业发展趋势，兼顾港澳人才举家搬迁、异地发展的实际需求，在珠三角试行以核心家庭为医保支付主体，试行"港人港制、澳人澳制"医保模式，可考虑由港澳向珠三角适度提供养老和医疗补偿，免除人才发展的后顾之忧。

(三) 建立市场导向的人才激励制度

一是要切实减少政府对用人单位特别是企业主体引才揽才的干预，从人才认定、资格审批、待遇落实、服务保障等方面全面清理不必要事项，为用人单位自主开展人才培育和引进工作提供宽松、自由的政务服务环境。改变过去政府与人才直接挂钩的办事方式，将人才的评价权全部交给用人单位，并将支持人才发展的财政资金具体分配权授权给用人单位，通过考核用人单位来保证较高的资金使用效率。创新政府服务人才的方式方法，将人才服务需求和企业发展实际有机结合起来，统筹解决人才生产生活遇到的实际困难，确保财政投入可以获得相应的创新创业效益。进一步破除用人单位的体制标签对引才用才的阻碍，减少单位的身份属性与用人的契约属性之间的法律冲突，突出用人主体在引才用才中的核心地位，发挥市场在配置人才资源中的决定性作用。明确用人单位负有境外引才用才的担保义务，对引进的海外人才的真实情况、行为表现承担证明责任，并当其不履行法定义务时由单位向国家履行担保义务。

二是要支持珠三角机关事业单位、国有企业和新型研发机构，采用年薪制、项目工资、协议工资等多种分配方式，按需设置特聘岗位，突破编制、岗位、级别的限制，开通特殊人才引进"绿色通道"，大胆聘请确有需要的海外高端人才。鼓励影响力大的企业、行业协会，积极对接国际通行规则和权威标准，增加工作实践、业绩、贡献的权重赋值，科学制定并推广符合创新创业人才特点的评价体系，同时赋予用人单位结合自身实际、自主选择人才评价体系的权利，真正实现人尽其用、人有所用、人得其所。将南沙、前海、横琴三个自贸片区与港澳互认专业人才执业资格的成功经验，不仅推广到整个湾区，而且移植到湾区与其他国家和地区开展人才合作，推进法律、金融、教育、医疗卫生、会计等专业水平、执业资格、行业经历共享认证，消除专业人才评价过程中出现的技术性差异。对风险投资所得加大减免税收力度、扩大适用投资者范围、简化申办减税手续，以股权融资为主途径发展科技金融，推进技术转让、产品开发、创业融资全过程服务产业化、中介化、专业化，让海外人才免于陷入烦琐的办事程序，得以回归创新创业者本位。其中，获准永久居留并在珠三角开办创新企业或科研机构的，可担任法人代表。

第六章

海南自贸区与自贸港建设目标与路径

第一节 自由贸易港的内涵及功能概述

一、自贸区与自贸港的内涵

自由贸易区（Free Trade Area，FTA）的定义为可进行自由贸易的区域。"自由贸易区"在概念上有广义和狭义之分。一般而言，广义自贸区是指两个或两个以上的关税领土，在独立的国家或地区之间签订自由贸易协定而形成的自由贸易区域。目前现存的有北美自贸区、东盟自贸区、中国—东盟自贸区、日欧自贸区、亚太自贸区等。根据日本贸易振兴机构（JETRO）调查，按照自由贸易区的签订方式分类，截至2018年12月世界各国已签订的自由贸易区共有309个，已签订但未实施的自由贸易区有26个，谈判中的自由贸易区有100个，正在研究中的自由贸易区有30个。狭义的自由贸易区指的是建设自由贸易试验区，为加快本国（地区）的经济发展，通过特殊的经济政策和手段而设立的与其他地区隔离的境内关外的海关特殊监管区域，一般设在邻近港口的地区或边境地区。2013年8月22日，中国（上海）自由贸易试验区经国务院正式批准设立。它的设立不仅是我国新一轮改革创新的起点，而且是与"丝绸之路经济带"相配合从东西两个方向打破西方经济围堵的一个战略布局。目前，我国已经初步形成了"1+3+7+1"共12个自由贸易试验区的"雁阵"格局。本章论述的内容均指狭义的自贸区。

自由贸易港（以下简称"自贸港"）是当今世界最高水平的开放形态。自由贸易港是指设在国家与地区境内、海关管理关卡之外的，允许境外货物、资金自由进出的港口区。对进出港区的全部或大部分货物免征关税，并且准许在自由港内，开展货物自由储存、展览、拆散、改装、重新包装、整理、加工和制造等业务活动。目前，国际知名的自由贸易港有中国香港、新加坡、荷兰鹿特丹等。2018年4月13日的"博鳌亚洲论坛"上，习近平总书记宣布在海南全岛建设自由贸易区，分阶段、有步骤地推进建立中国特色自由贸易港的政策与制度体系。我国探索建设自由贸易港是为了更好地服务"一带一路"，主动掌握全球自由贸易主导权，是新常态和复杂的国际背景下推进对外开放、促进经济增长的重要途径。

二、自贸区与自贸港的功能

自由贸易试验区设立在境内关外，是允许外国商品自由免税进出的特殊经济区域，既涵盖海关特殊监管区域，又包含非海关特殊监管区域。早从20世纪70年代开始，以转口和进出口贸易为主的自贸区和以出口加工为主的自贸区就已经开始相互融合，自贸区的功能趋向综合化。原料、零部件、半成品和成品都可在区内自由进出，在区内可以进行进出口贸易、转口贸易、保税仓储、商品展销、制造、拆装、改装、加标签、分类、与其他货物混合加工等商业活动。因此，世界上多数自贸区通常都具有进出口贸易、转口贸易、仓储、加工、商品展示、金融等多种功能，这些功能综合起来就会大大提高自贸区的运行效率和抗风险能力。自由贸易港是设在境内关外、允许境外货物、资金自由进出的特殊经济区域。自由贸易港内主要发展转口贸易、出口加工、保税仓储、商品展销、物流、金融、离岸贸易、离岸金融。

自贸港与自贸区都属于制度创新，有很强的相关性，但在功能定位上还是有很大的差别。总的来说，自贸区与自贸港的区别主要体现在以下几个方面。首先从区域位置来看，自贸港通常设在沿海港口等交通便利地区，充分发挥天然的港口优势，便于国际贸易船只进出港区，更好地发挥装卸、存储与过境中转等基本功能。例如国际上较为成熟的新加坡的自由贸易港，以及我们目前着力打造的上海自贸港。而自贸区限于港口或城市的某特定地区，如我国已批准的河南自贸区、湖北自贸区、重庆自贸区。作为同样的复合型经济环境，突出自贸区，强调与腹地市场之间的紧密关系，重在经验的复制和推广；突出自贸港，强调与国际市场之间的紧密关系，重在参与国际竞争[①]。

从开放程度、自由化视角看，2017年，时任国务院副总理汪洋在《人民日

---

① 张释文，程健. 我国自由贸易港建设的思考 [J]. 中国流通经济，2018 (2): 91.

报》刊发的文章《推动形成全面开放新格局》中对自由贸易港做了概括："自由港是设在一国（地区）境内关外、货物资金人员进出自由、绝大多数商品免征关税的特定区域，是目前全球开放水平最高的特殊经济功能区"①。与自贸区相比，自贸港能够实现大部分贸易不设卡的自由流通，便于金融资本和人员的出入，真正意义上实现全流通的自由贸易。由此可见自贸港的开放程度、自主改革权以及自由化水平远远高于自贸区，更加巧妙地处理好开放和创新之间的融合，更好地发挥经济、金融、贸易方面的带动作用。

从发展方向上看，自贸区着重开放"在岸"业务，自贸港则争取突破"离岸"业务。自贸港以发展离岸贸易、离岸金融为方向，基于离岸贸易，更好地开放、发展高端服务业和离岸金融等相关业务。通过打造宽松自由的营商环境，推动离岸金融中心的建设，更加有利于吸引外来企业，促进本国经济发展。

第二节 海南自贸区（港）的建设分析

一、海南自贸区（港）的建设优势

（一）特区岛屿省份，有改革先行先试的基础和经验

海南四面环海，地理位置相对独立，是中国最大的经济特区，便于封闭管理，具备担当国家改革开放前沿阵地的天然优势。同时，海南特区、海口综合保税区、洋浦保税港区、国际旅游岛建设等一系列"先行先试"政策的长期实践，为海南自贸区建设奠定了坚实基础。

（二）区位优势明显，现代交通设施完善

作为我国唯一的热带岛屿省份，海南具有天然的优势，是"海上丝绸之路"中国部分的最南端，与越南、菲律宾、新加坡、马来西亚等东南亚国家隔海相望，是中国管理南海的最佳基地，也是南海运输的重要港口通道。海南仅本岛海岸线就长达 1823 千米，管理海域面积 200 多万平方千米，石油潜蕴藏量约 328 亿吨，天然气蕴藏量约 12 万亿立方米。全省拥有沿海港口 15 个，千万级国际机

---

① 汪洋. 推动形成全面开放新格局 [N]. 人民日报, 2017 - 11 - 10 (4).

场 2 个，岛内高铁、高速、公路等陆地交通条件日益完善，海陆空立体高效的交通运输网络逐步形成。

（三）航空旅游发展迅速，国际旅游岛已具雏形

航空旅游业已成为海南的核心优势产业，配套的 26 国免签证、航权开放、离境退税、离岛免税、邮轮游艇旅游等一系列优惠政策更是不断提升海南吸引力。2013 年，海南旅游收入超过 400 亿元，接待游客 3600 万余人次。

（四）高端国际会议及活动密集，影响力与日俱增

博鳌亚洲论坛年会、金砖国家三亚峰会、中非合作圆桌会议、世界旅游旅行大会、亚洲市长论坛等多个重要的国际大型会议和活动的成功举办，让海南聚集了更多世界的目光。截至 2013 年底，海南省已同 36 个国家建立 46 对友好城市。

（五）国际贸易发展迅速，潜力巨大

随着我国对外开放程度的不断深入，近年来海南省在国际贸易的发展相当迅速，取得了卓越的成就。进出口贸易总额能够很好地反映国际贸易发展情况。如表 6-1 所示，2013 年度海南省进出口贸易总额为 149.9 亿元，2017 年度海南省进出口贸易总额为 702.7 亿元，5 年间增长 368%。

表 6-1　　2013~2017 年海南省进出口贸易规模　　　　单位：万元

年份	进出口总额	出口总额	进口总额
2013	1498054	370640	1127414
2014	1585965	441674	1144291
2015	8691005	2324339	6366665
2016	7513213	1405123	6108090
2017	7027040	2956490	4070550

资料来源：《海南统计年鉴》(2017)。

二、海南自贸区（港）的建设目标

（一）打造临港产业区、贸易物流区及金融综合区

结合海南区位优势和资源禀赋，形成临港产业区、贸易物流区、金融综合区

的功能布局。建立临港产业区，依托机场，重点发展航空物流、国际会展、购物免税、仓储加工、飞机维修、融资租赁、供应链金融等业务，打造亚太地区具有重要影响力的现代化、国际化空港。

设置贸易综合区，围绕海洋经济、热带农业两大产业，重点发展海洋油气勘探、船舶工业研发、海洋运输管理、海洋渔业、热带农产品加工交易以及配套金融服务等业务，打造集研发、孵化、生产、交易为一体的开放型、创新型、生态型产业发展平台。

设立金融创新区，发展离岸金融、战略新兴产业、总部经济、国际健康医疗、文化娱乐、银行保险、信息服务等产业，构建国际化的工商支持服务体系，打造绿色、高效、人文、和谐的现代化自贸区服务中心。

（二）重点发展航空旅游、海洋经济、热带农业、离岸金融及健康医疗产业

以博鳌亚洲论坛、中非合作圆桌会议、观澜湖高尔夫世界杯、环海南岛国际公路自行车赛等重要活动为契机，发挥海南第3、4、5航权开放政策优势，将三亚新机场打造成为中国通往欧美、非洲、东南亚等地的国际中转站，成为海南走向全球的空中门户。建设以飞机采购、空运分拨、高端维修、保税展销等业务为重点的空港功能服务产业链，打造区港一体的全球物流重要中转节点，发展全球飞机引进、维修、检测、租赁业务，为国内外航空公司提供国际水准的保税、维护服务。同时，探索"前展后贸"联动模式，实现就地观摩、签订合同、办理进出口手续，并允许货物出区展示展销。围绕自然观光、邮轮游艇、酒店服务、免税购物、旅游金融等重点业务，打造热带岛屿旅游独特品牌。简化入境手续，扩大免签证国家范围，鼓励度假式的旅游免签证制度。拓展外资投资领域，推出旅游投资优惠政策，引导外资建设酒店连锁集团、中外合资/外商独资旅行社。发展滨海度假旅游、海洋观光旅游、海岛旅游、邮轮旅游、游艇旅游、海上运动旅游，开通南沙海岛邮轮航线。实行更加优惠的离岛免税政策，并实现与香港及国内免税店联动发展，建设旅游购物免税天堂。积极发展旅游金融，设立旅游发展基金，发行旅游发展债券，组建旅游开发银行和股份制金融机构。

根据国家南海开发战略，依托海洋科技创新，重点发展南海油气勘探开发、船舶及海工装备研发设计、国际航运及船舶管理、海洋生物医药产业、海洋渔业加工贸易及涉海金融业务。设立南海开发产业发展基金，支持大型石油公司加大海洋石油资源勘探开发力度，提高海南油气资源开发利用水平，构建国有、民营、国际资本合作模式，打造南海油气资源勘探、开发、生产和销售产业链。引

入全球领先的船舶及海工装备企业,通过国际合作、自主创新、金融支持等手段提升研发和技术运用水平。加强海洋生物技术研究,打造国内重要的海洋生物医药产业基地。积极拓展外海和远洋捕捞,培育发展休闲渔业,鼓励有实力的企业建造大型远洋渔船,组建远洋捕捞船队。积极发展金融租赁、海洋基金、海洋保险、海洋银行等涉海金融业务。

充分发挥热带农业资源和品牌优势,大力发展具有海南特色、在国内外市场具有较强竞争力的南繁育制种、热带农作物加工及贸易、农产品物流等优势产业,把海南建成面向国际及国内市场的"大菜篮"和"大果盘"。加快国家南繁育种基地建设,建设南繁科研试验基地和南繁种业繁制种生产区,组建中国南繁科学研究院,将南繁基地建设成为国家农业技术转移的农业科技"硅谷"。重点推进天然橡胶、槟榔、胡椒、椰子等热带作物及畜禽、南药等特色产品的加工及贸易,打造东盟热带作物集散地。以农超对接、农批零对接为主要模式,建设数字农业,形成高效率、低损耗、调节灵敏、产销稳定、渠道畅通、质量安全的现代农产品流通体系。建设海洋水产品交易平台,积极发展现货竞价交易和现货远期交易。

坚持金融服务实体经济,扩大金融对外开放,根据自贸区建设需要,重点从金融机构及业务准入、人民币离岸中心建设及投融资服务支撑三方面推动试验区参与国际竞争。支持中资、外资银行入区,支持民间资本发起设立银行;支持设立非银行金融机构;支持证券、保险、期货等金融衍生品机构在区内设立分支机构;支持区内建立面向国际的海洋油气、热点农业、能源矿产及金融资产类交易平台;支持区内金融机构开展离岸业务、跨境投融资服务、跨境电子商务服务等;支持试验区租赁企业开展境内外航空租赁、邮轮租赁、医疗器械租赁、海洋装备及其他相关标的租赁服务。支持自贸区发展离岸人民币业务,建设重点面向东南亚的人民币离岸中心;支持第三方办理人民币贸易投资结算;支持试验区发展总部经济和新型贸易;支持企业集团设立本外币资金池,简化资金池管理,促进贸易投资便利化。根据国家监管和自贸区建设需要,先期构建内外分离型离岸金融中心,既控制资金大量进出的风险,又利用离岸金融的优势,促进资金流动。后续根据产业发展需要和自贸区建设进程,探索分离渗透型金融市场。最终在风险可控和效率提升的前提下,全面放开资本账户管制,形成全面渗透型和内外一体化的人民币离岸金融中心。鼓励企业及个人充分利用境内外两种资源、两个市场,实现跨境投融资自由化。投资方面,简化企业跨境直接投资核准程序;允许以人民币合格境外机构方式(RQFII)投资境内证券市场;支持境外企业使用人民币赴内地直接投资。融资方面,允许注册在自贸区内的中外资企业、非银行金融机构及其他区内机构从境内外融入本外币资金；允许区内企业赴境外发行人民币债券，先行先试拓宽境外人民币资金回流渠道；支持区内企业境内外上市；支持金融机构进入国内银行间市场拆借资金和发行债券。

培育发展高端医疗养生产业，通过引进新加坡、泰国、印度、韩国等国际知名医疗产品及项目，重点围绕检测、医疗、康复、养生领域，打造国际一流的特色健康医疗胜地，大力支持外资和社会资本进入医院、医疗实验、高端检查、第三方检测、医疗保险等领域；完善医疗服务配套，研究制定境外医技、医护人员在海南执业的相关政策；减免医疗设备、耗材的进口税和消费税；开辟医疗贷款便捷渠道；支持区内医疗机构进行国际认证，发展国际医疗保险。

（三）完善自贸区监管制度

借鉴国际通行规则，对外商投资试行准入前国民待遇，研究制定自贸区外商投资负面清单。对负面清单之外的领域，按照内外资一致的原则，将外商投资项目由核准制改为备案制。

按照"一线完全放开、二线安全高效管住，区内自由，入区退税"的原则，强化海关监管协作，提高监管效率，在监管到位、风险可控的前提下，促进自贸区内货物、服务等各类要素自由流动。探索简化进出境备案清单，简化国际中转、集拼和分拨等业务进出境手续；探索建立货物状态分类监管模式；支持园区实施启运港退税政策；扩大"绿色关锁"的实施范围，即从空港口岸延伸扩张到海港口岸；探索推进海口综合保税区、洋浦保税区两地海关监管结果互认、监管数据共享。建设物理围网内公共信息平台，进出物理围网货物在平台上统一申报，对物理围网内企业进出口货物可自愿申请实行预归类、预审价和原产地的预审核，自境内进入物理围网内的货物，企业可先入区后申报。此外，加强与东南亚国家海关、检验检疫部门的监管协作，实现信息互认、互联、互通。

在风险可控前提下，自贸区内对人民币资本项目可兑换、利率市场化、人民币跨境使用等方面创造条件、先行先试。借鉴上海自贸区经验，以"风险可控、稳步推进，适时有序组织试点"为原则，实行区内、区外，居民、非居民，境内、境外账户分账核算管理。居民自由贸易账户与境外账户、境内区外的非居民账户、非居民自由贸易账户以及其他居民自由贸易账户之间的资金可自由划转。条件成熟时，账户内本外币可自由兑换。

推进政府职能转变，营造法治化、国际化营商环境，加快推进自由贸易区建设。设立自贸区法定管理机构并授予其省级管理权限，依法负责自贸园区的开发建设、运营管理、招商引资、制度创新、综合协调等工作。同时，整合海关、检验检疫、边检和海事等口岸单位的职能，形成协同统一的新型监管主体。自贸园区管理机构在授权范围内集中统一办理行政审批，简化行政审批程序，制定行政审批实施标准，促进行政审批规范化、标准化，减少行政干预，放松管制，放开市场。

三、海南自贸区（港）的建设路径

从三种可选择的自贸区（港）建设模式看，港城模式一般适合于拥有独特地理区位优势的小国或以自贸港建设促进开放型经济创新发展单独关税区，因为地理范围过大，在允许居民居住和消费免税商品方面，将面临难以监管和风险管控的问题。如选择港区建设模式，则自贸港的主要功能是打通海外的海路、航空或铁路国际物流航线，提升货物贸易流量。这种模式下，因地理范围狭小，便于管理和风险控制。但是，港区面积小就会使其难以承载产业开放的功能，尤其是在发展服务贸易和吸引高端要素聚集等方面将面临困难。港区往往处在城市的偏远地区，对于高端服务业的发展、高端人才的吸引并不是很有利。国际经验也表明，像金融服务业的开放、资金流动的开放、教育医疗等高端服务业的开放，以及跨国公司总部的聚集、互联网新兴产业的聚集等，并不需要采取物理围栏式的监管方式，物理围栏只是针对货物贸易的监管有效。因地理范围小，港区建设模式对自贸港所在城市、腹地区域经济的带动辐射作用十分有限。

《中共中央国务院关于支持海南全面深化改革开放的指导意见》（以下简称《指导意见》）指出，海南自贸区（港）的建设要学习借鉴国际自由贸易区（港）建设经验，不以转口贸易和加工制造为重点，而以发展旅游业、现代服务业和高新技术产业为主导，更加强调通过人的全面发展，充分激发发展活力和创造力，打造更高层次、更高水平的开放型经济。基于上面的讨论分析，海南的自贸区（港）建设模式采取港产模式比较合适。所谓港产模式，也可以称为"1＋N"模式。这里的"1"是指依托海港、空港或铁路港设立的自贸区（港），按照最高开放水平的要求，实行"一线放开、二线管住、区内自由"的管理体制与政策支持，真正实现自贸区（港）的境内关外定位。同时，依托自贸区（港），设立N个功能延伸区，或者说特色产业功能区，实行"负面清单＋红线管理"的管理模式，特色功能区内企业自用的进口货物可享受自贸区（港）的免税优惠政策。这种模式的优点是能够把港口物流开放与产业开放结合起来，既能够发挥自贸区（港）的国际物流功能和货物贸易提升功能，又能够发挥基于负面清单的产业开放功能，最大限度地发挥自贸区（港）的内外联动功能和对区域腹地经济的带动辐射功能，通过设立 N 个特色产业功能区，能够促进中国服务业的对外开放和新兴产业的发展，培育经济增长新动能。从制度创新角度看，这种自贸区（港）建设模式能够在口岸监管与集约化管理体制、负面清单缩短、金融业对外开放、离岸税制设计、基于互联网的新兴产业监管制度创新等领域探索突破性的体制机制创新，为中国建立开放型经济新体制真正起到先行先试的作用。

从海南发展的现状来看，目前海南相比于内地主要省份，经济水平仍然偏低，工业基础较为薄弱，建设自贸区（港）不可能一蹴而就，必将经历漫长的探索、试验阶段。

从国际先进经验与《指导意见》的要求来看，海南建设全岛自贸区（港），其前提是要建立起与自贸区（港）需求相匹配的全面开放的现代化产业体系。其基础是要实施更加开放、灵活的准入、金融、税收、流通等政策，尤其是在贸易方面，实施"负面清单"的方式，实现贸易便利化自由化；还应全面扩大企业自主权，推行注册便利化，降低项目投资准入门槛，深化国企改革，推进知识产权综合改革试点；特别在财税金融方面，要向香港和新加坡学习，建立与自贸区（港）相适应的财税金融体制，实施零关税政策，降低企业所得税，并按照《指导意见》要求，设立海南自由贸易港建设投资基金，并实行人民币资本项目自由兑换，促进资金自由进出。

在人才进出方面，自贸区（港）应建立人员自由进出政策体制，促进国际化人才流动便利。在行政管理方面，应借鉴香港经验，建立精简高效的行政管理体系。总之，未来海南将构建一个更加开放、更加灵活、更加优越的全面、自由贸易之岛，根据《指导意见》计划，这一自由贸易港将在 2025 年初步建立有关制度和体系，到 2035 年将跻身全球前列。

如何建设国际水准的自由贸易区（港）借鉴国际先进自贸区、自贸区（港）港一体化发展模式，建议海南组建自贸区（港）管理委员会，包含发展改革、财政、国土资源、交通运输、税务、工商、质检、外汇、海关、检验检疫、边防及边检等部门人员的专门性独立管理机构。主要负责制定自贸区（港）发展战略与空间布局规划，协调解决自贸区（港）发展所遇到的实际问题。与此同时，在自贸区（港）内尝试借鉴国际先进经验，充分发挥市场力量的经验，尝试采用市场化手段，充分调动自贸区（港）企业的主观能动性，通过政府授权给符合资质的相关企业，由其自行组织设立一个独立的符合市场需求的组织，来行使经营和管理对外贸易的专属权，依法严格监督企业在自贸区（港）内的运行。

第三节 有关自贸区（港）建设的比较分析与借鉴

一、与香港、新加坡自贸港的对比分析

选取目前运营较为完善、开放程度较高的香港自贸港和新加坡自贸港与上海自贸区进行比较分析。表6-2为上海自贸区与香港自贸港、新加坡自贸港的比较分析。

表6-2 上海自贸区与香港自贸港、新加坡自贸港的比较分析

自由贸易区（港）	设置目的	功能	管理机构	自由度
中国（上海）贸易自由实验区	成为推进改革和提高开放型水平的"试验田"，形成可复制可推广的经验，发挥示范带动，服务全国的积极作用，促进各地区共同发展	推进服务业扩大开放和投资管理体制改革；推动贸易转型升级，创新监管服务模式；深化金融领域开放；探索建立与国际投资和贸易规则体系相适应的行政管理体系，培育国际化、法制化的营商环境，发挥示范带动，服务全国的积极作用	由上海市人民政府派出机构——自贸实验区管委会统筹管理	较低：商品流动有限制的进入消费领域；区内居民和海关无豁免海关限制的权利
香港自贸港	成为国际物流中心	进出口贸易和转口贸易发展物流中心	以财政司为首的经济职能部门，制定和执行促进经济自由化的政策，并不单独划定自由贸易区，配套设置专门的管理机构	较高：贸易自由；金融自由；投资自由；运输自由
新加坡自贸港	方便应税货物的仓储贸易，使新加坡成为国际物流中心	主要是转口并发展为物流中心	新加坡港务公司（民营）	较高：贸易自由；金融自由；投资自由；运输自由

资料来源：笔者绘制。

香港自贸港是全球自由度、透明度最高的经济体也是全球制度设计最为宽松的免税地区。香港整个区域作为一个自贸港，其进出口货物主要是通过港口、机场货运站发挥自由贸易区的进出口、转口功能。其管理模式呈现三个特征：一是以财政司为首的经济职能部门，通过明确的权责划分制定和执行促进经济自由化的政策，并不单独划定自由贸易区、配套设置专门的管理机构和执行特定的优惠政策；二是有专门的行政管理部门负责港口或机场的战略引导、行政管理和对公司的服务；三是有多个货运站或货运码头公司进行货运站或货运码头的开发与日常运营服务。

新加坡自贸港在全球的自由度排名仅次于香港，其自由贸易管理模式有以下特点：一是从国家层面制定了《自由贸易区管理法案》，政府各职能部门依据法律规定履行权责，并以交通部为首协调其他相关部门实施对自由贸易区制定与执行统一政策、统一规划和统一管理；二是在地方操作层面，其海港管理模式原本是政府主导型，后进行了政企分开的管理体制改革，转变为公司主导型，其空港管理模式仍为政府主导型，由交通部下设的民航局负责经营管理新加坡机场物流园区。

相比而言此次设立的上海自贸区在自由度与开放度上远远不及已发展多年的香港和新加坡自贸港，然而，从另一方面讲这意味着当遭遇如全球金融危机这样的国际经济形势大变化，上海自贸区受到的冲击会远远小于香港及新加坡。另外从设置目的和功能定位上来看，香港自贸港及新加坡自贸港主要是为了促成转口贸易发展以及推进国际物流中心建设经济开放举措集中于某个特定的领域，而中国上海自贸试验区则涵盖范围较广，是一个推进国家改革和提高开放型经济水平的重要战略安排，其目的是为了通过试点形成可复制、可推广的经验，从而服务全国更广的区域，带动各地的共同发展。

二、自贸港的建设条件：基于国际经验的分析

尽管自贸港功能各异、形式多样，但在地理环境、投资环境、金融开放、税收优惠等方面还存在一些共性。结合自由贸易港建设的内涵特征，建设自由贸易港不仅需要有优越的地理位置和完善的基础设施，还需要国家制定适应的税收优惠政策，重视发展金融业，优化监管环境，并且进一步放宽人员自由流动，健全法律体系。中国香港、新加坡、迪拜等是国际上著名的自贸港，实施的自贸港政策对我国建设自贸港具有借鉴意义。

（一）优越的地理位置

自贸港最早是在地中海沿岸发展起来的，其目的是利用港口城市优越的地理位置和方便条件从事转口贸易，促进当地发展。作为资金、货物、信息、技术的集聚中心，自贸港必须具备优越的地理位置、便利的交通和完善的基础设施，这是实施自由贸易港的前提条件。各国（地区）设置的自贸港形式多样，但在选址上都有优越的自然地理位置条件、地处交通要塞、交通运输网络四通八达等特点。拥有高度便利化的海陆空交通，不仅能够吸引外国船只来此装卸、加工，扩大对外贸易，还能够将资金、货物、人才源源不断地输往内地，推动腹地经济的发展。

（二）优惠的税收政策

自由贸易港最主要的特征是税收优惠，体现在关税和所得税两方面。自由贸易港不以税收为目的，同时也为了吸引外资，综合税负率很低。在关税优惠方面有的国家对所有进口物资都免税，这种自贸港已经很少见，而有的国家则只对区内所需的部分货物免税；对所得税的优惠方式灵活多样，各国的差异较大，有的采用降低税率的方式，有的以定期减免为主。在税收方面，中国香港以低税率著称，黄圆圆（2015）的分析结果认为在比较上海自贸区与香港自贸港的税制时，提出上海自贸区的税率在数量上并不像预测中的那样低，而是注重税制的创新，即采取税收优惠措施和税收激励措施。

（三）高层次的金融开放

金融业已经成为自贸港发展优势的最集中体现，大部分自贸港同时也是国际金融中心，比如中国香港和新加坡。中国香港是世界第三、亚洲第一大金融中心，在金融服务建设方面有很多值得借鉴的经验。从香港金融机构体系、金融市场和金融基础设施、金融监管和相应领域的法律等方面总结了香港金融服务的特征，同时给出了自贸港与金融发展的关系，自由港的经济发展能为金融发展提供便利条件，同时，金融发展可引领自贸港向纵深发展（潘再见，2014）。在上海国际金融中心建设的研究中，张伟等（2014）比较了上海自贸区与香港自贸港在经济体系、政府管理和金融政策等方面的差异，上海自贸区依托尚在转型的内地市场经济，金融法制体系尚未成型，而香港依托的是几近完善的市场经济体系，已形成行之有效的金融法制框架。金融业能为自贸港的发展提供强大的支撑作用，深化金融领域创新，推进高层次的金融开放是自贸港建设的内在要求。

（四）高效的物流通关

现代港口不再只进行简单的装卸业务，已经发展成为能提供综合服务的物流中心。自贸港是综合物流供应链中最大的货物集结点，也是全球运输网络的节点，快速发展的港口物流对货物海关通关提出更高的要求。对物流通关的研究主要有港口物流和海关通关两方面。在海关通关方面，如果货物通关效率较低，货物就会长时间滞留港口，货物无法及时运往企业，就会使企业丧失抢占市场的先机，降低企业的竞争力；迅速便捷的海关服务能使货物迅速通过港口这个节点，对加强港口车船周转、缩短货物流通时间有重要意义（陈海华，2005）。

（五）高素质的专业人才

自贸港的建设需要金融、物流、IT等各种专业人才。自贸港提供了更开放的环境，众多外资企业和公司在自由区成立，金融保险、信息技术、科学技术等成为主要的生产要素，完善的职业教育和培训体系能够为自由贸易港提供大量的高素质专业人才，是实施自贸港的保障。高素质人才是自贸港宝贵的资源，人才建设不仅要重视正规教育，更要注重与职业教育的结合，建设智库、高科技公司和科研院等吸引人才（郭澄澄，2017）。然而自贸港不仅需要有高水平的科研教育机构为其提供高素质的人才，还需要有相应的产业，吸引外来的高层次人才，并且实施宽松灵活的出入境政策，以保证人员自由流动。完善的教育体系能够为自贸港提供强有力的人才保障，注重专业人才引进，培养高科技人才和开放型人才，为高端人才提供完善的服务也是建设自由贸易港不可缺少的机制条件（张释文等，2018）。

（六）健全的监管制度

健全的监管制度是实施自由贸易港的本质。自贸港最大的特色就是其高度的自由开放，包括货物自由、人员自由、资金自由及信息自由，所谓的自由并非放任不管，而是有一系列的贸易制度对贸易自由进行规范。在制度方面的研究，胡凤乔（2016）将自贸港制度分为保证自由的制度和限制自由的制度，而有效的自贸港制度可以降低关税成本、交通成本和监督管理成本等交易成本，健全的法律体系、明确的政策则便于管理机构依法行政，为投资人的投资活动提供保障。

三、存在的差距

（一）税收政策不彻底

自贸区的税收政策都是在原有海关特殊监管区的基础之上开展的，因此海关特殊监管区的级别就决定了税收政策特别是保税政策的彻底性。例如上海自贸区中的外高桥保税区，货物不能享受入区即退税政策，必须要依靠外高桥保税物流园区来弥补这一缺陷，因此为了保证自贸区税收政策的彻底性，必须对自贸区版块内的特殊监管区进行转型升级，使其功能更加强大。

（二）依托自贸区发展的新型贸易业态仍在发展期

在自贸区内较高级别的海关特殊监管区内，可以开展保税仓储、出口加工、国际采购、国际中转、检测维修以及商品展示等新型贸易业态。在自贸区的平台下，融资租赁、期货保税交割、国际货物中转集拼、保税展示、境外维修等新型业态得到蓬勃发展，但这些新型业态在自贸区中仍然处于起步阶段，许多新型贸易业态的发展离不开政府扶植。

（三）所得税优惠力度不足

自贸区内所得税的优惠包括企业所得税优惠以及个人所得税优惠。上海自贸区成立以前，公众对自贸区最大的期盼就是区内企业所得税减半，但自贸区成立以后，这一优惠政策并没有得到落实。这是因为区内企业所得税减半这一税收优惠政策是不具备"可复制、可推广"条件。因此就应该加强在企业所得税其他方面以及个人所得税的优惠力度。

（四）贸易便利化制度仍有待加强

上海自贸区成立以后，上海海关提出了31条"可复制、可推广"措施，上海出入境检验检疫局又提出了检验检疫"可复制、可推广"的24条措施，包括"十检十放"分类监管模式、加大简政放权力度等措施。这些贸易便利化措施极大提高了货物在上海口岸的通关效率。此外自贸区内的便利化措施出自海关、检验检疫等部门，这使上述便利化措施融合度不足，甚至会产生一定的分歧，导致便利化措施运转低效。

四、借鉴国外经验、完善中国自贸区发展

(一) 完善对自贸区内海关特殊监管区的转型升级

我国拥有类型众多的海关特殊监管区和监管场所。这些海关特殊监管区和监管场所功能近似但又有所不同、税收政策近似但又有所差异。未来我国的海关特殊监管区将进行转型升级，要首先完善自贸区内海关特殊监管区的转型升级，保留保税港区，低级别的海关特殊监管区转型为综合保税区。海关特殊监管区的转型升级是自贸区发挥贸易便利化等措施的前提。

(二) 优化自贸区所得税政策

同国外先进自贸区相比，我国自贸区内的企业所得税优惠政策并不十分明显。未来可以考虑给予自贸区内以下企业所得税上的优惠：一是小型微利企业；二是新型业态如跨境电商、融资租赁、境外维修等行业；三是创新驱动型企业；四是国家重点鼓励发展的产业如新能源等产业。可以适当给这些企业低税率或免税期进而扶植和培育这些企业的发展。

为了达到吸引人才的目的，还要适度地采用个人所得税这一工具。对于从事新型业态、高收入者予以个人所得税方面的优惠，优惠的方式应该多样化，如采用延期纳税、财政补贴等方式。

(三) 优化出口退税制度

货物进入自贸区可以享受出口退税政策，但由于我国政府将出口退税率（增值税）作为政策变量，频繁的变动导致了出口退税率与税率之间存在差异，因此退税并不彻底，影响了产品在国际市场的竞争。因此从国内层面来看，未来要逐步降低我国出口货物的出口退税率。

(四) 优化自贸区内的流转税优惠制度

自贸区内的流转税制度主要是增值税制度。流转税在刺激行业发展的过程中也发挥了不可替代的作用。增值税最有效的优惠即免税，但从整个产业链条来看，免税政策并不能降低整个产业的增值税税负，原因是免税以后下游企业无法抵扣进项税，因而承担的税负不变。可以采用增值税即征即退的方式，从而显著降低中间环节企业的流转税税负，还降低了整个产业链条的税负。未来应该在自

贸区内诸多的新型业态和现代服务业中试点增值税即征即退政策，达到扶植新型贸易业态企业和创新驱动型企业的目的。

（五）进一步推广贸易便利化措施

未来自贸区应进一步探讨通过提高自贸区的物流效率等措施来推动贸易的便利化。从宏观层面来说，要扩大自贸区单一窗口所涉及的部门，应把税务、外汇等部门纳入单一窗口中去。此外自贸区的便利化措施应从口岸视角进行整体审视并进行政策制定，应改变单一部门制定便利化措施的现象，减少政策方面的分歧并促进便利化措施运转的高效。此外还应注意自贸区贸易便利化措施的复制和推广工作，完善创新制度配套衔接，实现制度协同效应，让更多的企业享受到海关制度创新和其他口岸部门制度创新所带来的便利。

第四节　建设自由贸易港的国际经验与启示

一、探索建设自由贸易港的重要意义

（一）加快沿海港口建设，提高国际竞争力

党的十九大报告中提出要"赋予自由贸易试验区更大改革自主权，探索建设自由贸易港"。探索自由贸易港建设，有利于推动我国的沿海港口建设，进一步增强我国世界航运强国的建设。建设高水平的开放型港口是我国综合国力的重要体现，是发展高水平开放型经济的重要组成部分。改革开放以来，我国港口的建设和发展与对外贸易的发展进程高度同步，港口货物和集装箱吞吐量连续多年位居世界第一，全球十大集装箱吞吐港中，我国占据了七个，上海自2010年以来连续7年保持集装箱吞吐量世界第一的位置。目前，我国已经初步形成了长三角、珠三角、环渤海、东南沿海、西南沿海五大区域港口群，是名副其实的港口大国[1]。

但是，我国的港口存在着开放程度低、发展不充分的缺点，除了香港之外，其他港口都不算真正意义上的国际航运中心，同时，配套增值服务较少，大量国

---

[1] 张释文，程健. 我国自由贸易港建设的思考［J］. 中国流通经济，2018（2）：91.

际货物乃至国内货物都需要通过釜山等周边海港进行中转，这些都与我国作为世界港口大国的地位极不相称①。

随着我国经济进入新常态，行业供给侧改革的不断深入推进，层出不穷的新技术、新措施、新模式等不断改变着既有的行业格局，这使港口运行存在着明显的不平衡性。同时，港口装卸增速趋缓、同质化服务、成本压力的增大、低水平的管理信息化等一系列问题正在威胁着港口的发展。海南建设自由贸易港，有利于为我国的港口发展带来新的增长点，进一步全面提升我国国际竞争力。

（二）促进自由贸易试验区发展升级

自由贸易港是目前全球开放水平最高的特殊经济功能区，是自由贸易试验区升级发展的产物。自 2013 年上海自贸试验区设立，到 2018 年海南等自贸试验区挂牌运行，我国自贸试验区数量已达 12 个，形成 "1 + 3 + 7 + 1" 的开放新 "雁阵"，形成中西协调、陆海统筹的发展格局，并形成可复制、可推广的经验向全国推广。然而，目前我国自贸区的发展仍存在 "一放就乱，一管就死" 的问题，主要体现在税收政策不彻底导致吸引力不足。例如在上海自贸区中的外高桥保税区，货物不能享受入区即退税政策，必须要依靠外高桥保税物流园区来弥补这一缺陷，所以为了保证自贸区税收政策更加彻底，我们必须对自贸区内的特殊监管区进行升级转型，促使功能更加强大②。通过对比国际发展良好的自贸港建设，赋予海南自贸港更多的改革自主权，推动我国自由贸易试验区的大幅转型升级，构建更高层次的开放型经济体系。

（三）增强国际话语权

海南自贸港的建设，有利于增强我国的国际话语权，进而参与制定国际规则。当今世界正处于一个大发展大变革大调整时期，国内经济进入新常态发展时期，自由贸易港突出与国际进行接轨，它们的经济功能在于生产转移、商品市场扩张和第三方功能服务。其主要目的是在国际平台上发展，逐步促进周边地区对外开放的深化。通过探索海南自由贸易港的建设，有助于与国际经济体制和惯例相结合，探索以自由贸易港为载体的符合国际惯例的规章制度的实施，加强与世界各国和地区特别是 "一带一路" 沿线国家的对接。

习近平总书记在庆祝海南建省办经济特区 30 周年大会中指出，海南要利用

---

① 董千里．"一带一路" 背景下国际中转港战略优势、条件及实现途径 [J]．中国流通经济，2017 (2)：48 – 56．

② 张磊．境外自贸区的先进经验及对我国自贸区发展的启示 [J]．市场周刊，2017 (1)：46 – 47．

建设自由贸易港的契机，加强同"一带一路"沿线国家和地区开展多层次、多领域的务实合作，建设21世纪海上丝绸之路的文化、教育、农业、旅游等交流平台，在建设21世纪海上丝绸之路重要战略支点上迈出更加坚实的步伐①。相关国家和地区，建立更具活力的内外经济联动体系，构建人类命运共同体，增强我国的国际话语权。

二、自由贸易港的发展概况和开放特征

自贸港有着悠久的发展历史，它的经济功能也在不断进化。早期自贸港主要起到国家指定国际贸易交易地点的作用，如古希腊港口由国家指定为货物交易站，主要从事贸易活动。与清朝中俄边界非常相似的恰克图边境贸易点的建立。欧洲在中世纪开始出现自由的城市，也就是说，通过给整个城市低税收和自由的商业政策吸引外国商人生活和经营企业，如德国弗莱堡。欧洲文艺复兴后，自贸港的主要形式是自由港区，也就是说，在城市的海港区域划出一定开放空间作为港口码头，其主要功能是开放国际航行，连接世界各地港口的航线，发展国际航运运输和贸易交换关系。第二次世界大战后，自由港主要有两个功能：一是给予自贸港区域内的企业自由经营优惠政策；二是为自贸港区域内的企业创造良好的商业环境，使其与世界其他地区竞争时具有国际竞争力。自贸港发展的历史表明，提供国际贸易便利是它最基本的功能。尤其是转口贸易的发展、出口加工贸易以及与之关系紧密的国际物流和国际分拨等物流功能，这些构成了自由贸易港发展的基本动因。

进入21世纪后，国际分工越来越深入，跨国公司领导的全球生产和研发网络以及供应链要求自由港成为其全球运作体系中的核心节点，自贸港的物流功能和贸易便利性功能以及整体商业环境整合在一起以低成本、高效率满足跨国公司全球运营体系对高速度、高效率、低成本的需求。跨境电子商务等新兴贸易模式还需要海关监管和商品质量检测追溯手段发生根本性的变化。

自贸港的建设作为最高的开放水平代表，是经济全球化不断深化的必然要求。这一要求的核心是港口物流功能和国际企业供应链管理功能与自贸港区域内良好的营商环境共同构成的。当前，世界上已经拥有将近千余的自贸港，例如中国的香港自贸港、新加坡自贸港、荷兰的鹿特丹自贸港、迪拜自贸港、釜山自贸港等是当今世界上发展水平高的典型自贸港代表。

---

① 习近平. 在庆祝海南建省办经济特区30周年大会上的讲话[N]. 海南日报, 2018-04-14.

自由贸易港目前已经经历了3个阶段的演化：16世纪到第二次世界大战前，第一代港口在欧洲地中海沿岸兴起，以海港型为主，从事转口贸易和转运业务；20世纪40~70年代末，港区向港口腹地延伸，出现了第二代自贸港，港口管理和海关监管逐步走向现代化和信息化，新增"加工制造"功能；20世纪80年代后，港城逐渐融合，第三代自贸港综合发展，更加强调港口的高附加值加工制造功能、综合物流服务功能、信息服务功能、金融服务功能、跨境电商服务功能、产业集群化功能和国际交流功能[1]。

自贸港是自贸区的延伸和升级，作为当今世界上最高水平的开放形态，它的特征不仅在于境内关外，还有货物自由流动、资金自由流动和放宽的人员流动等。自贸港所包含的自由范围更加广泛，自贸港的投资自由、人员自由以及金融自由的程度更高。企业在自贸港内注册条件更为宽松且注册的程序更加简单，这样更加便利于国内外企业进驻投资，进而将投资领域向服务业、高新技术产业扩展。由于自贸港内取消了外汇的管制、资金流动等方面的限制，并且拥有完善的金融体系，为进驻企业提供良好的营商环境。

三、建设自由贸易港的国际经验

尽管自贸港的功能和形式有所不同，但在地理环境、投资环境、金融开放和税收优惠等方面仍存在一些共性。考虑自贸港建设的内涵特点，自贸港的建设不仅需要地理位置优越和基础设施完善，而且还需要税收优惠政策适当，重视金融业的发展，优化调整监管环境，进一步放宽人员流动的自由，完善法制。香港、新加坡和迪拜都是世界著名的自贸港，其有关自贸港政策的实施对我国自贸港的建设具有借鉴意义。

自贸港必须有着优越的地理位置。最早是从地中海沿岸发展起来，其目的就是为了利用港口城市优越的地理位置和便利的贸易条件，开展过境贸易，促进地方发展。自贸港作为资金、货物、信息以及技术的集聚中心，必须具有地理位置优越、交通便捷和基础设施完善的特点，这是实施自贸港的前提条件。虽然各国自贸港的形式都有所不同，但均有着优越的地理位置。就比如香港和新加坡都是国际航运中心，它们都位于太平洋和印度洋的主要航线，形成天然的避风港。他们的港口又位于海空航线的交叉口，还开发了内陆的集疏运系统，使它们成为世

---

[1] 王珍珍，赵富蓉. 自由贸易港建设：内涵、基础及效应分析 [J]. 北京工业大学学报，2018（5）：40-49.

界上重要的中转港。海陆空交通十分便利，不仅可以吸引外国船只来港装卸、加工，还可以不断向国内输送资金、货物和人才，促进国内经济的发展。

优惠的税收政策是自贸港主要的特征，较低的税率有利于吸引外资。迪拜的杰贝阿里自贸区主要就是通过税收方面的优惠来吸引外资企业到自贸区设厂。同样的，中国香港也是以低税率来吸引外资。

金融业的发展已成为自贸港优势最集中的表现，自贸港的经济发展可以为金融发展提供便利的条件，同时，金融发展又可以带动自贸港的深入发展。世界上大部分的自贸港也是国际金融中心，如中国的香港以及新加坡。中国香港是世界第三大金融中心，也是亚洲最大的金融中心。它金融服务业方面的建设对于我们有许多值得借鉴的经验。

高效的物流通关与自贸港的建设和发展密切相关。现代港口不再是进行简单的装卸业务，而是要发展成为可以提供综合服务的物流中心。自贸港位于整个物流供应链中最大的货物集散地，同时也是全球运输网络的节点，港口物流的快速发展对货物海关通关有了更高的要求。在这一点上，我国与那些著名的港口存在着差距，尤其以货物通关的效率最为显著。

高素质的人才是自贸港建设的重要保障，金融、物流、IT等各方面的专业人才正是自贸港建设所需的。自贸港提供了一个更加开放的环境，许多外商投资企业和公司已经在自贸港成立。在这里，金融、IT技术、科技等已成为主要的生产要素。健全的职业和教育培训体系可以为自由贸易口岸提供大批高素质的人才，是自贸港建设的保障。如迪拜自贸港聚集了最优质的人力资源，才得以实现自身的快速发展。

完善的监管体系是实施自贸港的关键。自贸港最大的特点是高度的自由和开放，包括货物、人员、资本以及信息的自由。但所谓的自由不是撒手不管，而是通过一系列贸易制度对自由贸易进行规范。健全的自贸港制度可以有效地降低运输成本和监管成本等交易成本。健全的法律制度和清晰的政策解释，便于管理机构依法管理，为投资者的投资活动提供保护。

四、先行自贸区与自贸港的发展现状与差距

中国香港以及新加坡的自贸港制度完善，发展已较为成熟，是自贸区（港）建设的国际标杆。我国自贸区的建设则以上海为例进行比较。自贸区的评价体系由8个指标组成，分别是行政体系高效、投资领域开放、金融开放、贸易自由化、良好的监管环境、赋税环境宽松、法律完善、自然人移动自由（见图6-1）。

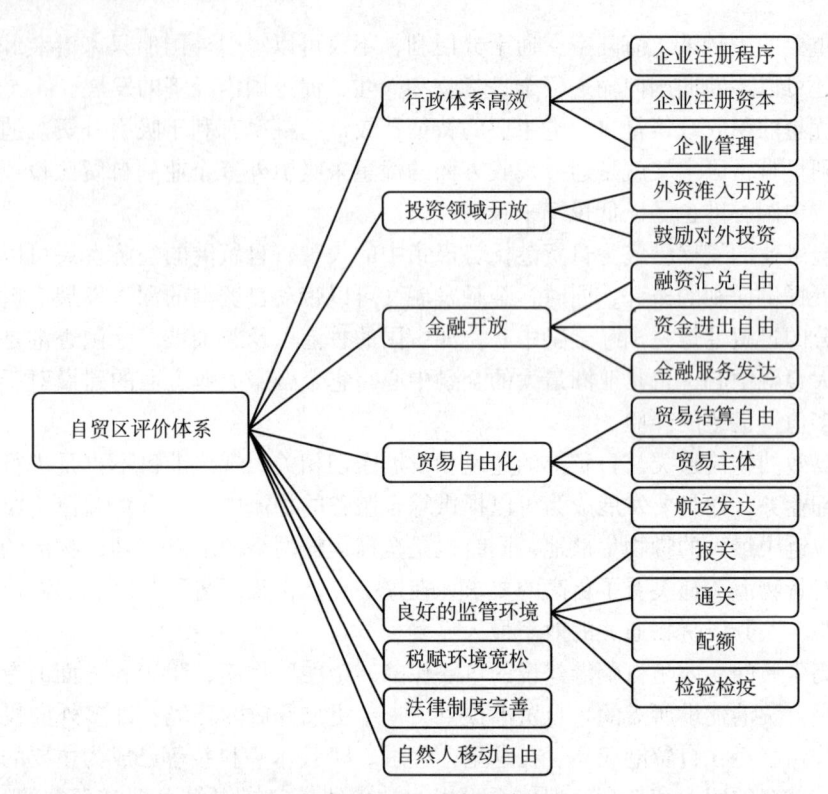

```
自贸区评价体系
├── 行政体系高效
│   ├── 企业注册程序
│   ├── 企业注册资本
│   └── 企业管理
├── 投资领域开放
│   ├── 外资准入开放
│   └── 鼓励对外投资
├── 金融开放
│   ├── 融资汇兑自由
│   ├── 资金进出自由
│   └── 金融服务发达
├── 贸易自由化
│   ├── 贸易结算自由
│   ├── 贸易主体
│   └── 航运发达
├── 良好的监管环境
│   ├── 报关
│   ├── 通关
│   ├── 配额
│   └── 检验检疫
├── 税赋环境宽松
├── 法律制度完善
└── 自然人移动自由
```

图 6-1　自贸区综合评价体系

资料来源：邢厚媛. 中国（上海）自由贸易试验区与中国香港、新加坡自贸港政策比较及借鉴研究[J]. 科学发展，2014（70）：13.

如图 6-1 所示，对这 8 个二级指标及 18 个三级指标赋予不同的权重，权重和评价标准以世界银行的《营商环境报告》为基础。其得分标准为：4 < 得分 ≤ 5，表示该项职能具备；3 < 得分 ≤ 4，该项职能具备但存在一定缺陷；2 < 得分 ≤ 3，该项职能具备但存在较多缺陷；1 < 得分 ≤ 2，该项职能基本具备但存在严重缺陷；得分 ≤ 1 则是不具备该项职能。

上海自贸区和香港、新加坡的对比如图 6-2、图 6-3 所示。经过对比可以看出，在税赋环境方面，差距较大。自贸区的税收政策大多以原海关特殊监管区为基础。因此，海关特殊监管区的水平决定了税收政策，特别是税收政策的完整性。比如，在上海自贸区外的高桥保税区，货物在进入自贸区时不能享受退税政策，必须要依靠外高桥保税物流园区来弥补这一缺陷。因此，为了改善赋税环境，保证自贸区税收政策的完整性，必须对自贸区内的特殊监管区进行改造和升级，使其功能更加强大。同时，在所得税方面，优惠力度不足。对于自贸区来说，所得税优惠方面包括企业所得税优惠和个人所得税优惠。上海自贸区成立前，公众最期待的是自贸区内企业所得税减半的优惠政策。但是，自贸区成立后，优惠政策并未落实。这是因为该地区企业所得税减半优惠政策不具备"可复制、可推广"的条件。因此，应在企业所得税和个人所得税的方面加强优惠力度。我国一些自贸区采取了一些措施，例如，天津自贸区，对在示范区注册的未上市的中小高新技术企业征收的所得税给予一定优惠，对自贸区相关技术人员可以享受个人所得税分期缴纳的优惠。此外，自贸区内的企业还有非货币性资产投资等资产重组行为产生的评估价值增值所得税优惠政策。但是，上述优惠覆盖的范围小，门槛也较高，因此，加强所得税优惠力度迫在眉睫。

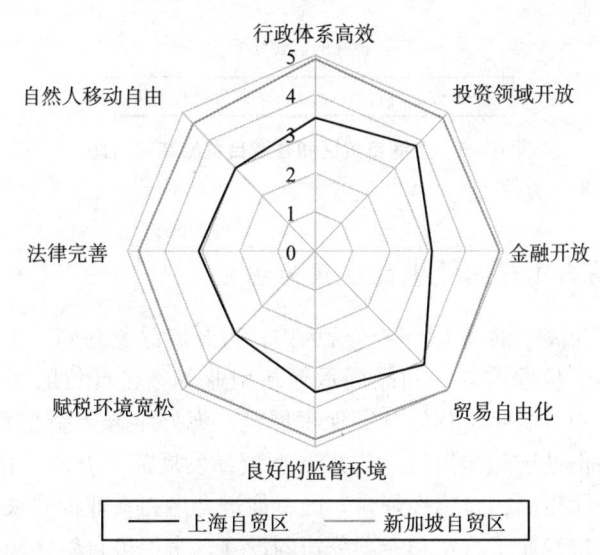

图6-2 上海自贸区和新加坡自贸区结果对比

资料来源：笔者绘制。

（一）投资自由化程度与国际水平相差较大

上海自贸区已经采取了一些措施，对于境外投资管理制度进行了改革，但这些改革措施仍处于起步阶段。金融自由化水平也较低，但人民币在资本项目下的管制比较严格，所以金融自由化水平的提高需要在创新方面下功夫，同时也要加强对金融机构的监管以及金融风险的防控。我国的监管环境也需要进一步的完善。

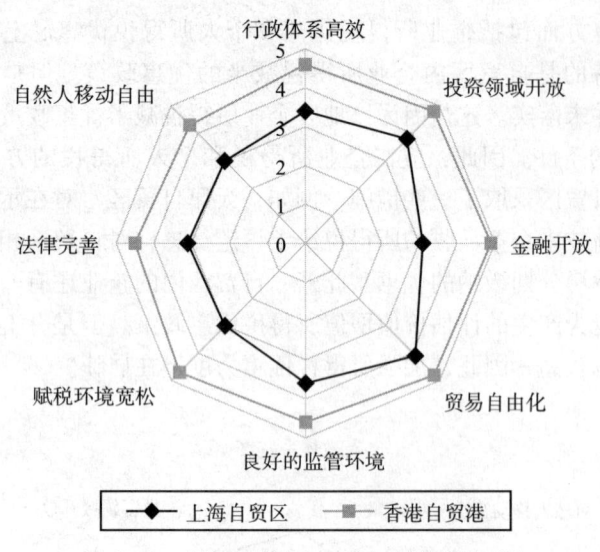

图 6-3　上海自贸区和香港自贸港结果对比

资料来源：笔者绘制。

（二）贸易自由化水平差距也较为明显

在自贸区较为高级的海关特殊监管区内，可开展保税仓储、出口加工、国际采购、国际中转、检验维修、商品展示等新型业务。在自贸区平台下，金融租赁、期货保税交割、国际货物转移、保税展览、海外维修等新型贸易蓬勃发展，但这些新型贸易仍处于起步阶段，许多新型贸易发展离不开政府的支持。例如，上海市政府办公厅指出，要建设好自贸区，促进金融租赁业的发展，通过做好配套服务措施，支持专业子公司和专项公司的设立，来促进自贸区新型融资租赁业的发展。

（三）贸易便利化的制度有待完善

上海自贸区成立后，上海海关提出了 31 项"可复制、可推广"措施。上海出入境检验检疫局还提出了检验检疫"可复制、可推广"的 24 项措施，包括"十检十放"分类监管模式，加大简化和分权的力度。这些贸易便利化措施大大提高了上海港货物的通关效率。例如，现有自由贸易协定的单一窗口主要包括四个部门：海关、检验检疫、港口和海事。今后应进一步融入对外管理、税务等部门的业务职能，加强贸易便利化程度。此外，自贸区的便利化措施来自海关、检验检疫部门，这使上述便利化措施的整合不够，甚至产生了一些差异，导致便利化措施运行效率低下。

五、对我国的启示和政策建议

我国有多种海关特殊监管区域，这些海关特殊监管区域的功能相似但不同，税收政策相似但也存在差异。今后，中国海关特殊监管区将面临转型升级。自贸区内部海关特殊监管区要转型升级，保税港区需要保留，将低级海关特殊监管区改造为综合保税区。海关特殊监管区的转型升级是自贸区贸易便利化措施实施的前提。

自贸区所得税政策的优化。通过与国外先进的自由贸易区相比，我国自贸区的所得税优惠政策并不十分明显。改革开放以来，我国沿海经济特区对于外资企业所得税"两免三减半"的政策实施成效显著，吸引了大批外商投资企业。随着改革开放的进行和我国实力的增强，税收因素已经不再是外资企业和内资企业在自贸区进行投资的主要因素，但税收仍具有引导和扶植的作用。

今后，我们可以考虑对自贸区内的以下企业给予所得税优惠：一是规模小、利润低企业；二是跨境电子商务、金融租赁、海外维修等新兴产业；三是创新驱动型企业；四是国家重点发展的产业如新能源产业。这些企业可以适当给予低税率或免税期，以促进和培育其发展。

实际上，在深圳前海和珠海横琴已经开始探索所得税优惠政策。深圳市前海区、珠海市横琴区制订了在"产业准入目录及优惠目录范围内的企业"即可以享受 15% 的所得税税率这一政策，但目前来看，这一政策的适用条件很高。为吸引人才，也要很好地利用个人所得税这一工具，对从事新形态、高收入者，应采取多种个人所得税优惠方式，如递延税款、财政补贴等。

对于出口退税制度进行优化。进入自贸区的货物可享受出口退税政策。然而，由于我国出口退税率的不一致，出口退税率与税率存在差异，从而导致退税不彻底，影响了产品在国际市场的竞争。因此，从国内层面来看，今后我国出口货物的出口退税率应逐步降低。

贸易便利化措施需要进一步推广。自 2013 年上海自贸区成立以来，上海海关和上海出入境检验检疫局推出了多项可复制可推广的措施，以促进贸易便利化。这些贸易便利化措施在随后成立的自贸区中得到了复制、推广和创新。

未来，自贸区应进一步探索通过提高自贸区物流效率促进贸易便利化水平。在宏观层面，为了扩大自由贸易区单一窗口所涉及的部门，税收和外汇部门应纳入单一窗口。此外，应从口岸视角进行整体把握和制定自由贸易区的便利化措施，改变单一部门制定的便利化措施现象，减少政策上面的差异，促进便利化措施的有效运行。此外，还应注重自贸区贸易便利化措施的复制和推广，完善创新体系的配套衔接，实现制度协同效应，让更多的企业享受海关系统创新带来的便利。

参 考 文 献

[1] 白洁,苏庆义.CPTPP的规则、影响及中国对策:基于和TPP对比的分析[J].国际经济评论,2019(1):58-76.

[2] 曹标.中日韩服务贸易结构比较研究[J].亚太经济,2012(4):88-92.

[3] 曹芐心,巫科.我国自贸区"负面清单"管理制度的实施现状分析——以上海自贸区为例[J].环渤海经济瞭望,2018(6):74-75.

[4] 陈冬晴."一带一路"背景下中国自贸区的创新发展研究[J].山西农经,2018(13):26-30.

[5] 陈继勇.中美贸易战的背景、原因、本质及中国对策[J].武汉大学学报(哲学社会科学版),2018,71(5):72-81.

[6] 陈巧慧,戴庆玲.中国与日韩服务业产业内贸易水平分析[J].国际贸易问题,2014(5):77-86.

[7] 陈双喜,王磊.中日服务业产业内贸易实证研究[J].国际贸易问题,2010(8):78-85.

[8] 陈维涛,朱柿颖.数字贸易理论与规则研究进展[J].经济学动态,2019(9):114-126.

[9] 陈雪玉.粤港澳大湾区人才体制机制创新研究[J].探求,2019(6):37-43.

[10] 程皓,阳国亮.区域一体化与区域协同发展的互动关系研究——基于粤港澳大湾区及其腹地的PVAR模型和中介效应分析[J].经济问题探索,2019(10):65-81.

[11] 崔凡.美国2012年双边投资协定范本与中美双边投资协定谈判[J].国际贸易问题,2013(2):125-133.

[12] 董千里."一带一路"背景下国际中转港战略优势、条件及实现途径[J].中国流通经济,2017(2):48-56.

[13] 方磊,宗刚,初旭新.我国内陆地区自贸区建设模式研究[J].中州学刊,2016(1):31-35.

[14] 高晗,闫理坦.中日文化创意产业国际竞争力比较分析——基于创意产品及服务贸易变化的新测度[J].现代日本经济,2017(1):66-80.

[15] 高媛,王涛.TISA框架下数字贸易谈判的焦点争议及发展趋向研判[J].国际商务(对外经济贸易大学学报),2018(1):149-156.

[16] 郭信昌.世界自由港和自由贸易区概论[M].北京:北京航空学院出版社,1997.

[17] 韩剑,蔡继伟,许亚云.数字贸易谈判与规则竞争——基于区域贸易协定文本量化的研究[J].中国工业经济,2019(11):117-135.

[18] 韩炜.国外湾区产业发展模式经验对粤港澳湾区的启示作用[J].中国集体经济,2020(1):14-15.

[19] 韩岳峰,张龙.中日服务贸易竞争力、互补分析及政策比较[J].现代日本经济,2013(3):63-71.

[20] 黄桂钦."进博会"的新时代特征及世界意义[J].发展研究,2018(12):89-92.

[21] 黄颖.从进博会便利化措施看中国扩大进口的路径选择[J].对外经贸实务,2019(1):30-33.

[22] 黄忠伟,张子涵.进博会给我们带来全新的发展动能[J].上海企业,2019(1):64-67.

[23] 姬军荣.经济转型攻坚期如何实现区域经济增长[J].人民论坛,2019(26):82-83.

[24] 贾怀勤.数字贸易的概念、营商环境评估与规则[J].国际贸易,2019(9):90-96.

[25] 柯奕.上海产业正处在转型升级的十字路口[N].第一财经日报,2019-08-27(A11).

[26] 蓝庆新,窦凯.美欧日数字贸易的内涵演变、发展趋势及中国策略[J].国际贸易,2019(6):48-54.

[27] 雷达.中美贸易战的长期性和严峻程度[J].南开学报(哲学社会科学版),2018(3):3-5.

[28] 李爱文,肖雅.21世纪以来中日服务贸易的贸易结构及比较优势分析[J].国际贸易,2014(7):60-69.

[29] 李锋,陆丽萍.努力打造新一轮高水平对外开放的标杆——2019年上海开放新思路[J].科学发展,2019(3):37-45.

[30] 李雪莉.中国自贸区管理制度创新法制化建设[J].法制博览,2018

(22): 53-54.

[31] 梁勇, 东艳. 中国应对中美双边投资协定谈判 [J]. 国际经济评论, 2014 (4): 54-64.

[32] 刘晨阳. 中日韩 FTA 服务贸易谈判前景初探: 基于三国竞争力的比较 [J]. 国际贸易, 2011 (3): 47-51.

[33] 刘名远, 汪忆杰. 粤港澳大湾区经济依存与经济联动发展实证研究 [J]. 石家庄学院学报, 2020, 22 (4): 95-101.

[34] 刘晔. 中国自由贸易区的制度创新路径分析——以河南自贸区为例 [J]. 管理学刊, 2018, 31 (3): 61-66.

[35] 罗芳, 王丽琪. 中日韩服务贸易潜力研究 [J]. 东北亚经济研究, 2019 (3).

[36] 吕文洁. 金融服务业负面清单及自贸试验区改革研究 [J]. 世界经济研究, 2016 (9): 110-117.

[37] 孟雪, 陈靓, 徐丽青. 中韩 FTA 金融服务开放度分层假设与影响分析 [J]. 世界经济研究, 2017 (4).

[38] 蒲华林, 张捷. 产品内分工与中美结构性贸易顺差 [J]. 世界经济研究, 2007 (2): 10-90.

[39] 上海市企业联合会课题组. 2019 上海百强企业发展报告 [R]. 上海企业: 专题 2018: 28-39.

[40] 邵亚申, 丁赟. 中日韩服务贸易的互补性和竞争性分析 [J]. 价格月刊, 2012 (12): 40-43.

[41] 沈大伟. 纠缠的大国: 中美关系的未来 [M]. 北京: 新华出版社, 2015: 149.

[42] 沈开艳, 徐琳. 中国上海自由贸易试验区: 制度创新与经验研究 [J]. 广东社会科学, 2015 (3): 15-21.

[43] 沈铭辉. 美国双边投资协定与 TPP 投资条款的比较分析——兼论对中美 BIT 谈判的借鉴 [J]. 国际经济合作, 2014 (3): 21-25.

[44] 沈玉良. 塑造面向数字贸易的国际经贸新规则 [N]. 中国经济时报, 2019-11-08 (005).

[45] 石岩, 孙哲. 中美双边投资协定谈判的动因、难点及前景展望 [J]. 现代国际关系, 2015 (6): 9-16.

[46] 孙元欣. 中美 BIT 谈判与自由贸易试验区金融创新 [J]. 科学发展, 2017 (4): 62-68.

［47］田丰．中美双边投资协定对中国经济的影响——基于美国双边投资协定范本（2004）的分析［J］．当代亚太，2010（3）：77－90．

［48］汪德贵．粤港澳大湾区港产城协同发展策略［J］．港口科技，2019（11）：43－48．

［49］汪洋．推动形成全面开放新格局［N］．人民日报，2017－11－10（4）．

［50］王军红．关于中美贸易失衡因素的实证研究［J］．武汉金融，2018（10）：73－76．

［51］王茜．上海国际贸易中心建设还需努力［N］．国际商报，2018－3－7（7）．

［52］王拓．数字服务贸易及相关政策比较研究［J］．国际贸易，2019（9）：80－89．

［53］王珍珍，赵富蓉．自由贸易港建设：内涵、基础及效应分析［J］．北京工业大学学报，2018（5）：40－49．

［54］吴姗姗．产业升级与区域经济发展的互动关系研究［J］．现代经济信息，2019（17）：467－470．

［55］习近平．在庆祝海南建省办经济特区30周年大会上的讲话［N］．海南日报，2018－04－14．

［56］项卫星，张赛赛．中美双边投资协定谈判中的冲突与趋同［J］．东北亚论坛，2017（3）：86－130．

［57］肖馥辰．产业升级与区域经济发展的互动关系分析［J］．知识经济，2019（33）：17－28．

［58］邢厚媛．中国（上海）自由贸易试验区与中国香港、新加坡自由港政策比较及借鉴研究［J］．科学发展，2014（70）：5－17．

［59］宣昌勇，张纪风．上海自由贸易区对建立连云港自由贸易港的启示［J］．大陆桥视野，2018（4）：54－58．

［60］姚枝仲．如何应对中美双边投资协定的实质性谈判［J］．国际经济评论，2013（6）：60－67．

［61］袁邈桐．创新引领，深度合作：粤港澳大湾区发展政策梳理与阅读［J］．商业文化，2019（34）：38－45．

［62］袁晓莉，王威．中国在中日韩自贸区服务贸易谈判中的策略选择——基于RCA指数视角［J］．现代日本经济，2013（4）：15－21．

［63］张娟，沈玉良．发挥国际进口博览会效应，持续扩大我国进口［J］．国际贸易，2018（10）：45－51．

［64］张娟. 进口博览会视角下上海国际贸易中心建设的内涵和路径［J］. 国际贸易，2019（5）：38-46.

［65］张磊. 境外自贸区的先进经验及对我国自贸区发展的启示［J］. 市场周刊，2017（1）：46-47.

［66］张敏，裘小婕. 承接放大进博会带动溢出效应［J］. 中国会展，2019（1）：120-124.

［67］张释文，程健. 我国自由贸易港建设的思考［J］. 中国流通经济，2018（2）：91-97.

［68］张晓磊，张为付，崔凯雯. 贸易利益分配失衡与贸易摩擦——兼论此次中美贸易摩擦的解决思路［J］. 国际贸易，2018（10）：52-57.

［69］赵晋平. 中美经贸摩擦背景下的自贸区战略再思考［N］. 中国经济时报，2018-08-20（005）.

［70］郑甘澍. 国际金融学［M］. 上海：上海财经大学出版社，2013：239.

［71］周雅，曹滨. 上海国际贸易中心转型升级的路径及机制分析［J］. 中国战略新兴产业，2017（28）：30.

［72］朱卫新，韩岳峰. 日本服务贸易模式与中日服务贸易互补性分析［J］. 现代日本经济，2009（2）：51-55.

［73］庄芮，方领. 基于国际竞争力比较的中日韩服务贸易谈判问题探析［J］. 国际贸易问题，2013（9）：74-81.

［74］Daniel C. K. Chow. Why China Wants A Bilateral Investment Treaty with The United States［R］. Boston：Ohio State Public Law and Legal Theory Working Paper，2014.

［75］Dunning J H. The future of the multinational enterprise［J］. Science and Public Policy，1974，1（9）：233-238.

［76］Pappas J. The future US-China BIT：Its likely look and effects［J］. Hong Kong law journal，2011（41）：857-878.

［77］Rugman A M，Verbeke A. A Note on the Transnational Solution and the Transaction Cost Theory of Multinational Strategic Management［J］. Journal of International Business Studies，1992，23（4）：761-771.

［78］Rugman A. M. The regional multinationals［M］. Cambridge：Cambridge University Press. 2005.

［79］Ven M. Meijia，The Modern Foreign Investment Laws of the Philippines［J］. Temple International and Comparative Law Journal，2003（3）：484-485.